最後の錬金術師　カリオストロ伯爵

イアン・マカルマン

藤田真利子＝訳

THE LAST ALCHEMIST
Count Cagliostro, Master of Magic in the Age of Reason
by
Iain McCalman

Published by arrangement with HarperCollins Publishers
through Japan UNI Agency, Inc., Tokyo

最後の錬金術師　カリオストロ伯爵◉目次

おもな登場人物

アレッサンドロ・ディ・カリオストロ伯爵
　(ジュゼッペ・バルサモ)……十八世紀の錬金術師、万能のペテン師
セラフィーナ……カリオストロの妻
カザノヴァ……世紀の愛人
エリザ・フォン・デア・レッケ……ミタウでのカリオストロの弟子
フレデリック・フォン・メデム……エリザの兄
エカテリーナ二世……ロシア女帝
グリゴーリ・ポチョムキン……ロシアの外国人顧問、女帝の秘密の夫
スタニスワフ二世……ポーランド王
アダム・ポニンスキ公……ポーランドの厳修派ロッジのマスター
モスナ＝モチンスキ……自らを錬金術師だと信じるポーランド貴族
マリー＝アントワネット……フランス王妃
ルイ＝ルネ＝エドゥアール・ド・ロアン枢機卿……女好きの聖職者
ジャンヌ・ド・ヴァロワ・ド・ラ・モット伯爵夫人……女詐欺師
ニコラ・ラ・モット……ジャンヌの夫
レトー・ド・ラ・ヴィエット……ジャンヌの愛人の近衛兵
ニコル・ルゲー……パレロワイヤルの娼婦
ジャン・ティロリエ……カリオストロの弁護士
サミュエル・スウィントン……ロンドンの一流新聞の社主
テヴノー・ド・モランド……『クーリエ・ド・ルーロープ』の編集者
ジョージ・ゴードン卿……煽動的なスコットランド人
フィリップ・ジャック・ド・ルーテルブール……アルザス人の芸術家
ジャック・サラザン……バーゼルの裕福な銀行家で絹商人
ゲルトルード・サラザン……ジャックの妻
ジギスムント・ヴィルダーメット……ビールの有力者
ドリア枢機卿……ウルビノ教皇領特使、サン・レオ監獄の管理者
センプロニオ・センプローニ……サン・レオ監獄長官
フランチェスコ・サンドリオ・デ・ゼラダ枢機卿……教皇領大臣
ピエトロ・ガンディーニ中尉……センプローニの副官
マリーニ伍長……ドリアが信頼する兵士

最後の錬金術師　カリオストロ伯爵

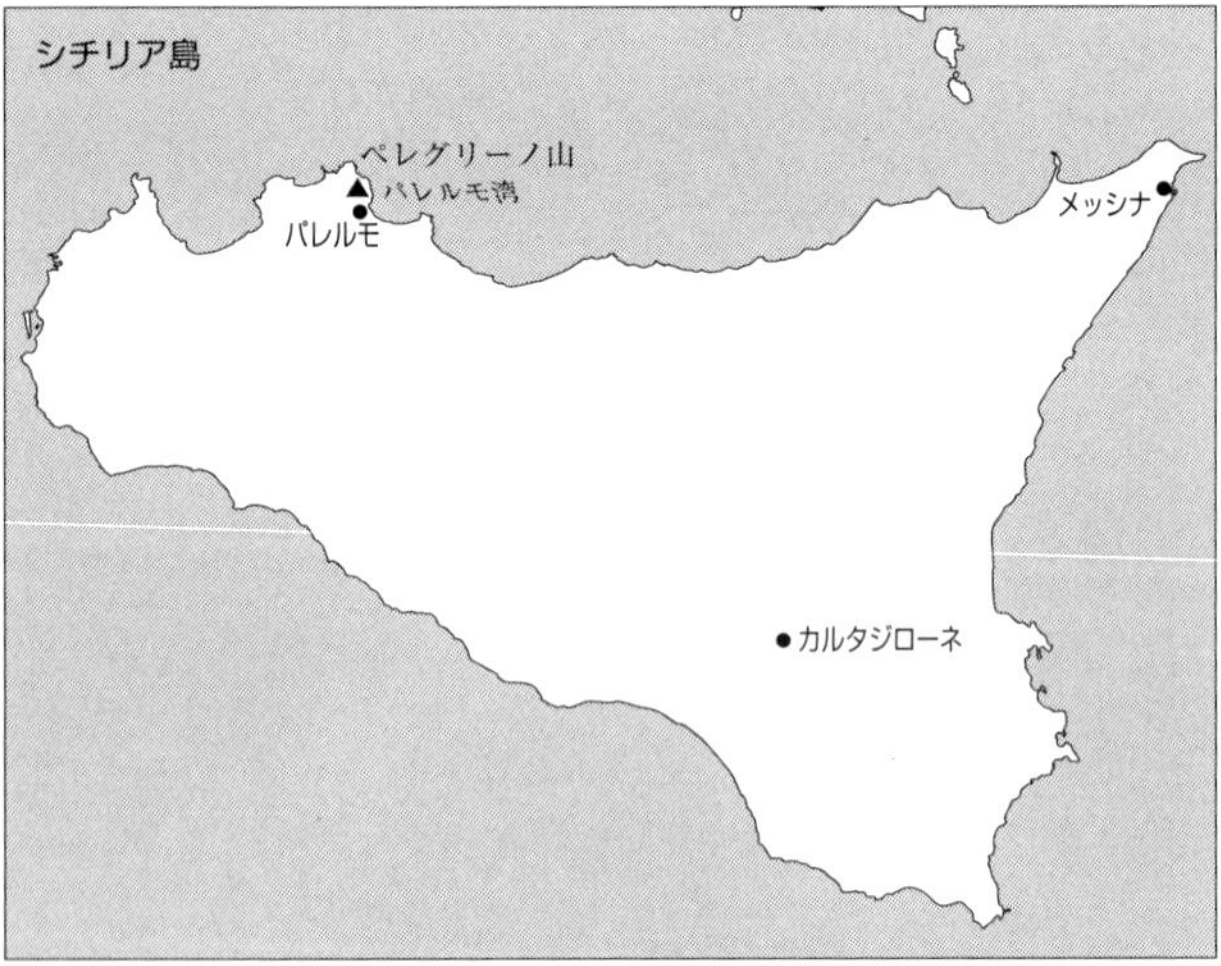
シチリア島
ペレグリーノ山
パレルモ湾
パレルモ
メッシナ
カルタジローネ

プロローグ　バルサモの家

十八世紀最大の魔術師なら、もっとましな扱いを受けてもいいのではないだろうか。魔術師、錬金術師、治療師、フリーメイソンであるカリオストロ伯爵の家を見て、わたしは思った。それは、シチリア島パレルモの小ぢんまりした商店街のなかほどにある、崩れかけた建物の横にあいたただの穴だった。くだけたレンガの輪郭から、ぼんやりと部屋の形がわかる。埃だらけで打ち捨てられた暗い穴。通りには小便の匂いがした。

かつて西欧世界に名を轟かせた男、君主たちが競って招き、司教たちが恐れ、芸術家たちが肖像を描き、医師たちが憎み、女性たちがあこがれた。そんな人物を思い出すよすがとするのに、これほど悲しい記念物があるだろうか。入り口にある掲示板には、この通りは、もとの名前はヴィッコロ・デッレ・ペルツィアータだったが、ヴィア・コンテ・ディ・カリオストロ（カリオストロ伯爵通り）に変えられたと書かれ、カリオストロ伯爵の驚くべき生涯が短く要約されていた。

ジュゼッペ・バルサモ、一七四三年にこの場所で生まれ、近くのサン・ロッコ教会附属学校で教育を受け、二十歳でパレルモを離れ、北アフリカ、レヴァント（地中海東岸一帯を指す古称）、地中海地方を旅した。カリオストロ伯爵と名乗り、十年にわたってヨーロッパ中を巡り、魔術の技を見せ、貧しい人々を癒し、エジプト派メイソン運動の支部をいくつもつくった。一七八五年にバスティーユに投獄されたあと、詐欺の疑いは晴れたが、一七八九年にローマの異端審問官に捕われ、一七九五年に死んだ。

彼の敵は、彼の生家がこのように放置されているのを見たら、大喜びしたことだろう。敵はたくさんいた。世紀の愛人カザノヴァはカリオストロを激しくねたんでいた。ロシアの女帝エカテリーナは彼を絞め殺したいと思っていた。ドイツでもっともあがめられた詩人、ゲーテは、彼への憎しみで気も狂わんばかりだった。フランスのルイ十六世は彼を危険な革命家として迫害した。王妃のマリー＝アントワネットは、ダイヤの首飾り事件に巻き込んだ彼を死ぬまでバスティーユに閉じ込めておきたいと望んだ。教皇ピウス六世は彼をカトリック教会存続に関わる脅威だと告発した。

オーストラリアからはるばる二千キロ旅してきてわたしが見たものは、そんなカリオストロ伯爵の悲しい遺物、壁の穴だった。わたしはいったいなにが見られると思っていたのだろう？　足跡？　幽霊？　彼の謎を解くなんらかの手がかりだろうか？　もちろん歴史家として、これまでに彼の伝記を書いた全員が抱いた疑問、同時代に生きた人々も同じように抱いた疑問に答えを出したいと思っていた。カリオストロ伯爵は罪人なのか聖人なのか？　最低の悪党だったのか、偉大な神秘の治療師だったのか？　これまでの伝記作者はほとんどがイタリア人、フランス人、ドイツ人だったが、たいていはどちらかの立場を強く主張していた。しかしわたしには、どちらも正しかったように思える。

敵は彼を粗野で浅薄ないかさま医師と呼んだが、彼は歴史の厳しい試練をくぐりぬけてなんとか名を残している。今日でもカリオストロの名は『スポーン』のようなSF映画や『マリー・アントワネットの首飾り』のような歴史映画にもまだ登場する。彼の生涯を描いた映画は、ロシア、アメリカ、ドイツ、イタリア、フランスなどで、少なくとも半ダースはつくられている。イタリアとフランスでは、テレビアニメや漫画、ポップミュージック、大衆小説にもいまだにとりあげられている。もっと高尚な趣味をおもちなら、モーツァルトの名高いオペラ『魔笛』でザラストロとなっている彼に出会うことだろう。あるいは、ヨハン・シュトラウスの『ウィーンのカリオストロ』というオペレッタもある。

カリオストロの敵は、謎をもう一つ提示した。ローマの異端審問官バルベリは、サンタンジェロ監獄で十五カ月かけてカリオストロを尋問し、一七九一年にその問いを投げかけた。

このような類の男がヨーロッパの文明化された都市で敬意を込めて受け入れられたなどと、想像できる人間がいるだろうか？　このような男が幸運の星、新しい預言者、神格を備えた人間とみなされたりするものだろうか？　君主の座についてもおかしくないと思われたり、高貴な人々が謙虚に従い、貴族が深くあがめたりしたなどとはとうてい信じられない。

もっと時代が下って、この上なく聡明なスコットランド人の歴史家、トマス・カーライルは、一八三三年にバルベリの疑問をとりあげてもっとあからさまに尋ねている。容姿も魅力も知性も欠けている男が、どうしてこれだけのことをやりとげられたのだろうか。カーライルは、カリオストロの成功を許したことで、十八世紀そのものを非難している。理性と啓蒙の時代と言われているが、実はいかさまと迷信の時代だったのだ、と。

カリオストロをつまらない男だと愚弄するのは、カーライルにとってはたやすいことだ。彼は、生きたカリオストロを一度も見たことがないのだから。カーライルと同じくらい懐疑的な貴族の女性、アンリエット・ルイーズ・オーベルキルヒ男爵夫人は、一七八一年にカリオストロに会い、この魔術師のカリスマにすっかり心を奪われてしまった。彼の瞳は「言い表わしようもない超自然的な深みをたたえていた――すべてが火のようで、それなのにすべてが氷のようだった」。その声は彼女を愛撫するようで、「ベールをかぶったトランペットのようだった」。彼が近づくと、「恐れを感じると同時に、飽くことのない好奇心が湧きおこる」。彼女はこう言うしかなかった。「カリオストロは悪魔的な力にとりつかれていた。人の心を奪い、意思を麻痺させた」

人となりがどうであれ、わたしはこの男に魅せられて不思議な親近感を覚えたことを告白しなくてはならない。おそらく、オーストラリアに移住する前にアフリカで十八年間を過ごしたヨーロッパ人として、同じように偽アフリカ人としてのアイデンティティをもつ点でバルサモに惹きつけられたのだろう。ジュゼッペはムーア系（アフリカ北西部に住むベルベル人やアラブ人の子孫）シチリア人の家系に生まれ、パレルモのもっともアラビア的な地区（かつてはアルガディダと呼ばれていた）で育った。名声の絶頂期には、自分がエジプトの王子で預言者だと名乗ったこともある。ある意味で、カリオストロとわたしはどちらもアフリカ人を詐称していたのである。

アルバゲリアの古いムーア風の町並みを見回すと、カリオストロがアフリカに抱いた親近感が理解できる。わたしと同じような気持ちで一七八六年にこの町を訪れたゲーテは、この場所からアフリカが始まっているようだと言った。カリオストロの生家に近いバラロの市場は、見かけも匂いもまるでカスバのようだ。カイロやザンジバルの市場を思い出した。ピーナツの揚げ油、サフラン、丁子《ちょうじ》、ガーリック、腐りかけたゴミの臭い。道路の敷石は北アフリカの砂漠から飛んでくる砂で縞模様ができ、窓やバルコニーからぶちまけられた汚水でどろどろになっている。家々が暗い影をつくっているから、慎重に足を運ばなくてはならない。ほとんどの建物のペンキには、カビのような染みができている。ドアの枠を支える鉄のかけら、建物のあいだに張り渡される紐に下がった洗濯物。

この町並みは、若いジュゼッペ・バルサモがこの町の鼻つまみだった頃からほとんど変わっていないのではないかと思えた。このタフそうな市場の人たちが、彼らのもっとも有名な息子のことをどう思っているのか、知りたくてたまらなくなった——あの家の状態から見れば、たいしたことはなさそうだが。

それでも、公的ではないとしても、地元の人が配慮している跡が見られた。小路の入り口にはむき出しのベニヤ板でできたアーチがあって、カリオストロの名前が書かれている。それに、謎めいた穴の下の地面には屋根のないコンクリートの壁ができていて、もともとの二部屋の住まいをかたどって見せていた。壁は神秘的なシンボルで覆われ、青と黄土色でカリオストロの旅の行程が描かれている。パレルモからアレクサンドリア、イムディーナ、ローマ、エクサンプロヴァンス、サンクトペテルブルグと動き、そこから行きの行程をなぞるようにひき返している。休みなくさまよう旅人、求めていたのは——富？ 名声？ 世界革命？ 霊の救済？

バルサモの家の模造品を写真に撮るために犬の糞と死んだネズミのあいだでカメラを構えていたとき、最初の地元情報提供者に出会った。セバスチャンというやせた若者で、ひげの剃り跡の濃い顎、色あせたジーンズ、縞のTシャツ、ソフトベレーという姿だった。イタリア語で話しはじめ、つぎに英語に替えて、わたしがカリオストロ協会の会長が案内するバルサモの若い時代を見学するツアーの一員かどうかと尋ねてきた。彼の劇団はカリオストロの生涯をたたえる劇を書いてツアー・グループ向けに上演してくれと会長から頼まれていたのだ。

実のところセバスチャンには頼むまでもなかった。彼と仲間の役者たちはとっくにカリオストロ熱にかかっていた。カリオストロをロビン・フッドの同類だと考えていたのだ。金持ちから奪い、貧乏人を助ける善良な悪党。しかし、おおかたのシチリア人と同じように、カリオストロは人によって違う姿を見せる偉大な役者で興行師でもあったと考えていた。おおいにありそうな解釈だと思う。

わたしはセバスチャンの経歴に耳を傾けた。彼は、何年もブラジル、デンマーク、ベルギー、イギリス、アメリカを放浪してパレルモに帰ったばかりだった。正式の訓練は受けていなかったが、自分で勉強して大道道化師や音楽家、役者、大道具製作者、語り手になる技術を身につけた。聡明でタフで奇妙なほど霊的なパレルモの冒険者。

足どりは軽く、機知に富み、魅力と世渡りのうまさと知性で厳しい世間を生き延びてきた。この地に根っこを残してはいるが国際的で、世界を旅してなんでもやってみようとしている。今は、カリオストロ伯爵の役を演じたくてたまらずにいる。カリオストロは、パレルモを現在の姿、マフィアの悪党に支配される文化の砂漠から変身させてくれるかもしれない魔術師なのだ。セバスチャンは現代のカリオストロのように見えた。

思わず話しこんでいたわたしたちは、セバスチャンが会長を探していたことをはっと思い出した。わたしたちはバラロ市場の人ごみをかき分けて通った。ジュゼッペ・バルサモが田舎くさいマジックと都会のごまかしを覚えた、欲望の渦巻く場所。クルミのようにごつごつした顔の年寄りがビールのグラスを差し出す。たくましい女性たちがバラ色のマグロの切り身をわたしたちの顔の前で振りたてる。まもなく、大きな看板のかかった小さな事務所に到着した。「カリオストロ協会　協同組合　会長　ニネッタ・カンジェロージ」。ここはカリオストロにささげる神殿だった。ずんぐりしたシチリア人魔術師と妻セラフィーナの肖像がいたるところにかかっている。材質はいろいろだ。紙、木、彩色ガラス、プラスチック。

ニーナ・カンジェロージはおそらく五十代のはじめだろう。こぎれいに装い、優しい顔と黒い悲しそうな目をしていた。彼女を見るとカフェラテが思い浮かぶ。シチリア風の褐色の肌の上にクリームのような銀髪の泡がのっている。難しい問題に身を挺して取り組んでいることからくる大きな疲労感を発散していた。この五年、バルサモの家を再建させようと、学者や博物館学芸員、地方議会議員、政府の役人、国会議員、文書館員、ビジネスマンなど、ありとあらゆる人に働きかけ、カリオストロの思い出に敬意を払ってほしいと懇願しつづけてきたのだ。

たいていの人はカリオストロを悪党扱いし、現代的な都市が敬意をささげたりするような男ではないと考えていた。一七八六年にゲーテがパレルモを訪れた記念のプレートは町中にあふれている。そのゲーテは、ジュゼッペ・バルサモの母親と姉に会い、世界中に、カリオストロは詐欺師で悪党だと宣言した。そして、ゲーテの見解が広まった。

ニーナは町の有力者たちに、普通のシチリア人はそんなふうに考えていないと主張した。シチリア人たちは、この偉大な男がどれほど貧しいところから人生をスタートしたかをその目で見たがっている。彼の人生はみんなに希望を与えるのだ。バルサモは、シチリアの呪いである貧困に屈服することも囚われることも拒否した。ニーナの熱意にあおられて壁画を描いたパレルモの美術学生もいたが、市会議員たちは彼女に目を向けようとはしなかった。バルサモの生家がある建物の所有者は、再開発をねらってその地区を少しずつ買い上げていた。彼は市場の元締めもやっている有力者だった。彼はカリオストロの神殿をほしがってはいなかった。新しいアパートをつくって売りたがっていたのだ。

わたしはニーナにカリオストロへの情熱について尋ねた。彼女は手に入る文献をすべて読んだ。悪いことがたくさん書かれていることは否定しないが、ほとんどは敵の口から出た言葉にもとづいていると彼女は言う。たとえ非難のいくつかが真実だとしても、筆者たちはアルバゲリアのように貧しい場所で生きていくという試練を理解していないと彼女は感じている。おそらくジュゼッペ・バルサモは、若い頃はならず者だったのかもしれない。悲しいことに、今のパレルモの若者たちも同じ道をたどらざるを得ない。しかし、カリオストロが世界中の貧しい人たちをただで癒してやり、寛容と霊を敬うメッセージを伝えることで罪をあがなったのは否定できないはずだ、というのが彼女の主張だった。

ジュゼッペ・バルサモが荒削りな聖人のようなものだったという彼女の信念に同意する人は多い、と彼女は言う。それに、教会が聖人と認めている人で、若い頃に悪の道に逸《そ》れていた例は珍しくはない。ジュゼッペ・バルサモは信心深くはなかった。しかし、彼には「力強い魂」があった。彼は、イスラム教とユダヤ教はキリスト教とまったく同じように神聖だと信じ、彼のエジプト派フリーメイソン――秘密友愛会の形をした神秘的ではない宗教――で、この三つの宗教をまとめることができるだろうと信じていたのだという。

パレルモを発つ前の晩、市場の近くのレストランでニーナとセバスチャンに会った。パレルモの大通りに沿って百メートルくらい行ったところにきれいな看板が突き出して、「リストランテ・ル・コント・ド・カリオストロ（レストラン・カリオストロ伯爵）」と書かれ、いちばん有名なポーズのカリオストロの顔が描かれている。霊的法悦をたたえた目で、天を見上げているポーズだ。メニューにはカリオストロが出会った有名人の名がついた料理が載っている。マリー＝アントワネット王妃はゴルゴンゾーラ・チーズで、カザノヴァはクリーム・パイだ。

店の主人は、まだ太っていない若い日のジュゼッペの絵姿に似ていた。色が浅黒く、がっしりして、たくましい腕をしていた。数年前に店を買ったとき、もうこの名前がついていたのだという。以前はナポリで不動産業を経営していて、カリオストロのことはなにも知らなかったそうだ。ある日一杯やりながら、鍛冶屋の友人に、この店の名前をどうしようと相談した。友人は非常に強い口調で、そのままにしておくべきだと言った。カリオストロはウオモ・ディ・ポポロ、人気者なのだ。それよりいい名前などあるはずがないだろう？

主人はにやりと笑いながら言う。地元の人間が食事に来ると、いつも同じジョークを言うんですよ。バルサモの家がある小路の名前が変えられたのは、みんながヴィア・ペルツィアータじゃなく小便小路《ヴィア・ピシアータ》と呼んでいたからだという。市場で尿意を催すと、バルサモの小路はちょうど手ごろな場所だったのだ。どうりで小便の臭いがしたわけだ。みんなは、小便はカリオストロの最初の霊薬《エリクシール》だと言う。だからみんなはカリオストロが好きなのだ。

食事のあと、わたしは最後にもう一度ヴィア・コンテ・ディ・カリオストロを訪ねることにした。一日の物悲しい残骸、つぶれたトマトやぬるぬるした魚のうろこを踏みつけて歩く。壁の穴は闇にまぎれ、小路はやはり小便の臭いがしていた。小路のかなたには、異教の神のようにパレルモを見下ろすペレグリーノ山の灰色の輪郭がかすかに浮かび上がっていた。ジュゼッペ・バルサモが旅の冒険家としての一歩を踏み出した二百五十年前の夜に目にしたのも、同じ景色だったのだろうか。

一七六三年のある夜、あと一時間ばかりで真夜中になろうとする頃あい、裕福そうな中年の男と二十歳前の若い男がパレルモの町はずれを静かに歩いていた。パレルモ、ナポリ王国の統治下にあったシチリア王国の首都である。

二人はかすかな明かりのランタンを灯し、小声で話していた。要らぬ注意を引いて身元や目的を知られるのを恐れていたのだ。幸いなことに、通りに積み重なるゴミのおかげで、足音は響かなかった。このゴミと汚物のカーペットは貴族たちが奨励しているのだと商店主たちは冗談を言う。このおかげで馬車の乗り心地がよくなるからだと。しかしこの二人が用心していたのは馬車に乗る人々ではなく、通りを根城にする人々、古いムーア風の地区に群がる数知れぬ物乞い、盗人、強盗、娼婦たちだった。もしも抜け目のない人間が二人のもっているつるはしとシャベルに目を留めたら、厄介ごとがもちあがるのは確実だ。

二人は数キロ歩いてペレグリーノ山に到着した。その七百メートルほどの峰は秘密を守るスフィンクスのようにパレルモ湾を見下ろしている。二人が探し出そうとしていたのは、そうした秘密の一つだった。パレルモの支配者たちは、下の湾に侵略者の帆が見えると大慌てで山の洞窟に財産を隠した。この数世紀のあいだにそれが何度繰り返されたことか。フェニキア人、ギリシャ人、ローマ人、ムーア人、ノルマン人、スペイン人、すべてがこの千二百年のあいだに一度はパレルモにやってきた。ほとんどはここにとどまって、亜熱帯の気候と豊かな土地、ヨーロッパとアフリカとアジアを結ぶ紺青《こんじょう》の港を楽しんだ。二十万の人口を擁するこの町は、雑多な過去の生き証人だったのである。

ムーア人たちが貯めこんだ財宝をどこかに埋めたのは確からしく、二人が探していたのはその財宝だった。パレルモを侵略した支配者のなかでも、もっとも裕福で、もっとも寛容で、もっとも文化的に洗練されていたムーア人たちは、二世紀にわたってシチリアにとどまり、土地の光景と人々に深い足跡を刻みこんだ。ムーアの太守の一人が、アフリカに逃げ帰る前に財宝を埋めたのは間違いなかった。のちのルッジェーロ一世率いるノルマンの軍隊が、アルカサールの九つの城門をもつ砦を打ち破り、一〇七二年一月五日にパレルモに突入したとき、アユブ・テミムが埋めたものとされていた。

宝を探す二人組の若いほう、ジュゼッペ・バルサモは、宝の場所を正確に知っていると主張していた。古文書を読んで場所がわかり、財宝の中身は夢によって知らされたのだという。埋もれた財宝を物語るバルサモの言葉に、もう一人の男の頭はクラクラした。

バルサモは、パレルモでも指折りの金持ち、銀細工師のヴィンチェンゾ・マラーノに、財宝のなかにある黄金の雄鶏の話を聞かせた。目はルビーで、羽根の部分にダイヤモンドがちりばめられている。ふだんから隠された財宝を夢見ることが多かったマラーノでさえ、その品物の値打ちを想像してめまいを感じた。財宝を夢見ていたのはマラーノだけではない。シチリアの人間なら誰でも、埋もれた財宝の話をいくつか大事にあたためている。ただ、それを見つけて手に入れるのが難しい。若いバルサモは、黄金の雄鶏が堆肥《たいひ》の山みたいに積み上げられた金貨の上にとまっているありさまを話して聞かせた。だが、夢にはその財宝を守る悪魔や精霊の恐ろしい姿も登場した。ムーア人たちは神聖なイスラムの財宝が貪欲な異教徒の手に落ちないように闇の同胞たちを守りにつかせたのだ。

バルサモが重要になってくるのはこの点だった。もちろん、この若者には近づくなとマラーノはみんなから警告されていた。バルサモの評判はそれほど悪かった。ジュゼッペ・バルサモは紛れもなく町のゴロツキ、気どった目立ちたがり屋だった。この町ではありふれた貧乏人の息子である。父親のピエトロ・バルサモはパレルモの宝石屋で、いわばマラーノの同業者である。違うのは、一七四三年六月二日に妻のフェリーチェ・ブラコニエーリが息子を産んだわずか数カ月後に、破産して死んでしまったところだ。ジュゼッペは、パレルモのもっとも貧しい地区のもっとも貧しい小路にある二部屋のアパートメントで姉といっしょに育てられた。

バルサモは典型的なアルバゲリア育ちだった。この曲がりくねった路地と崩れかけた建物、ぬるぬるした敷石の迷宮には、娼婦や行商人、泥棒や強盗が潜んでいた。警察でさえ、アラビア人やトルコ人やユダヤ人移民の冷たい視線を浴びながら、この地区の暗い谷間に入りこもうとはしなかった。若いバルサモは獰猛なストリート・ギャングを率いて他の地区から来た人々を震え上がらせ、時には警察とも戦った。すばやくナイフを使い、聖職者を一人殺したという噂があるが、証拠がないから警察も手を出せずにいる。ヴィンチェンゾ・マラーノはこういう噂をみんな知っていた。だが、この若者が悪評高い界隈《かいわい》で身につけた技が、泥棒や山賊から財宝を守るのに大いに役立つだろうということも知っていたのである。

それにマラーノは、バルサモはただのゴロツキとは違うと思っていた。一文無しの母親は、父親や、その父亡きあと裕福な兄弟のアントーニオとマテオ・ブラコニエーリから援助を受けていた。伯父たちはジュゼッペにきちんとした教育を受けさせようとした。最初は私立の学校へ、そのあと十歳になると孤児のためのサン・ロッコ神学校に入り、数年間学んだ。そのあと、内陸のカルタジローネ村にあるファテベネフラテッリ治療会の修道院で修道士見習いを二、三年務めた。それが終わると、伯父たちが金を出して、パレルモの教師から個人授業を受けた。

若者は並外れた知性と想像力の持ち主だった。その早熟ぶりは有名だった。とりわけ化学の才能があったし、絵を描かせたら正確なことは驚くほどだ。図形を紙に写すこの能力は、手書きの文字、印刷の文字、徽章《きしょう》の図形にも及んでいた。たとえば、古い羊皮紙で見たムーア人の財宝の地図をいかにも本物らしく描いて、マラーノに見せることもできたのである。若いバルサモがこの才能をよく悪用したのは確かだ。劇場の偽チケットをつくったり、修道院からの外出許可証をでっちあげたりして何度か厄介な目にあっていた。公文書を偽造したという噂まであった。

こうした創造的な才能と人に逆らう性格が結びつくと危険な男ができあがる。それは間違いなかった。バルサモは通った学校ぜんぶから追い出されたと言われている。鞭打ちも拘束も平然として受け、まったく効き目がなかったからだ。彼の厚顔ぶりは伝説的だ。修道院から解放してもらうために、皮肉のきいたやり方でファテベネフラテッリの修道士たちを「説得」したときの話が伝わっている。素行が悪かったのに、修道士たちはこの十五歳の見習いを放校しようとしなかった。ジュゼッペには得がたい薬学の才能があったからだ。放校のかわりに、朝食のときに殉教者列伝を唱えるという苦行が与えられた。ジュゼッペはありがたい聖人の名前と地元の娼婦の名前を置き換えて列伝を唱え、お仲間を仰天させ、めでたく放校を勝ちとったという。

見習い修道士の経験があったから、財宝を守る悪魔と戦うのに欠かせないキリスト教の儀式には精通していた。もう一つ大事なのは、彼は魔術師だと噂され、神秘的な力を操るという評判があったことだ。誰でも知っていたことだが、キリストの聖霊と悪魔の悪霊とは拮抗している。宝探しを成功させたいなら、白魔術と黒魔術の両方を理解していなくてはならない。地下世界の精霊は、パレルモ人の毎日の暮らしに生き生きと存在していた。この地には精霊があふれていたのだ。

バルサモが暮らしていたアルバゲリアの市場では、野菜も売られていたが、それと同じようにさまざまな魔よけも売られていた。占い師、魔女、薬草売り、手相見、占星術師、護符売り、みんな霊的な世界との結びつきをもっていた。魔よけの護符はいちばんありふれていた。凶眼《マロツキオ》を撃退し、健康を保ち、愛の幸運をもたらす。ジュゼッペは、首にかけておく羊皮紙に謎めいた魔法のサインを書く方法を知っていた。これから立ち向かう霊との戦いに備えて、マラーノと自分のために特別に強力な護符を用意していた。

もちろん、ジュゼッペの魔術師としての評判は、護符づくりなどよりもっと強大なものだった。ファテベネフラテッリ修道院にいたあいだに、この若者は明らかに錬金術の知識を我がものとしていた。錬金術とは、古代エジプトの神トトとギリシャの神ヘルメスが合体した架空の神、ヘルメス・トリスメギストスに由来する、エジプトとギリシャの魔術理論をつぎはぎした理論である。二世紀にわたってムーア人に支配されていたシチリアでは、ファテベネフラテッリのようなカトリックの修道会は、東洋の魔術と錬金術という秘められた知識が盛り込まれたアラビア語の文書や調合法を複写し、保存し、伝える役目を担うようになっていた。

修道院の研究所でアルベルト神父のもとで働きながら、見習い薬剤師のバルサモは塩類の正体を突き止め固定する方法や、錬金術で卑金属を変質させるときに、水銀や硫黄（水銀は女性、硫黄は男性）を利用してプロセスを補強する方法を学んだ。霊的・医学的な予言のために使われた標準的な道具はカバラの秘法だった。しかし、カバラを理解して使いこなすのは簡単なことではない。カバラは、ユダヤの神秘的な教義にゲマトリアという予言法を組み合わせたもので、ヘブライ語の聖書に書かれた文字や言葉と数字との対応にもとづいて計算すると、神の予言にたどり着くことができる。バルサモがカバラの秘法で予知したところ、この財宝探しはうまくいくという予兆が出ていた。もちろん、予言するときには天の影響も考えに入れなくてはならない。七つの惑星を支配する七つの精霊あるいは天使が行使する力による影響である。

占星術の知識のほかにも、バルサモはアルベルト神父から良い精霊を呼びだし悪い精霊をはらうための儀式や文句を教えられていた。カルタジローネの村から戻ったあと、この方面で二つの手柄をたて、ジュゼッペはたちまち地元で有名になった。一度は田舎の司祭から手に入れた聖油に紐を浸《ひた》し、それを使って姉にとりついた悪魔をはらった。もっと評判になったのは、友人たちを前にして、その瞬間パレルモの反対側にいた恋人がなにをしているかを見せた出来事だった。ジュゼッペが砂の上に魔法の円を描き、なにか奇妙な文句を唱えると、二人の男を相手にトレゼットというカードゲームをしている恋人の姿が浮かび上がった。ジュゼッペは砂に本物のように見える絵を描いただけだと言う者もいたが、空中にぼんやりとした幽霊のような姿をつくりだしたのだと断言する者もいた。いずれにせよ、友人たちが恋人の家に駆けつけると、予言は細かいところまで一致していた。

それが気に入ろうと気に入るまいと、宝を手にとるまでのあいだ悪魔を抑えておける力をもっていたのは、パレルモではバルサモただ一人だということをマラーノは知っていた。はじめは誰にも夢のことを教えるつもりはなかったとバルサモは言った。しかし、誰かの助けがなければ恐ろしい番人から宝を奪うことはできないと悟ったのだ。当然思いついたのはヴィンチェンゾのことだった。恐れを知らぬ宝探しハンターとしての評判を知っていたからだ。

バルサモは、危険はかなりのものだと認めていた。ムーア人の財宝の番人が恐ろしいのはよく知られていた。イスラムの悪魔、アザゼルやイブリースは凶暴だという評判だった。角の二つある悪魔もいるし骨と皮の怪物チチャヴァッシもいる。それは人間の肉を喰らって膨れ上がった忌わしい生き物だ。それに、人間の姿で人をだまし、突然つかみかかって引き裂いたり錯乱させたりするジンと呼ばれるアラビアの悪魔もいた。

断食しなくてはならない。バルサモは数週間肉を食べるなと言い張った。そして、生きた雄鶏を九羽（誰でも知っている魔法の数字である）買って生贄にした。雄鶏は黒と白と赤をそれぞれ三羽ずつ。財宝の、輝く宝石に調和させるためである。バルサモはまた、皮膚を清める儀式を行なわなくてはならないと主張した。その儀式には特別な香草と香油と軟膏と聖油を使った。儀式のあいだじゅうバルサモは、アラーに祈りをささげるアラビア人のように、高い声でなにごとかを唱えていた。
マラーノは、魔法の材料を買うのにどれほどの金が必要かを聞かされたとき顔をしかめた。銀貨六十枚、ちょっとした財産ではないか。それでも、その黄金の雄鶏と比べればわずかなものだ。彼はしぶしぶと金を渡し、バルサモから目を離すまいと心に誓った。しかし、若者の行動には非の打ち所がなかった。それは認めなくてはならない。マラーノは、バルサモの準備した難しい儀式に欠点を見つけることはできなかった。

いよいよ宝探しに行く日、バルサモはアルバゲリアの自宅から黒い聖職者の法衣を着てやってきた。法衣は、善良な霊を呼びだすのを助け、悪霊から守ってくれる。二人が向かっていたペレグリーノ山は聖なる山だった。パレルモの町の守護者、疫病を癒す聖人サンタ・ロザリアの聖なる神殿だったのである。二人はどんな悪霊との戦いにもご加護をとサンタ・ロザリアに祈りをささげた。パレルモと近郊の人々は年に何度か聖人の像にお参りしていた。その像は真に迫り、まるで息をしているように見えた。二人は祈った。サンタ・ロザリア、わたしたちにご加護を、そして望みをかなえてくださいますように。

ビャクシンの松明《たいまつ》の煙った明かりに浮かぶバルサモの姿は印象的だった。力強い両肩、厚い胸板、そしてすばやい動き。この男なら戦いのなかでも一人で切り抜けられる。彼は強さと信頼感を発散していた。聖油の瓶をもち、水盤から聖なる祝福された水をまき散らしている。魔術はバルサモに任せた。マラーノは掘ることに専念する。

岩だらけの中腹に達すると、バルサモは突然立ち止まり、身振りで口を開くなと指示して慎重にあたりを見回した。そして安全を確かめると、この先の悪魔に備えて聖水を一口飲むようにマラーノに指示した。そしてマラーノの額に入念に聖油をすりこみ、耳を覆うものを渡した。地面に円を描く――良い精霊に守られた見えない檻となる魔法の輪である。そして歌いはじめた。耳慣れた聖歌から高調子のアラビアの頌歌《しょうか》に変わる。突然ある一点を指さすと、マラーノに掘りはじめるようにと身振りで促した。マラーノはつるはしを振り上げた。夢中でひたすら掘りつづける。

どこからともなく青い燐光《りんこう》が現われ、硫黄の匂いが漂い、足音が響き、この世のものならぬ叫びが聞こえてきた。一瞬だが、マラーノの目に黒い顔や毛むくじゃらの肌、悪魔のような角が映った。それから頭と肩を殴られ、地面に叩きつけられて動けなくなった。永遠とも思える時間が過ぎ、あたりが静かなのは魔物がねぐらに帰ったのだろうとマラーノは考えた。やっとのことで立ち上がると、バルサモはどこにもいなかった。足を引きずり、血を流し、痣《あざ》だらけの姿でパレルモに帰ったマラーノは、バルサモが魔物にさらわれ、食われてしまったのでなければよいがと考えていた。襲ってきた魔物の数さえ覚えていなかった。四匹だったろうか？　一ダースもいたのだろうか？

翌日、いくらか回復したマラーノは若い預言者の様子を聞きにヴィア・ペルツィアータに赴いた。魔物の手に落ちたバルサモがどんな目にあっているのかと一晩中心配していたのだ。しかし、彼が見つけたのは新たな恐怖だった。バルサモは町を出ていた――メッシナの伯父を訪ねてということらしいが――そしてマラーノの金をみんなもち去っていた。マラーノは屈辱と怒りのなかで、シチリアの血にかけて復讐を誓った。バルサモの若造め、監獄で腐り果てたくなければ二度とこの町には戻るな。ヴィンチェンゾ・マラーノは決して忘れはしない。

1
フリーメイソン
Freemason

フリーメイソン
正式にはフリー・アンド・アクセプティド・メイソンズ（フリーメイソン団）
という名の結社の会員。

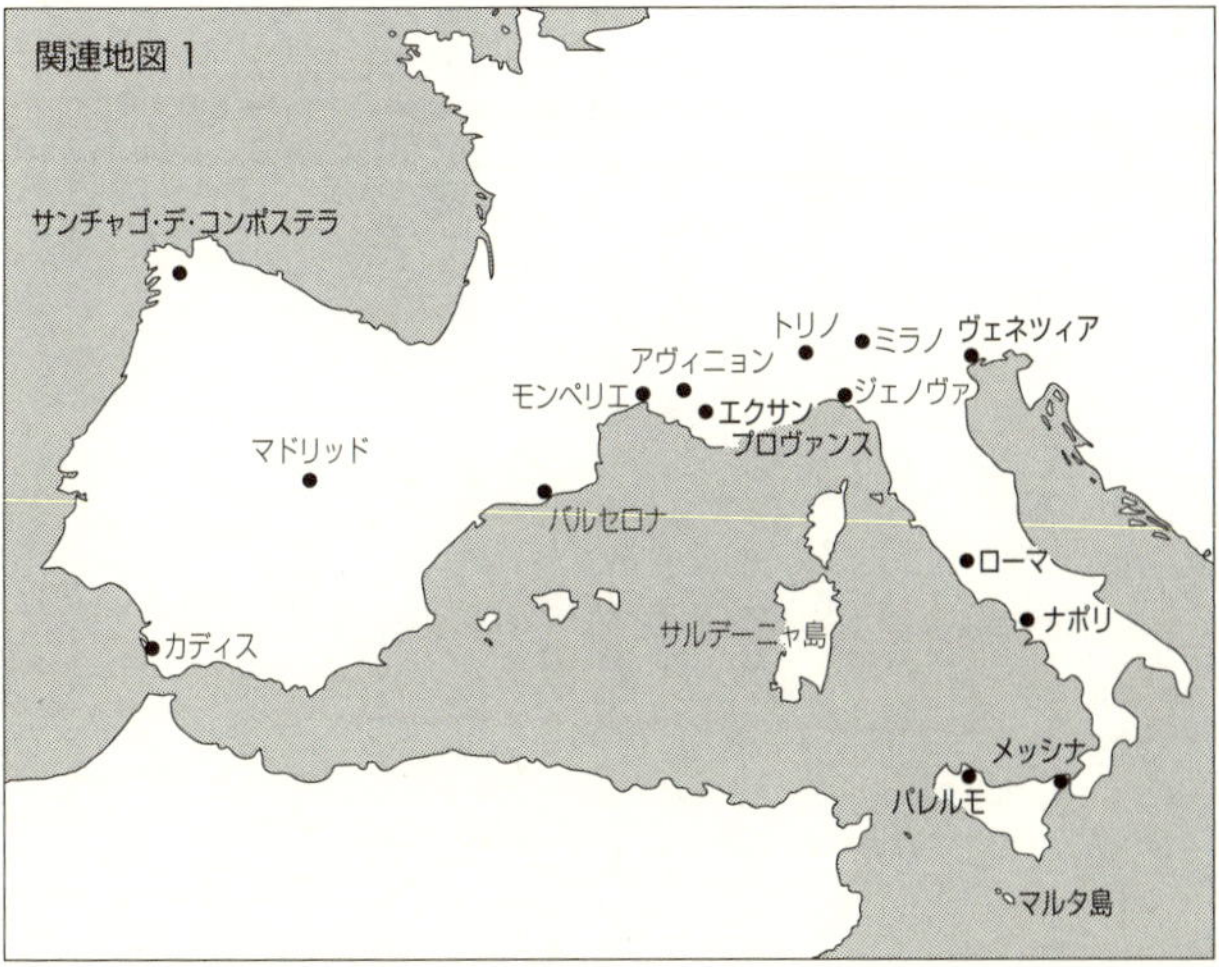

ジョヴァンニ・ジャコモ・カザノヴァ伯爵は退屈しきっていた。時は一七六九年の三月、この伝説的な女たらしは医師の命令で三週間近くもエクサンプロヴァンスにあるスリー・ドーフィンズ・インで重い肺炎からの回復期を過ごしていたのだ。旅行は幸先《さいさき》よく始まった。バルセロナで偽為替手形を使ってつかまり、不愉快な監獄に六週間閉じ込められていたあとだから、暖かい南フランスでゆっくり過ごそうと心に決めていた。難儀したあとだけに、エクスの古都で、旧友のダルジャン侯爵とともに過ごす一、二週間を楽しみにしていた。侯爵は哲学者でもあり、カザノヴァとは同じ好みをもっていた。女、食べ物、洗練された会話。それに、フランス一の破天荒さで有名なこの町の復活祭にも心をそそられていた。

小うるさい枢機卿の隣の部屋を与えられたというかすかな不快感も、宿の立地のよさで埋め合わせがついていた。エクスの優雅なメインストリート、ミラボー通りに近く、並木が天蓋《てんがい》のように通りを覆い、カフェテラスがたくさんある。朝食のテーブルには快楽に関心をもつ若者が集まり、カザノヴァの冒険に聖典でも聞くように耳を傾けた。

この若者たちも彼と同じ山師だった。一か八かに賭ける詐欺師の暮らし。だが、この連中は雑魚《ざこ》にすぎない。師匠の前に集まる未熟な見習い小僧だ。彼らはカザノヴァの一語一語に聞き入っている。彼がヨーロッパでもっとも危険な職業においてぬきんでていたからだ。どんな町にでも彼の同朋はうじゃうじゃいた。この商売には決まった資格などなく、特定のやり方もなく、収入も確保されてはいない。危険は大きく、いたるところに落とし穴がある。冒険家は自分の機知と魅力と勇気に頼って生き、大胆な前進かすばやい退却に常に備えていなくてはならない。ある日豪奢な六頭だての馬車で旅しているかと思えば、次の日は徒刑場のオールに鎖でつながれているかもしれない。

晩餐の席で、賭博場で、サロンで、オペラで、カザノヴァはなかば顔なじみの数十人を相手に腕を磨いた。みんなカザノヴァと同じくらい途方もない称号をつけた新しい貴族だった。カザノヴァのお気に入りの称号はド・サンガルト卿というもので、アルファベットからでたらめに拾った文字を組み合わせたまったくのでっちあげだった。優秀な冒険家たる者、魅力的な職業のレパートリーと多才さを備えていなくてはならない。自分を芸人、音楽家、画家、俳優、動物の調教師、花火師などと売り込むためだ。カザノヴァはじめ、自分を特殊な知識の持ち主と主張する人は多かった。占星術師とか、哲学者、発明家、魔術師、治療師だと自己宣伝する。いざというとき頼りになるのは、外国の軍人、旅をしている聖職者、外交に携わっている役人などという身分である。カザノヴァはそのすべてを名乗った経験があった。

時には挫折することもあるが、これ以上に自由で満足できる商売は思いつかない。ヨーロッパの大半が平和で、国境は嬉しくなるほど穴だらけだ。通行許可証を手に入れるのは比較的簡単だし、本物だろうと偽物だろうと、地元高官への紹介状が一通あればドアは開かれる。しゃれた衣服を身につけ、上等な馬車に乗ってさえいればいい。ヨーロッパに無数にいる小領主たちは新奇な見ものに飢えていた。腕のいい山師に必要なのは地元の事情を正しく把握することだけだ。カザノヴァの専門は性的魅力とインチキ魔術、いかさまトランプだったが、必要とあれば富くじを主催したり、鉱脈を探したり、治療師のふりをしたりすることもある。ヨーロッパの領主たちは、大領主であれ小領主であれ、フランスの前国王、太陽王ルイ十四世を真似したがった。どんな田舎貴族だろうと、フランス宮廷を手本に服を仕立て、マナーを身につけようとしていたから、カザノヴァのような人間はパリの言葉とファッションとスタイルを身につけるだけでよかったのである。カザノヴァのようにメヌエットをうまく踊り、洗練されたお世辞を口にできる男はいなかった。

エクスではこうした技能を試す機会に恵まれていた。到着後すぐにダルジャン家の晩餐に招かれた。ダルジャンは郊外にある兄の城に滞在していたのだ。食事はすばらしかった。カザノヴァはマダム・ダルジャンの美味なクロスタータを口に入れた。巨大な、さくさくしたミートパイ。小さなソーセージ、仔牛の胸腺、マッシュルーム、アーティチョークの芯、フォワグラ、その他いろいろなものが詰まっている。カザノヴァは自分の務めを果たし、才気をひらめかせた。彼のみだらな話を批判したイエズス会士をぎょっとさせて、みんなを笑わせた。カザノヴァが、そのとき行なわれていた教皇選挙で、イエズス会を叩き潰したがっているフランシスコ会の殺し屋、ガネッリ枢機卿が選ばれるだろうと言うと、あわれな司祭は恐怖で蒼白になった。ベルリンから来た若者ゴツコウスキは、教会を笑いものにするこうした冗談が気に入ったようで、この町で毎日「快楽のパーティ」を開いているもっと生きのいい道楽者たちを紹介しようと約束した。

カザノヴァ、五十歳
アレッサンドロ・デ・ロンギ作
（オハイオ州、トレド美術館）

復活祭もカザノヴァの予想を超え

たすばらしさだった。仮装行列も踊りも道化も、これまで山ほど見てきたカーニヴァルのなかでも最高に熱狂的だった。カザノヴァはヴェネツィアのカーニヴァルも見たことがあった。四旬節（灰の水曜日から復活祭前日までの四十日間。荒野のキリストを記念して断食を行なう）前の最後の週まで繰り広げられるその祭りは、近郷近在の道楽者をみんな引き寄せていた。エクスの祭りはそれよりも盛大だった。三月二十五日、町の中心部を練り歩く仮装行列に喝采を送る。悪魔と死と七つの大罪がおかしな衣装をつけて創造主から逃れようとあがいている。カザノヴァも自分の仮面をつけ——お気に入りのコメディア・デラルテに出てくる鉤鼻のプルチネッラだろう——、仮面の下で忍び笑いしている美人を探して通りを歩いた。「集会、舞踏会、夜食、可愛い女の子たち」の渦にまきこまれて、彼は四旬節まで滞在を延ばした。セックスと宗教の入り混じった興奮ほどすばらしいものはない。

　しかし、なんといってもカザノヴァはもう四十四歳だった。最高の喜びを追いかけるように報いがやってきた。ダルジャンの城から屋根なしの二輪馬車で町に帰る途中、冷たい北風に骨まで凍えてしまった。それでも、まっすぐベッドに戻るかわりに、十四歳のずるがしこい百姓娘の花を散らしてやるという自信たっぷりの約束を果たそうとした。地元の連中は、誰がどんなにがんばろうとその娘の守りを打ち破ることはできないというほうに賭けていた。ゴツコウスキはその前に試して失敗していた。カザノヴァはどうやればうまくいくか見せてやると約束したのだった。しかし「鍛えられた戦士のように」二時間もわめき、励んだが、結局は疲れ果てただけ。賭けに破れたカザノヴァは惨めな思いだった。

この敗北で彼は憂鬱の淵に沈みこんだ。ゴッコウスキの見ている前だったのだから、天下に恥をさらしたようなものだ。気が弱り、悩んでいたカザノヴァは悪寒にとりつかれ、肺炎にかかってしまった。病状は重く、一週間のあいだ大きな血の塊を吐きつづけ、死を覚悟して終油の秘蹟を受けた。結局は必要がなくなったのだが。それでも、頑強なカザノヴァが赤ん坊のようにベッドで看病され、危険が去ったと医者が宣言するまで十八日もかかった。それだけではない。さらに数週間、この退屈な宿で静養するように命令されてしまったのだ。

そんなわけで彼はこうして、通常の生活に戻るのを心待ちにしながら、トランプゲームに退屈し、頭の空っぽな若い崇拝者たちにいらだっていた。しかしある朝、朝食の席で若者たちが口にしたちょっとした噂に興味を引かれた。新しい客が到着したらしい。昨夜、イタリア人の巡礼のカップルがチェックインし、疲れた様子でまっすぐベッドに向かったという。

巡礼か、とカザノヴァは思った。こんな時代だというのに、なんとばかげたことを。巡礼など過去の遺物ではないか。「信心馬鹿か宿無し」のどちらかに違いない。どっちにしろ、連中は退屈しのぎになってくれるだろうとカザノヴァは期待した。

したたかすぎる巡礼者

若いジュゼッペ・バルサモは復活祭のカーニヴァルを何十回も見たことがあった。母親と伯父たちがそうさせてくれたのだ。パレルモでは、このお祭りには悪魔のダンスという催しがある。善と悪の戦いが儀式化されていて、赤い悪魔の扮装をした町の男たちが、黒で覆われた「処女マリア、悲しみの母」の信者たちとの戦いを象徴したダンスを踊る。もちろん、戦いに勝つのは黒い法衣を着た教会側だ。ほかの結果など考えられない。しかし、ジュゼッペ自身の人生では、同じ戦いの結果はそれほど確かではなかった。時には処女マリアが優勢になるが、悪魔が勝つこともある。

一七六三年にジュゼッペが貪欲な銀細工師マラーノから逃げ出したとき、彼と共犯の二人、下男と司祭は、まっすぐに島の反対側にあるメッシナに向かった。長居はできない。まもなく法の手が追いついてくるはずだったからだ。しかし、三人はジュゼッペの裕福な伯父ジョゼフ・カリオストロの家に二、三日厄介になることができた。

メッシナは地中海東部とアフリカ沿岸へ向かう船の寄港地だった。だから悪漢たちはパレルモからのニュースが届く前にすばやく船の便を探した。船を待つあいだ、ジュゼッペは伯父に言った。アルトタスと名乗る年老いた謎の魔術師と出会い、その人がこれから数年彼を教え導いてくれることになったのだ、と。おそらく、詐欺師仲間のアタンシオ司祭との関係を脚色して語ったものだろう。その年上の男は教えてやれる技術をもっていたし、見習い悪漢のほうにも学ぶべきことがあった。

しかし、この裏切り者たちが最初にどこに向かったのかははっきりしていない。一年ほど、彼らの痕跡は消えている。麻を絹に変える専門家と称してロードス島を訪れていたという説もある――古くからある手口だが、ジュゼッペには初めてだった。バルサモ自身は、カイロとアレクサンドリア行きの船に乗って夢のようなムスリムの町々を放浪し、東洋の豊かな文化を吸収したとのちに語っている。それを疑う理由があるだろうか？　シチリアの貿易商にとって、エジプトは通常の目的地だったし、冒険家を目指す人間にとっては異国情緒にあふれる目標なのは言うまでもない。カザノヴァも二十一歳のときにコルフ島とコンスタンチノープルという似たような場所に旅をしている。

何カ月か旅をして、機転一つで生き抜いてきたあと、ジュゼッペは一七六五年から六六年にかけてマルタ島を訪ねた。島のぎざぎざの海岸に上陸すると内陸を目指し、小さな中世の町イムディーナに向かった。町に着くと、聖ヨハネ騎士団の救護所で下働きのような仕事を手に入れた。この強大な修道会は一般にマルタ騎士団と呼ばれ、エルサレムに巡礼するキリスト教徒の病気を治療するために十一世紀につくられた。地中海騎士団は治療もしたが時には剣をとってイスラムの軍隊と戦うこともあった。

でムーア人やトルコ人と数世紀にわたって戦い、一五三〇年になってマルタ島に本拠を構えた。

平和な時代の到来とともに、騎士団は世界でもっとも裕福な慈善団体となっていた。騎士団の大使館や修道院や巡礼宿はヨーロッパ本土に広く散らばり、とりわけオーストリア、イタリア、スペインに多かった。マルタ島には、とくに城塞都市のイムディーナとヴァレッタのなかに、要塞と教会と病院と宮殿がつくられた。ジュゼッペがやってきた当時は、騎士団の団長ドン・マノエル・ピント・デ・フォンセカが二つの町を行ったり来たりしていた。傲慢なポルトガルの貴族、デ・フォンセカは儀式が好きなところと贅沢なライフスタイル、そして錬金術への情熱をもつことでよく知られていた。

ジュゼッペはなぜここに来たのだろうか？　一つには家族の伝統がある。母親と伯父たちは、一六一八年に騎士団の修道院長だったバルサモの有名な祖先を自慢していた。聡明で野心的なもう一人のバルサモがこの裕福な教団で名を挙げても悪いことはない。なんといってもジュゼッペには資格があるのだ。カルタジローネにある同じような治療修道会ファテベネフラテッリで、見習いとして何年か薬を調合していた経験があるではないか。パレルモの娼婦について冗談を言ったというのでその修道院から放り出されたなどと自分から言う必要はない。それに、彼は古びた黒い法衣を、騎士団の従者が着るもっとスマートな赤いアマルフィ十字のついた法衣に着替えられるのが嬉しくてならなかった。

ジュゼッペの薬剤師としての技能はおおいに役立った。彼がドン・マノエルの錬金術大研究所の隣に部屋を与えられるまでに長くはかからなかった。その後数年間、彼の身辺にはスキャンダルの気配もなかった。ジュゼッペは、薬を調合し、捉えがたい賢者の石を探すことに正真正銘の情熱を傾けていた。その情熱のおかげで、それまでの腰の落ち着かない気質も影を潜めていたのである。だがやがて、一七六七年の終わりに近くなると、イタリア本土に帰りたい気持ちが抑えられなくなり、騎士団の上級士官から温かい推薦状をもらって島をあとにした。

数日ナポリに滞在したあと、ローマ平原を急いで横切り、一七六八年初めにローマに到着した。彼はすぐに教皇庁にいるマルタ大使、ブレットヴィル伯爵に推薦状を渡し、伯爵をとおして、ヨーク枢機卿やオルシーニ枢機卿をはじめ有力なローマの聖職者たちに紹介してもらった。オルシーニ枢機卿はたまたま、ときどき秘書の仕事をしてもらうために文学と美術の才能をもつ若者を探していた。ジュゼッペはまたしてもついていた。これ以上身分の高い保護者は望みようがない。だが、これは退屈な仕事で、ローマには誘惑が多かった。まもなく彼は二重生活を送るようになる。「時には教会風に、時には世俗のやり方で」。法衣を脱ぎ捨てると、パンテオンに向かう観光客が通り抜けるサンタ・マリア・ラ・ロトンダ広場で怪しげな品物を売って儲けを増やした。手づくりの品のなかには、「エジプトの」媚薬や、本物の絵に似せた版画などがあった。こういう品物はどれも非合法なわけではないが、その頃には警察に目をつけられたシチリア出身者たちと付き合いはじめた。そうした友達の一人、ナポリにいたときからの友達の家で、ジュゼッペは生身の処女と出会い、その女性と残りの人生を共にすることになる。

魅惑的な十四歳の女性、名前はロレンツァ・フェリツィアーニ。シチリアの浅黒い肌を見慣れていたジュゼッペが、彼女のような女性を見たのは初めてだった。キラキラ光る青い瞳、クリーム色の肌、長い金色の髪。しなやかな体つき、豊かな赤い唇、じらすような態度が魅力の総仕上げだった。ロレンツァはといえば、トラステヴェレの貧しい地区に育った無学な職人の娘が、この自信たっぷりな二十五歳の男の誘惑に抵抗しきれるはずがなかった。しかも、圧倒されるような学問の話や、心惑わすような外国旅行の話をするのだ。それに、アラビア風の見方をすればこの男は醜くはなかった。コーヒー色の肌、丈夫そうな白い歯、ワイン色がかった黒い瞳、黒く波打つ豊かな髪。筋肉質でもあった。動くと首すじや肩が盛り上がり、動作はすばやく軽やかだった。それと同時に、高く秀でた額や繊細な手や足、ゾクゾクするような声の響きのせいで、司祭のようなオーラが感じられた。そして、バルサモは間違いなく紳士だった。誘惑すると同時に結婚も申し込んだのである。

ロレンツァの父、ジュゼッペ・フェリツィアーニは信心深い真鍮《しんちゅう》職人だった。娘は結婚には少し若すぎると思ったが、求婚者は夢中になっているのが明らかだし、聖職者にすばらしいコネがあると自慢していた。シニョール・フェリツィアーニと妻のパスクワは、いつものように、ありがたいカルミーネの聖母《マドンナ》を信じることにした。二人はこのマドンナに娘の行く末を頼んでいたのである。持参金がかき集められ、カップルはフェリツィアーニ家の近所にあるサンタ・マリア・デ・モンティチェッリ教会で一七六八年四月二十日に結婚式を挙げた。バルサモのシチリア人の友人二人が証人となった。新婚夫婦は最初フェリツィアーニの家でロレンツァの弟フランチェスコといっしょに暮らした。その家は仕事場にも使われていて、ペレグリーニ通りに近いヴィッコロ・デッレ・クリプテにあった。ローマを訪れる貧しい巡礼が集まる場所だった。

若き日のセラフィーナ
(パリ、フランス国立図書館)

この暮らしは長続きしなかった。ジュゼッペにとって、そこはアルバゲリアでの息の詰まるような暮らしを思い出させるものだった。

彼はフェリツィアーニ一家のばかげた信心深さにすぐいらだったし、一家のほうは義理の息子があんまり頭が良すぎると思った。ジュゼッペは、以前は聖職者だったというのに、猥褻で不信心な話で一家を刺激しては楽しんでいた。両親は、この男が娘に与えている影響も気に入らなかった。彼はロレンツァを説得して、セカンド・ネームのセラフィーナを使わせるようにした。そして、不謹慎にも自分の美しさをひけらかすようにけしかけた。結局深刻な喧嘩が起きて、二人はいっしょに家を出ることになり、すぐさま暮らしに困るようになった。

余分な収入を探して、ジュゼッペはオクタビオ・ニカストロという名の紛れもない犯罪者と手を組んだ。盗みと詐欺と偽造であちこちからおたずね者になっている、鉤鼻のシチリア人である。ニカストロはアグリアータ侯爵、大臣、大佐、プロシアの全権大使と自称する、見かけの立派な貴族にジュゼッペを紹介した。魅力的な侯爵に芸術の才能と聖職者とのコネをほめられてジュゼッペは嬉しかった。アグリアータは感心のあまりバルサモを個人秘書にして、彼のデッサンの才能をもっと利益のある方向に向ける方法を教えた。

アグリアータの指導のもと、ジュゼッペは銀行の信用状や商人の為替手形や軍隊の辞令まで偽造できるようになった。辞令というのは新発見だった。アグリアータが大佐になったみたいに、一瞬で陸軍大尉になれるのだ。侯爵はジュゼッペとロレンツァを、自分が影響力をもっているドイツへのビジネス旅行にいっしょに行かないかと誘った。そのあいだに、ジュゼッペはもう一つ重要な偽造芸術の手口を学んだ。バレずに作品を流通させる方法である。だが、これほどの気前よさには当然値札がついていた。アグリアータは、バルサモの若い妻に強く惹かれているのだとほのめかした。

ジレンマである。だがジュゼッペはいつまでも考えこんではいなかった。熱血のシチリア人らしく、彼は若い妻を熱愛していた。つまり、情熱的に愛し、絶対的に支配し、子どものように保護していたのだ。ただ、短気ではあったが、自分の所有物が安全であるかぎり嫉妬深くはなかった。そして、ここには、逃すにはもったいないチャンスがあった。彼は優しく辛抱強くロレンツァに説明した。神は美しさという贈り物をロレンツァに与えた。彼女はそれを二人のために使わなくてはならない。自分も、デッサンと化学という才能を二人のために使っているではないか。それに、楽しんだってかまわないんだよ。なんたって嫌いじゃないんだ。それにアグリアータに魅力がないわけでもない。侯爵はきっと気前よくしてくれる。お金や宝石やドレスをくれるだろう。大罪だって？　そんなことはないよ。それが肉体だけのもので、彼女が夫だけを愛し、夫だけに従いつづけるならね――。ジュゼッペは修道士の見習いをしていただけあって、それは最悪でも軽い罪だし、おそらくは罪にもあたらないだろうとセラフィーナをいいくるめてしまった。

一七六八年の五月、一行はローマを離れイタリアを旅した。ある意味で、バルサモ夫婦はルビコン河を渡ったのである。ロレンツァはアグリアータといっしょに立派な馬車に乗る。そのあいだジュゼッペとニカストロとほかの仲間はボロ馬車に詰め込まれてうしろからついていった。行く道々、お供の連中はあちこちで細かく稼いでいたが、ヴェネツィアに着く直前のある村で、協力体制は唐突に終わりを告げた。ニカストロがジュゼッペが影響力を強めていることに嫉妬をつのらせ、二人を警察に密告したのだ。アグリアータは金をもって姿を消し、二人は怪しい信用状をもって取り残され、警察に申し開きをしなくてはならない羽目になった。セラフィーナがとっさに機転を利かせ、罪になりそうな偽造書類をドレスのなかに隠したので、二人は結局証拠不十分で釈放された。だが釈放されても、今度は一文無しになってしまった。

どうすればいい？　思案のあげく、ジュゼッペはマルタ騎士団の巡礼宿のことを思い出した。近年、巡礼の数は明らかに減っていたが、そうした避難所は昔からの巡礼道沿いに点々と設けられ、とくにスペインには多かった。巡礼らしい服装をして歩いて行きさえすれば、宿が無料で泊めてくれ、食事も出してくれる。とくに、ヨーロッパでもっとも有名な巡礼道、イタリア、フランス、スペインを通ってガリシアのサンチャゴ・デ・コンポステラに向かう道沿いなら、それは確実だった。道々、いろいろな町の信心深い人たちからの施しも期待できるだろう。しかし、セラフィーナの助けがあれば、それほど信心深くない人からもお布施をもらえるかもしれない。

カザノヴァは、小さな十字架を膝においてホテルの椅子に沈みこんでいた少女のような巡礼の姿を決して忘れないだろう。十八歳くらいだろうと彼は思った(実は十五歳だった)。彼女は陽気なローマ風の口調でセラフィーナ・バルサモと自己紹介した。最近の悪運を語る口調はいかにもうんざりした様子だった。彼女と夫のジュゼッペは、ローマからサンチャゴ・デ・コンポステラへの伝説的な巡礼を済ませたばかりだった。分厚くて重そうな薄汚れたオイルスキンの巡礼外套のせいで、彼女のか弱さが強調されていた。カザノヴァの好色な目は細かいところまで読みとっていた。繊細なわし鼻、肉感的な口もと、心地よく熟した身体。小さな欠陥にさえ気がついた。それがなければ完璧なのだが。それは、「美しい青い瞳の優しさを損なっている」垂れ下がったまぶたである。

カザノヴァはのちに、このカップルが山師だというのはすぐにわかったと語っているが、この出会いについて書いたほかの二つの文章では、この「奇妙な人間」をどう考えたらいいのかと疑っていた様子が見られる。セラフィーナの滑らかな卵形の顔には「高貴さの香りがあった」が、白い腕に残ったナンキンムシの嚙み痕を見せようと袖をまくり上げた様子に、性的な打算があるのを嗅ぎとっていた。カザノヴァは確信がもてなかった。しかし、夫のほうは妻の媚態を黙認しているらしく、厳しい巡礼の旅をやり遂げたしるしとなるザルガイの殻を黙ってコートに縫い付けていた。

　ジュゼッペ・バルサモは妻より六歳ほど年上のように見えた（実際は二十六歳だった）。がっちりして色が浅黒く、筋肉質、豪胆不遜な態度だった。巡礼にしてはしたたかすぎる。だが、顔つきは感じがよかった。いくらかずんぐりした鼻、黒い波打つ髪が知性を感じさせる黒い瞳の顔を縁どっている。疲れきった様子の美人とは違って、こちらのほうは旅の厳しさなどぜんぜんこたえていないらしい。最初はへたなフランス語でカザノヴァに話しかけたが、そのうちほっとしたようになまりの強いイタリア語に変えた。育ちの悪さが表われていた。ナポリから来たと言っているが、シチリアのなまりを聞けばカザノヴァにはすぐにわかる。

　なぜセラフィーナの誘いにためらったのか、カザノヴァはきちんと説明していない。セラフィーナがあとで一人でカザノヴァの部屋を訪ねてきたときにも、彼は誘いに乗らなかった。なんといっても、少なくとも三週間は独り身で、彼女は男の血を熱くさせるような女性だったというのに。夫の存在はカザノヴァにとって抑止力とはならない。誰も怖くないと言っているのだから。友人のド・リーニュ伯爵はカザノヴァをへラクレスと呼んでいた――背が高く、肩幅が広く、傲慢で、肌はマホガニーのように浅黒く、鼻は船の船首のように突き出し、腰に剣をぶら下げている。強烈なプライドのせいで、少なくとも十回は決闘をやったことがあり、そのすべてに勝利していた。

ジュゼッペのなかに違う種類のタフさを嗅ぎつけていたのだろうか？ 紳士の決闘などではなく、町の喧嘩に慣れた男の凶暴さのようなものを？ たしかにこの男にはどこか恐ろしげなところがあった。とはいえ、カザノヴァは、たった十二カ月前にバルサモがローマのロカンダ・デル・ソルというホテルで、自分をだまそうとしたウェイターを刺していたことを知っているはずもなかったのだが。

近頃カザノヴァはセラフィーナのような若い魅力的な美女に少し警戒するようになっていた。五年前のロンドンでの出来事以来、彼のプライドはほんとうに立ち直ってはいなかった。そのとき彼は、セラフィーナと同じように純情そうに見えるマリア・シャーピロンという美人にたぶらかされ、自殺しそうになるほど苦しんだのである。あとになって、彼女は家族と組んでゆすりを働く冷酷な娼婦だということがわかった。さらに最近では、スペインでもう一つの甘い罠にかかってしまった。そのときは、女が盗賊団のおとりを務めていた。いちばん多いパターンは、武器をもった強盗が現われて財布をとっていくものだが、別のパターンでは、女の夫が、妻と男が寝ている場面を押さえられるようにうまく手配しておいて、証人を引き連れて部屋におしかける、怒った夫は慰謝料を要求する、というものだった。

だが、セラフィーナの「高潔そうな様子」はあまりに説得力があって、ほんとうに信心深いのではないかと半信半疑になるほどだった。とくに、巡礼に扮するなど、悪党の手口にしても時代がかりすぎている。巡礼になれば街道沿いの宿で粗末な食べ物と虫だらけのベッドにはありつけるだろうが、このご時世ではお布施などスズメの涙ほどのものだろう。伝統的な宗教慣習が根強く残っているカトリック国のイタリアやスペインでさえ、中世の聖地を歩いて訪ねる人間などよほどの迷信深い連中だけだ。このバルサモ夫婦はほんとうに信心深い単純な人間なのか、それとも時代遅れの詐欺師なのだろうか？　カザノヴァにはどちらとも決められなかった。

悪党にせよそうでないにせよ、このカップルがローマからスペインのガリシアへ、そしてここエクスまで困難な道を歩いてきたことは疑いようがなかった。その苦難は二人の身体と衣服に刻みこまれている。二人は最初、サルデーニャとジェノヴァを通ってイタリアを北に向かい、フランスのアヴィニョンとモンペリエに行ったという。そのあとの旅程を、二つの山岳地帯を越え、スペイン北部の岩だらけの地方を通ったと説明した。エクスに着いたときにはセラフィーナは倒れそうになっていた。こんなありさまなのに、キリストの汗の痕が残っているという聖ヴェロニカのハンカチを拝みにトリノに行く計画を立てていた。二人はまた、心の広い人々が必要以上のお金をくれたので、余った分は通ってきた町々の貧しい人たちに分け与えてきたとも語った。セラフィーナは熱をこめて、貧しさをとおして初めて神の目に届くことができると言った。

二人の演技は——というのは、これは演技だったからだ——非常に巧みだったので、カザノヴァのように旅行経験の豊富な男さえもだますことができた。二人はその巡礼の旅なるものを始めたばかりだった。ミラノでボロを身につけ、ロレート、ベルガモ、アンティーブと歩いてエクスにやってきたのである。たいした距離ではなかった。セラフィーナのやつれようは、ほとんどが演技だった。このカップルが冷笑的なカザノヴァをだますことができたのは、演技がうまかったこともあるが、彼らの宗教的な役柄がカザノヴァの理解を超えていたせいでもあった。カザノヴァはヴェルヴェットの上着を羽織るみたいに気軽に宗教を身につけていた。彼は世界でもっとも洗練された都市の一つに育ち、イタリアでも指折りの大学で教育を受けた。そこで、ヴォルテールのようなフランス人哲学者の考えに触れ、宗教という制度は無知な人々を支配するための陰謀だという主張に同感した。教会の職にともなう特権に誘惑を感じたことも何度かあったが、その退屈さや自分の肉欲のせいですぐにその考えを捨てた。ボロを着てスペインの聖地まで歩くなど、彼にとっては馬鹿らしさのきわみだった。

カザノヴァがバルサモ夫婦の矛盾に迷わされたとしても、バルサモのほうは迷ったりしなかった。彼が甘い罠にかからないとわかると、欲得づくの腹の底を明らかにした（とはいっても、巡礼が嘘だとは決して告白しなかったが）。初めて出会った翌日、思いがけなくセラフィーナが部屋のドアをノックした。今回は夫がデッサンや版画と、さらには有名画家のスタイルを模写する才能をもっていると話すためだった。見本をいくつか見たくはないだろうか？　ぜひとも見たいと彼は言った。まもなく、ジュゼッペはカザノヴァに見本帳を見せていた。見本帳にはいくつかの扇子があり、版画のように見える模様がつけられていた。レンブラントのデッサンの模写もあって、カザノヴァは「本物よりも美しい」と思った。

彼が才能をほめると、バルサモは爆発した。「みんなおれの才能をほめるが、みんな間違っているんだ。こんな才能があったって食っていけない。ナポリやローマで一日じゅう働いたって銀貨半分にしかならない。それじゃ食っていけないんだ」。それからバルサモはカザノヴァに、芸術的才能を利用したもっと金になるやり方を見せた。紹介状を書いてくれと頼むと、ジュゼッペはその場で偽物をつくり、それが実に巧妙なのでカザノヴァ自身も自分の書いた本物がどちらか見分けがつかないほどだった。

つまり、彼が疑っていたとおり、この男は悪党で、しかも役に立つ才能をもった悪党だったのである。カザノヴァは偽造文書に豊かな可能性があることを経験から知っていた。それに、その危険も知っていた。この商売をするにはこの上なく慎重でなければならない。偽造は、ヨーロッパの商業が依存している信用のシステムを危機に陥れる。だから政府はこの犯罪をとくに厳しく取り締まっていた。偽造をやっていた友人たちが何人も絞首台で命を終えていた。

それでも、カザノヴァはこのカップルが旅を続けられるように、若者たちからお布施を集めてやった。巡礼たちは翌朝早くマルセイユを目指して出発した。カザノヴァはのちにこの出会いを思い出して、愛らしいセラフィーナに対しては優しい気持ちを感じた。だが、ジュゼッペのことはただの「つらい仕事よりも気ままな暮らしを選ぶ天性の怠け者の一人」にすぎないと思った。ヨーロッパのカジノや売春宿や監獄は、バルサモのような男でいっぱいだと独りよがりな感想を抱いた。

徒刑場行きになるか絞首台行きになるかはともかくとして、このシチリア人がたいしたものにならないことはわかりきっている、そうカザノヴァは思っていた。

「カリオストロ伯爵」誕生

その後の数年間、カザノヴァの不吉な予言は実現すれすれの状態を保っていた。ジュゼッペ・バルサモの経歴は、カザノヴァの経歴と似たところが多かったから、それも当然だった。

バルサモ夫婦のどちらに価値があるかという点でも、カザノヴァの見方は正しかったようだ。セラフィーナの働きでジュゼッペが貧乏や監獄行きから逃れられたことは一度ではない。二人はスペインに行きはしたものの、聖地にたどり着くことはなかった。カタルーニャについた頃には、さすがのセラフィーナの熱意も干上がっていて、巡礼の衣装を脱いでローマ貴族のドレスを身につけられるのが嬉しくてたまらなかった。それでも、二人に最初の突破口をもたらしたのはセラフィーナの習慣化していた信心深さだった。バルセロナである司祭に告解したことから、一時的に運に見放されたイタリアの「貴族」である二人は、しばらく教会の世話になることができた。そのあと、裕福な貴族が次々とジュゼッペを画家や化学者として雇ったが、若い妻への性的な権利が交換条件だった。この取り決めのおかげでマドリッドで安定した仕事が得られたが、一年後にジュゼッペがほかの芸術家と法的な問題を起こして終わりになった。リスボンに移って、セラフィーナがまたしても運を呼び寄せた。ジュゼッペの熱心な勧めもあって、セラフィーナは、途方もなく豊かなポルトガルの商人、アンセルモ・デ・ラ・クルスの目を引いた。デ・ラ・クルスはセラフィーナの早朝の訪問のたびにジュゼッペに八ピストール支払い、彼女にも山ほどの贈り物をした。ジュゼッペはこの儲けをすべてつぎこんでブラジルのトパーズを買い、好景気に沸くロンドンで高い値段で売ることにした。

いつもなら世渡りの知恵を備えたジュゼッペも、ロンドンでは世間知らずのような気持ちになった。カザノヴァも一七六三年に訪ねたとき同じような思いをしている。言葉にも振る舞い方にもイギリスのビザンチン法体系にもなじみがなく、どちらの山師も常になく弱い立場にあったようだ。一七七一年八月、バルサモ夫婦はソーホーの活気のあるイタリア人地区の、コンプトン・ストリートにささやかな家を借りた。ほかの地区では通訳なしにはなにもできなかったからだ。イギリス国王に絵を売ろうというジュゼッペの望みはとうていかなわなかった。モロッコ国王の使者からはかなりの手数料を受けとった。絵を描きおえればほぼ五十ポンドになるはずだった。だが、その金は手に入らなかった。受けとったのは空手形だけだった。

貧困のあまりジュゼッペはヴィヴォナ侯爵というイタリア人の悪党に近づくことになった。侯爵は信心深いクウェーカー教徒の商人をセラフィーナの罠に誘い込み、百ポンドをゆすりとる手助けをした。しかしヴィヴォナはその金の大部分を自分の懐に入れ、ジュゼッペのトパーズまでとりあげて二人を破産させた。ジュゼッペは、彼を牢屋に放り込もうとする債権者たちに追われる身となり、イギリスの法律の厳しさを知った。しかし、ありがたいことにセラフィーナがいた。そして、バヴァリア大使館の礼拝堂で祈るセラフィーナの悲しそうな顔に心を動かされたカトリックの貴族もいた。ヘイルズ卿である。彼は親切にもジュゼッペの借金を払ってやり、カンタベリーの邸宅に壁画を描く仕事を与えた。それを台無しにしたのはもちろん、またしてもジュゼッペだった。壁画を失敗し、ヘイルズ卿の若い娘を誘惑したのだ。もう出ていく頃あいだった。カップルは債権者に追われるようにあわててカレー行きの船に乗り、一七七二年九月十五日にイギリスを離れた。

それでも、セラフィーナのおかげでいつまでも文無しでいることはなかった。船の上で、フランス人弁護士で議員のムッシュー・デュプレシスが彼女にすっかり心を奪われてしまった。パリまでの道中、デュプレシスは馬車のなかでセラフィーナをくどき、そのあいだ哀れなジュゼッペはうしろから馬で駆けていかなくてはならなかった。それでも、当面はそれだけの価値があった。デュプレシスはめでたく征服を成し遂げ、ジュゼッペは研究所をたちあげる資金を出してもらい、手に入れた十六世紀の本をもとにうきうきと実験にとりかかった。その本とはアレッシオ・ピエモンテーゼの『驚異の秘密』で、絵の具やインク、薬、化粧品、魔力をつくりだすための詳細な処方が書かれた総合的なオカルトの手引書だった。

弁護士とセラフィーナの情事はとつぜん複雑な展開を見せた。実のところセラフィーナは、ジュゼッペが悪事に手を染めたり約束を破ったりすることにうんざりしていた。そして、デュプレシスに本物の愛情を感じはじめていた。彼はまだ五十歳でハンサムだし、ほかにも愛人はいたが、劇場のチケットを手に入れたり、ダンスのレッスンをさせてくれたり、新しいドレスを買ってくれたりと彼女を甘やかした。デュプレシスは彼女に夢中で、野蛮な夫と別れてくれと懇願する。「フランスでは女性も離婚する自由があるんですから」と言う。ジュゼッペは妻を殴るし、偽造犯人だと警察に訴えでれば離婚できるとデュプレシスはセラフィーナに勧めた。そしてセラフィーナはそのとおりにしたのである。一七七二年の年末だった。

デュプレシスはライバルを過小評価していた。ジュゼッペにはセラフィーナと別れるつもりは毛頭なかった。彼女を愛し、必要とし、自分の所有物としても高く評価していたからだ。一七七三年一月初め、彼は弁護士を、魔術の調合法を盗み、毒入りのワインを彼に贈り、妻を拉致したとして訴えた。この身の毛もよだつ告発を突きつけられ、デュプレシスは屈服した。ビセートル刑務所に入れられると思っただけで震え上がったのだ。彼は涙ながらにセラフィーナと別れた。ジュゼッペは勝ったが、それでも、セラフィーナにしっかりと思い知らせてやらなくてはと心に決めていた。シチリア人と揉め事を起こしてはならない。彼はパリ警察に手紙を書き、夫に従わない妻をサント・ペラジー監獄に閉じ込めてくれと頼んだ。そして四カ月たって彼女が十分に罰を受けたとき、彼女を釈放させた。驚くのは、夫も妻もおたがいに恨みを残している様子がなかったことだ。二人は情愛こめて仲直りすると、再び旅をはじめた。

一七七四年に二人はナポリに現われ、ペレグリーニ伯爵夫妻と名乗っていた。ジュゼッペがパレルモの美しい湾を見下ろす山の名前を名乗ったのは、近くにある生まれ故郷へのノスタルジアだったのだろうか？　ナポリを訪ねていた母方の伯父アントーニオ・ブラコニエーリと出くわした日には、たしかにノスタルジアが顔を出していたようだ。ジュゼッペの過去の過ちにもかかわらず、アントーニオは甥に再び会えたことを、また、愛らしいセラフィーナにも会えたことを喜んでいた。彼はパレルモの政府高官、ディ・ピエトラ・ペルシア公に働きかけて、甥が戻ってこられるようにしてやると約束した。

ジュゼッペは再びペレグリーノ山の灰色の山肌を見上げることになった。だが、それも長くは続かなかった。彼はシチリア人の執念深さを忘れていたのだ。姉から金を借りる間もなく、だまされたヴィンチェンゾ・マラーノが襲いかかってきた。待ちに待った復讐の甘い瞬間だった。マラーノの弁護士がジュゼッペを牢に放りこみ、長逗留を覚悟するんだなと言い聞かせた。これほどセラフィーナが必要な時はなく、彼女もジュゼッペを失望させなかった。彼女はディ・ピエトラ・ペルシア公を完璧にたぶらかしたので、公はマラーノの弁護士を殴り倒し、マラーノを震え上がらせてジュゼッペを釈放させた。マラーノが気を変える間もないうちに、ジュゼッペとセラフィーナはメッシナめがけて逃げ出した。二度と帰らないと心に誓いながら。

前回マラーノから逃げたときの奇妙な繰り返しだった。ジュゼッペはマルタに向かった。これはいい思いつきだった。マルタ騎士団は彼のことをまだ覚えていてくれた。十年の歳月で落ち着きを加え、化学の知識も増えていたジュゼッペは、指導者のように扱われた。もとは見習いにすぎなかったジュゼッペ・バルサモは、今や経験をつんだ錬金術師、魔術師、医師だった。つまらない美術や偽造の仕事をすることはもう二度とないだろう。それから四、五カ月たった一七七五年から七六年に彼とセラフィーナの二人がヨーロッパ本土に上陸したとき、二人といっしょだったのは騎士団の優れた外交官でありシチリア支配者の兄弟であるダキーノ卿だった。

言うまでもなく、ジュゼッペの旅行鞄には騎士団からの新しい推薦状がたくさん詰まっていた。聖職者や貴族のつてを頼るのにはかりしれないほど貴重な信用状だった。その後数カ月で南フランスやスペイン、ポルトガルを旅するうちに、ジュゼッペは、大衆向けの漫画のような呼び売り本で見かけた魔法の伝説から、アイデアを借用してみようと思いついた。たとえば彼は、フレデリコ・グアルドという謎めいた黒衣の魔術師の物語に心を惹かれていた。グアルドは十六世紀のヴェネツィアに生きていたのに、何世紀も前に描かれた肖像画にも登場していた。どうしたらこんなことがありえるのだろう？　生まれ変わり？　それとも不死？　さまよえるユダヤ人というもっと古い伝説もある。アハシュエロスという名の商店主は、磔《はりつけ》の丘に向かうキリストを打ったために、地上で永遠に苦しむ運命を与えられたという。ジュゼッペの時代には、さまよえるユダヤ人は世界中を旅し、賢者の石や生命の霊薬《エリクシール》のような神秘的な秘密を知っていることになっていた。

ジュゼッペがとくに感心していたのは、彼より少し年上の実在の冒険家、サン＝ジェルマン伯爵にまつわる幻想的な物語だった。この華麗な魔術師は、自分を昔話の生身の主人公に仕立て上げるパイオニアだった。イエス・キリストを個人的に知っていたというふりまでしていたのである。サン＝ジェルマン伯爵にそれができたなら、バルサモにだってできるはずだ。カザノヴァも、友達に魔法使いの生まれ変わりのふりをさせて、同じようなことをやっていた。こういうでっちあげならカザノヴァよりジュゼッペのほうがもっと才能に恵まれている。いろんな人の特徴を寄せ集めて、真に迫った新しい人間像を描き出すことができた。なんといっても、シチリア人は何世紀にもわたって侵略者からいろいろなことをとりいれてきたではないか。

一七七六年七月末にロンドンを再訪しようとしていたとき、ジュゼッペとセラフィーナの二人は世間をあっと言わせられるだけの金とスタイルを身につけていた。これもカザノヴァのあとをなぞるように、ジュゼッペは今やきらびやかな軍服をひけらかしていた。ブランデンブルク軍のペレグリーニ大佐、オカルト科学者という触れ込みでロンドンに乗り込んだのである。そして、握りに二度打ち時計をはめこんだ銀のステッキを携えていた。これだけでも一財産になる。払いを済ませずにカディス（スペインの都市）を発ったのは遺憾ではあったが。彼の新しい人物像はまだいくらか流動的だった。時と場所に応じて、ペレグリーニ伯爵とカリオストロ伯爵を切り替えていた。カリオストロという名はメッシナの伯父から拝借した。ジュゼッペはこの名の響きを気に入っていた。高貴でありながら謎めいている。セラフィーナはどっちだろうと気にしなかった。フランス風に着飾った伯爵夫人でいられるならどっちでもかまわない。ペレグリーニ＝カリオストロ大佐ならびに伯爵夫人は、レスター・スクエアのホワイトコーム・ストリート四番地に居を定めた。錬金術の実験室もある。だが、イギリスはまたもやジュゼッペの判断力を曇らせた。魔術師ペレグリーニは、画家のバルサモと同じくらい世間知らずに振る舞った。今回は、自分は強大な魔力をもつ魔術師で、カバラの秘法を使ってロンドン富くじの番号を予知することもできると宣伝したのだ。そのうえ、幸運なのか予知能力のせいかはわからないが、実際に予知したのである。一七七六年十一月十四日に抽選された富くじで、女性家主のために当たり番号を選んでやったのだ。このニュースは地元のカフェにあっという間に広まり、当然ながら、金のガチョウをつかまえようとするペテン師たちが押し寄せることになった。

　ジョゼフとセラフィーナのペレグリーニ大佐夫妻はどんどん増えるばかりの詐欺師や怪しげな弁護士たちがしかける陰謀の糸に絡めとられてしまった。悪党たちの目的は、ジュゼッペをでっちあげの罪で牢に入れ、そのすきにくじを当てるための数式を盗もうというものだった。法的な訴えや仕掛けられた詐欺のせいで、ジュゼッペは何度も王座裁判所の債務部門に呼びだされたり、ニューゲートの監獄に入れられたりした。愉快な経験ではない。そして今回はさすがのセラフィーナも彼を救う騎士サー・ガラハド（アーサー王伝説に出てくる円卓の騎士。ここでは女性を助ける高潔な男の意）を見つけることはできなかった。

カザノヴァが若いシチリア人巡礼ジュゼッペ・バルサモの運命を予言してからわずか六年だったが、ペレグリーニ＝カリオストロ大佐はその予言の正しさを熱心に証明しようとしているように思えた。

フリーメイソン入会

この惨めな滞在で自由でいられた短い期間に、ジュゼッペは気分を変えるためにメイソンのロッジ（フリーメイソン活動をするための支部）に加わることにした。一七七七年四月十二日、ブランデンブルク十三連隊大佐、トレビゾン公、ジョゼフ・カリオストロは、フリーメイソンのロンドン厳修派二八九号支部、エスペランス・ロッジの会員として入会を認められた。会場はソーホー地区ジェラード・ストリートのキングズ・ヘッド・タヴァーン。アイルランド人でフリーメイソンのピーター・オレイリーが経営するパブだった。あまり堂々とした住所ではない。ソーホーは、ジュゼッペが育ったパレルモのアルバゲリア地区のロンドン版のようなものだった。フランス人とイタリア人の画家や芸人たちが、港で働くアイルランド人や、西インド諸島出身の元船員やユダヤ人の屑屋、ラスカル・ストリートの屋台商人たちと押し合いながらなんとか暮らしを立てようとしている。すぐ近くには、セント・ジャイルズの貧民窟があり、こじきや泥棒や娼婦がおおぜい住みついていた。

キングズ・ヘッドは芸術家の移民を引き寄せる磁石のような場所で、ジュゼッペとセラフィーナが通訳なしになんとか意思を通じさせられるのは、ここをほかにわずかな場所だけだった。つまり、エスペランス・ロッジは社交的にはたいしたものではなかった。会員は、美容師、靴屋、菓子屋、ウェイター、音楽家、画家などだった。ほとんどがイタリア人かフランス人だ。グランド・マスター（ロッジの指導者）はアルディヴィリエというフランス人の室内装飾家だった。煙とエールの匂いがたちこめる酒場で、軍服姿のカリオストロ大佐と美しい奥方は星のようにきらめいていた。二人にとって、エスペランスのもう一つの魅力は「養女ロッジ」をつくる権限をもっていたことだ。男性組織の下部、あるいは並んで活動する女性の組織をもつことができるロッジだったのである。カリオストロ夫妻は「希望の領主と奥方たち」の一員となった。これはもともと養女ロッジの制度が生まれたフランスでもめずらしかったし、イギリスにはほかにないと言ってもいいほどだった。

カリオストロ夫妻はまた、外国に本拠のある思弁的、神秘的な「高位階制度」をもつロッジに出会った点でも幸運だった。フリーメイソンは中世の石工のギルドに起源があるとはされているが、当時のような形になってからはまだ百年ほどしかたっていなかった。一六三〇年頃、この組織は善行と兄弟愛をうたう思弁的な秘密結社としてイギリスで生まれた、あるいは生まれ変わった。会員同士は、聖書に出てくるソロモン神殿の再建になぞらえた秘密の合図やシンボルや儀式を利用していた。この運動は、宗教や世俗の戦争で分断された国に住む進歩的な人々の心を捉えた。というのは、会員はロッジのなかで平等だと感じられたからだった。一七三八年、イギリスの運動はイングランドのグランド・ロッジに従う「近代派」と、王位を僭称したスチュアートに同情的なスコットランドの分派が主張する「古代派」とに分裂した。しかしジュゼッペが一七七六年にやってきた頃には、どちらの派も社会的に重要なものとなっていた。フリーメイソンは、主に中産階級と上流階級男性のつどう博愛的なクラブとして機能していた。

しかし、もともとは大陸で暮らすイングランド人によって広められたヨーロッパのフリーメイソンは、その土地や国の独自性を反映して変化していった。ドイツ、フランス、オランダ、スウェーデンでは、イギリスのメイソンにもともとあった徒弟、職人、親方《マスター》という三つの位階の上にさらに位階がつけくわえられた。ヨーロッパのメイソンの多くは、中世の伝説や理想をもとにした儀式や位階、シンボルなどをつけくわえて壮大な体系を発展させ、その儀式は、スコットランドが起源だと考えられていたことから、「スコティッシュ・ライト」と呼ばれるようになった。こうして飾りをつけたがるロココ風の衝動には、禁じられた自由な価値観と雰囲気を楽しもうとする貴族や知識人の存在も反映されていたのだろう。最初の頃に中央集権的な支配体制がなかったことも、ヨーロッパの運動がバラバラに発展する原因の一つとなっていた。新しい儀式のなかには、会員の霊的・肉体的な再生を約束する錬金術やオカルトをもとにした神秘的な儀式もかなりあった。

ソーホーのエスペランス・ロッジは最後に説明した神秘的な種類のロッジだった。一七五四年にザクセンの貴族、カール・フォン・フント男爵によって設立された強大な厳修派の小さな支部である。この厳修派はドイツ、東欧、南フランスに大きく勢力を広げた。成功の原因の一つは、男爵の組織力にあった。彼は、地方を七つに分け、軍隊のような組織をつくりあげた。同時に、ヨーロッパに新しく湧きおころうとしているムードを機敏に捉えたのである。それは、フランスの哲学者たちによって広められた理性崇拝、あるいは啓蒙思想によって、霊的な生活がぽっかりと空ろになったことへの不満だった。男爵は、思いがけない感情の泉を掘り当てたことに気がついた。人々は情熱と想像力から湧きあがる芸術的でエロチックで霊的な快楽を熱望していたのだった。

フォン・フント式のフリーメイソン儀式は聖堂騎士団の伝説をとりいれている。聖堂騎士団とは、聖地巡礼するキリスト教徒を守るためにつくられた軍事修道会で、騎士道と霊的な善行と秘教的な力が結びついた魅惑的な中世の教団で、一時はマルタ騎士団とも肩を並べていた。独立した活動と繁栄のせいで一三一二年にとつぜん教皇によって解散を命じられ、弾圧された騎士団の生き残りは、スコットランドで地下に潜ったとされていた。その後裔がここでフリーメイソンとして現われて、彼らの秘法を「未知の上位者」に託し、その上位者が騎士の称号と壮麗な儀式とが結びついた七つの「位階」をつくりあげたのだという。カリオストロ大佐をとりわけ惹きつけたのは、聖堂騎士団伝説の三つの要素だった。一つは、秘法を守る一員になるという神秘的な面、つぎに、聖堂騎士団がまもなく復活するという確信、そして、パレルモのスラムに育った少年が体制的な教会に復讐できるという喜びである。

厳修派のロッジの多くは、フォン・フントの時代にドイツに広まっていたうっとりするような中世の神話にも夢中になっていた。薔薇十字団の伝説はカリオストロのためにあつらえたような伝説だった。このワクワクする物語は、ドイツのルーテル派の牧師、ヨハン・ヴァレンティン・アンドレーエが教皇制度の腐敗を改革するのに利用しようとして十七世紀に書いた本のなかで生まれた。『ファーマ・フラテルニタス』や他の書物も、ドイツ中世の放浪者、クリスチャン・ローゼンクロイツの秘密の知識や善行を伝える影のようなオカルト結社の存在を映し出していた。その物語によると、ローゼンクロイツは幼くして孤児になり、何年かを修道院で過ごし、その後アフリカと中東を放浪して古代の聖書や錬金術や医学の秘密を学び、その知識をもとに霊と精神を再生させる声明書をつくりあげた。彼の仲間は秘密の「聖霊の家」を建てて帰依者に病気の治し方を教え、錬金術と慈善を行なったという。

しかし、カリオストロ大佐が聖堂騎士だとか薔薇十字団員だとか名乗れるようになるには、まずエスペランス・ロッジの入会儀式をすませなくてはならなかった。その日いっしょに儀式を授けられたのは、フランス人召使と年とったイタリア人音楽家、それとセラフィーナ伯爵夫人だった。セラフィーナの儀式は簡単だった。秘密の誓約を唱え、認可証と、寝るときに形のいい腿にはめるための神聖なガーターをもらうだけだった。ガーターに縫いとりされたモットーは、「団結、沈黙、高潔」だった。夫のほうはもっとたいへんだった。絶対的な秘密と服従を誓ったあと、帽子をかぶりエプロンをつけた役員の手で目隠しされ、腰に縄をつけてきしる滑車で天井まで引き上げられた。突然ロープが放され、彼は床に叩きつけられた。

手が痛いと文句を言っても、儀式の次の段階で手加減されることはなかった。ピストルに火薬と弾丸が詰められるのを、カリオストロ大佐は不安な気持ちで見守った。そのあと再び目隠しされた。ピストルが渡され、自分の頭を撃ってタヴァーン中に脳みそをまきちらし、服従の誓いに従ってみせろとぶっきらぼうに申し渡された。ためらうと、臆病者、さっさとやれという声が聞こえ、彼は引き金を引いた。爆発が起き、頭の横に爆風を感じ、煙硝のえぐい匂いがした。奇跡が起きたのか、彼はまだ生きていた。恐怖がおさまり頭がはっきりすると、だまされていたのだとわかった。役員は彼に弾丸の入っていないピストルを渡していたのだ。カリオストロ大佐は今や、厳修派フリーメイソンであり、それも普通の会員ではなかった。彼は最初の三位階の儀式を同時に受けていたのである。これは大きな名誉だった。

ジュゼッペ・バルサモにとってこれは深い意味での通過儀礼だった。彼の人生を変えた一瞬だったのである。終わりであると同時に始まり。古い自分が死に、新しい人間が生まれた。みすぼらしいパブで始まった変身のプロセスが、粗野なシチリアの毛虫を華麗なアラビアの蝶に変えることになる。もちろん、一瞬にして終わるプロセスではない。ソーホーのパブの床に尻を打ちつける経験で人がすっかり変われたら驚きだ。しかし、その日キングズ・ヘッド・タヴァーンでは、シチリアの冒険家になにか重大なことが起きた。厳修派フリーメイソンという秘密の世界に加わることで、ジュゼッペはとうとう自分の驚くべき知性と野心を生かす舞台を手にしたのである。フリーメイソンは彼の天稟《てんぴん》を金に変える坩堝《るつぼ》となったのだ。神学、儀式、修道会のキリスト教の教義、彼が子どもの頃に吸収したすべてのことが、あらゆる装飾とともに一つの制度のなかに注ぎ込まれていた。芸術家、俳優、振付師としての彼の一部が、メイソン風の壮麗なショーと芝居に興奮を感じた。彼の雄弁は聴衆を得た。そしてロッジの陽気さが、彼に個性を生かす余地を与え、彼の要求を気にかけてくれる仲間を与えてくれたのである。

彼はフリーメイソンの難解なシンボルが気に入った。「すべてを見ている目」、死者の首、両刃の剣、灰から飛び立つ不死鳥、なかでも好きなのがウロボロスだった。永遠の生と不可分の知識を示す古代ペルシャの紋章で、自分の尾を噛む蛇の姿で表わされている。薔薇十字運動はといえば、わずかな修正をほどこせば、クリスチャン・ローゼンクロイツの物語は彼自身の物語そのものになる。その重なり具合は神秘的なほどだった。カリオストロ大佐はローゼンクロイツの生まれ変わりではないのだろうか？

キングズ・ヘッドに近いレスター・スクエアで露天商をひやかしていたとき、ジュゼッペはぼろぼろの手書き文書を見つけ、それが変身の第二段階に火をつけることになった。それは、ジョージ・コフトン（またはコストン）が書いた、フリーメイソンのエジプト起源説を主張する論文だった。この文章の出所についてはほとんど知られていないし、原本も見つかっていない。一説によれば、コフトンはアイルランド人のカトリック司祭で、大陸の神秘家マルティーヌ・ド・パスカリーの、薔薇十字から影響を受けた教義をもとにエジプト風の儀礼をつくりあげたという。また、この著者はオックスフォードの宗教学者ジョージ・コスタードで、その頃古代魔術について研究していたのだという説もある。だがそんなことはジュゼッペには、どうでもよかった。

ドミニコ・ヴィテッリーニという翻訳者の助けを借りて、現在のフリーメイソンの儀式が多かれ少なかれ変質していることをジュゼッペは発見した。フリーメイソンの純粋な形態は、エジプトのピラミッド建設者たちの古代の霧のなかで生まれたのである。創始者はエジプトの謎の祭司、偉大なるコプトと呼ばれる人物で、彼の儀式と規範は、のちにスコットランドであれどこであれ、できあがったものをはるかに超えていた。エジプトのフリーメイソンが求めるものは、聖霊との結びつきをとおして人間が肉体的・精神的に完全なものとなって再生することだった。これ以上高貴な理想があるだろうか？

エジプト密儀という考えがジュゼッペの頭のなかでロケットのように打ち上げられた。エジプト魔術の神秘は、アルバゲリアで育ち、血のなかにエジプトの情熱を感じていた男にとって大きな意味があった。先祖にアラビアの血が混じり、ムーアとシチリアの混じったパレルモの貧しい文化のなかで育ち、エジプトを基本にした秘法を学び、マルタと北アフリカを旅してきて――彼はアラビア人のようにさえ見えた。ジュゼッペがすぐさまエジプトの預言者になろうと考えたのも当然だった。いい考えではないか。エジプト人と名乗ることには東洋の謎めいた魅力があるし、ばれる危険性も低い。エジプトは広く、遠い場所だ。尊い血筋、ロマンチックな物語、秘密の技法、手品の種は心得ている。

ジュゼッペが思いついたのはまだ可能性のかけらにすぎなかった。まだ名前をペレグリーニにするかカリオストロにするかさえ決まっていなかった。だが、新しく手に入れた厳修派の通行許可証の効果はすぐに明らかになった。一七七七年十二月、二人はイギリスを去り、カレーに向かった。もっていた金はほとんど詐欺でまきあげられ、ジュゼッペの鼻にはまだイギリスの刑務所の悪臭がしみついていた。しかし数カ月後、ペレグリーニ大佐夫妻はハーグの厳修派ロッジ、パーフェクト・イクォーリティにまるで王族のように迎えられていた。勲章をひけらかしたあと、ジュゼッペはオランダの同朋に刺激的なスピーチをして、お返しにセラフィーナと自分の二人にフリーメイソン証明書を発行してもらった。帰るとき二人はフリーメイソンが掲げた剣でつくる「鋼鉄のアーチ」をくぐって外に出た。テンプル騎士団の最高の敬意のしるしだった。

ジュゼッペ・バルサモがたいしたものにならないなどと、誰が言った？

異端審問所のスパイ

一七七八年七月の末、初めてバルサモ夫妻と会ってからほぼ十年ののち、カザノヴァの軽蔑の言葉は舞い戻って彼を悩ませることになった。このカップルと再び会ったとき、彼らの役割は逆転していたのである。カザノヴァの故郷ヴェネツィアで出会ったジュゼッペは伯爵となっていて、カザノヴァは浮浪者の立場だった。

そのとき五十三歳となっていたカザノヴァは、賭博場《リドット》の前にたむろするヴェネツィアの暇人たちとおしゃべりしていてそのニュースを聞いたのだろう。聞いたかい？

——六頭の黒馬がひいた漆塗りの馬車に乗って町にやってきた外国人がいるよ。前とうしろにお仕着せの召使がついていたって。金持ちに違いない。フェニックス伯爵、ジョゼフ・ペレグリーニ大佐、スペイン政府の外交官らしい。派手な軍服を着た、浅黒いがっしりした男だ。

　そのうちカザノヴァは大佐を近くから見て、優雅に変身してはいるがあのときの男だと確信した。魅惑的な同伴者、セラフィーナ・ディ・ペレグリーニ伯爵夫人を見間違えるはずもなかった。髪は流行のカールで飾られ、腕はフランス製のレースで覆われてはいたが。巡礼商売はうまくいったのだろう——カザノヴァはそのときのことを冷笑的に回想している——腕にはナンキンムシにくわれた痕もないし、足にはカスティーリャの敷石でまめができてもいなかった。

　カザノヴァはすぐに連絡をとった。もちろん、ペレグリーニ夫妻がどうやって社会のはしごを登ったのかを知りたくてたまらなかった。以前に会ったときからの自分がついていなかっただけに、よけいにそう思った。はっきり言って、カザノヴァはくすぶっていた。ヴェネツィアに帰ってきたのはごく最近だったが、帰ってみてがっかりしていた。バルサモと同じように、カザノヴァも故郷を離れて長かった。二十年前、異端審問所——教皇の道徳的な法律を押しつけていた聖職者や俗人たちの残党——が彼を永久追放にしたのだ。一七五五年に、魔法で人をだましたとして監獄に入れられたが、彼は牢を破り、家々の屋根を伝って逃げた。追放ははじめのうちはぜんぜんこたえなかった。だが、年をとるにつれて、故郷が恋しくなってきた。この十年というもの、彼は異端審問官たちに嘆願書を送りつづけていた（ご機嫌をとるための小冊子もいっしょに）。結局、一七七四年九月になって、検察官のフランチェスコ・ディ・モロゾーニが公式の帰国許可を与えた。

ヴェネツィアには彼を覚えている人はほとんどいなかった。新しくできた知人は彼の話にあくびをした。以前に庇護してくれていた有力者はほとんど亡くなっていた。恋人を惹きつけるには腹がたるみすぎていた。真面目な本を書こうとしてみたが、惨めな失敗に終わった。瞬く間に金がなくなり、サテンのスーツやヴェルヴェットの半ズボンも染みで汚れてしまった。そんなふうに二年暮らしたあと、やけっぱちになったカザノヴァは異端審問所のスパイとなった。

宗教、道徳、治安、商売に関する情報を一つ提供するごとに支払いを受ける取り決めができた。誇り高いカザノヴァが「秘密の話」や噂話のかけらでわずかな金を受けとる「情報提供者」の一人に落ちぶれてしまったのだ。しかし、良い情報はなかなか手に入らないものだとわかった。奔放な女性がオペラでしでかした不行跡とか、フィッシュ・アレイのアトリエで描かれているヌードといった話をもっていっても、異端審問所は感心しなかった。審問所はまた、卑しい職業にふさわしい新しい名前を使うようにと要求した。彼は、「コルテ・デッレ・コローネそば、橋裏のマルコ・ダンドーロのカジノに住むアントーニオ・プラトリーニ」と呼ばれることになった。プラトリーニ、パートタイムのスパイ、プロの追従屋《ついしょう》である。

ペレグリーニ夫妻が現われたタイミングは最悪だった。というのは、カザノヴァの雇い主がばかげた報告書に我慢できなくなっていたところだったからだ。彼の最初の任務は、カップルがどんなふうに出世したかを探りだすことだった。ジュゼッペと話をしてすぐに、重大なことがわかった――ジュゼッペは魔術師となっていたのである。それくらい察しがついてもよかったはずだ。そうか、魔術で人をだまし、ボロを着たバルサモから優雅なペレグリーニに変身したというわけだ。アントーニオ・プラトリーニは大喜びした。この職業のことならよくわかっていた。ジュゼッペがまだ子どもの頃からインチキ予言で財布をまきあげていたのだから。審問所が満足するような本物の犯罪にやっとめぐり合ったらしい。

魔術は、異端審問所が憎む犯罪リストの筆頭にあがっていた。宗教と世俗の権力が二世紀にわたって激しく戦ってきたあと、不安定な共存状態ができあがっていた。異端審問官は自分の地盤を固めることに関心を向けていた。彼らは、無学な人々のあいだに広まっている魔術、霊の崇拝をとりわけ危険視していた。異端の宗教が生まれるきっかけになりかねないからだ。しかし、もっと教育のある人々がオカルトに手を出すと、たいていは犯罪的なごまかしや唆《そそのか》しに結びつくのが普通だった。つまり、魔術は詐欺師が不注意な人の財産を奪うことに使われるか、狂信的な人が反乱に火をつけるのに使われるかのどちらかだったのである。近くのフリウリにある異端審問所は次のような犯罪を裁いていた。

一般的な魔術の呪文
降霊術の呪文
魔術療法の呪文
愛の魔術の呪文
狼や嵐などを防ぐ呪文
弾丸よけの呪文
富を得るための呪文
その他の呪文
呪い――呪術

プラトリーニは、バルサモが魔術や錬金術を愛していることを知らなかった。彼はバルサモのことを、どちらかというと彼と同類の抜け目のない詐欺師で、最近になってもっともらしい呪文を唱えて人々をだます方法を学んだのだろうと考えていた。おそらく、アレッシオ・ピエモンテーゼの『驚異の秘密』でも見つけて、次のような一節を読んで目がくらんだのに違いない。

自然の不可解な秘密のすべて。無知な医者が不治と信ずる病をはじめ、あらゆる邪悪なものからの救済。鉛の抽出物の特性。さまざまな色によって異なる霊薬《エリクシール》。異質の要素を取り除くことによって金属を金に変える方法。血液に太陽のエッセンスをしみこませる黄金の飲み物。直接接触不可能な人間の内心を見抜く方法。天国や地獄やその他の領域からやってきた霊と会話する方法。人を目に見えなくするもの。死んだ人を見て話をすることができるようにするもの。理由がなくても人を説得する力を与えるもの。美しくも親切でもなくても性的魅力を与えるもの。

しかし、プラトリーニはこの男がヴェネツィアになにをしに来たかを探らなくてはならなかった。カップルを甘言でだまして、この町でもっとも裕福な貴族あての紹介状をもっていることを聞き出した。おそらくはザグリ伯爵あてだろう。プラトリーニは伯爵を知っていた。というわけで、ペレグリーニ夫妻が紹介状をもってザグリを訪ねてみると、疑うような目で見られて驚く結果になった。まるで、誰かに警告されていたような様子ではないか。しかし、まったくの無駄足ではなかった。ジュゼッペはもっていたレンブラント風の絵画、『ヴィーナスとアドニス』をなんとかザグリに売りつけることができた。

異端審問所の犬がそのことを飼い主にご注進するのは当然のことだった。審問所からの信用を取り戻し、地位を安定させられるような情報をペレグリーニ夫妻が与えてくれたのだから。ところが、ヴェネツィアの文書館に残る彼のスパイ「報告書」には、詐欺師のカップルのことがなにも触れられていない。なぜだろう？ ペレグリーニ夫妻がとつぜん町を離れて不意をつかれたからだろうか？ 二人がこれほど急に町を出ていったのはカザノヴァのせいなのか——情報を聞き出すときに熱心すぎてへまをしたのかもしれない。それとも、ヴェネツィアではもう見込みがないと判断してさっさとあきらめたのか？ いずれにせよ、二人は空手《からて》で町を出たわけではなかった。のちにわかったことだが、インチキ大佐は間抜けな商人をだまし、「麻を改良して絹にする」よく知られた魔術を売りつけて二千エキュまきあげていたのだった。その商人は一年後に破産した。

哀れなプラトリーニはここでも失敗していたのである。ジュゼッペが彼の見ている前で詐欺をやって逃げおおせたなどと報告するのは賢いやり方ではない。怖い雇い主に、無能の証拠を差し出すなど馬鹿のやることだ——そしてプラトリーニは馬鹿ではなかった。

カザノヴァの打算

もう一つ謎が残る。どうしてプラトリーニはバルサモがフリーメイソンになったことを問題にしなかったのだろう？　宗教裁判所はフリーメイソン運動を魔術よりも憎むべき犯罪だと考えていた。一七三八年にはすでにフリーメイソンを死罪によって禁ずるローマ教皇勅書が出されていたし、それ以来何度かの勅書でそれが確認されていた。教皇クレメンス十三世とその後継者たちは、フリーメイソンの秘密主義が気に入らず、裕福で権力のあるカトリック教徒のあいだに広まっていることで脅威を感じていた。それだけではない。フリーメイソンはプロテスタントや無神論者の考えを奨励し、王権や教権への政治的な敵意も助長しているのではないかと考えられていた。とりわけイエズス会がメイソン撲滅に向ける熱意はすさまじかった。イエズス会がヨーロッパのいろいろな国で禁じられているのはフリーメイソンのせいだと信じていたからである。

ペレグリーニ大佐のメイソンでの地位がプラトリーニの注意を引かなかったはずはない。プラトリーニ自身もフリーメイソンの役職についていたからだ。彼は一七五〇年にリヨンの大東社《グラントリアン》ロッジで入会し、まもなくパリのロッジで職人さらには親方《マスター》の位階に進んでいた。このことだけでもペレグリーニを告発する気になったはずだ。カザノヴァのように保守的な大東社《グラントリアン》のメイソンは、急進的な厳修派をひどく嫌っていたからだ。著作のなかで、彼は聖堂騎士団と薔薇十字団を「公共の秩序を転覆する犯罪的な陰謀に」加わっていると激しく非難している。

とはいえ、どんな種類の組織であれ、メイソンとなることはヴェネツィアに住もうとするイタリア人にとっては重大な一歩だった。カザノヴァが一七五六年に牢屋に入れられたときの罪名には、彼がフリーメイソンであることも含まれていて、ヴェネツィアの異端審問所の態度がそれ以来軟化していたわけでもない。イタリアのほかの地方、とくに教皇の直接統治領ではそれ以上に危険だった。あとになってカザノヴァは、ペレグリーニがヴェネツィアにいたときに、教皇が容赦なくフリーメイソンを弾圧しているから「ローマには足を踏み入れないほうがいい」と警告したと主張している。

一七七八年にカザノヴァがなにも報告しなかったのは、メイソンの沈黙と服従の誓いを破ることができなかったからなのだろうか？　学者のなかには、カザノヴァがパリの大東社《グラントリアン》ロッジのために秘密諜報員として働いていたのではないかと考える人もいる。彼がヨーロッパ中を休みなく旅して回っていたのは、実は新入会員を募っていたからだというのである。しかし、彼がソロモンの神殿を追求するほど真面目だったと想像するのは難しい。なんといっても彼の頭でいちばん重要な地位を占めていたのはヴィーナスの神殿だったのだから。

　カザノヴァがペレグリーニをフリーメイソンだと通報しなかったのは、魔術よりも重要ではないと考えていたからだという可能性はあるだろうか？　彼がフリーメイソンに加わった動機はバルサモの動機とまったくかけ離れていたに違いない。カザノヴァは、魂を救おうとも、人間性を再生しようとも、教会や国家を転覆しようとも思っていなかった。彼にとってフリーメイソンは「高尚な些事」、「愉快なでっちあげ」で、「重要な人間」が娯楽やビジネスのために集まるクラブの一種にすぎなかった。会員資格は、「自分が同輩より劣っていると考えたくない、そして、同輩の楽しみから仲間はずれにされたくない」野心的な若者にとっては役に立った。「旅をしたい」人間には、メイソンのロッジは無料のホテルがわりになり、みすぼらしい巡礼宿などよりはるかにたくさんあって快適だった。同時にカザノヴァは、そうやって旅をしようとしている人に向けて、「悪い仲間」や「悪い知り合い」ができそうなロッジは避けるようにと警告している。

　ジュゼッペのことを通報しようかどうかと検討したときに、ジュゼッペが助かろうとして彼もメイソンだと言って引きずりこむのではないかというありがたくない可能性にも思い当たったはずだ。そうなったら、ヴェネツィアの異端審問所を喜ばせるだけだ。カザノヴァには、スペインの大佐と名乗っている人物が実は昔の「悪い知り合い」だと異端審問所に是が非でも知らせたい気持ちはなかったのだろう。詐欺師で魔術師でメイソンだという正体は、彼の経歴にあまりにも似すぎていた。けちなシチリア人をピオンビ監獄にぶちこんでやっても、自分も鉄格子の向こうに仲間入りすることになるのだとしたらちっとも嬉しくはない。

ペレグリーニ伯爵とその妻は、新しいカモを探してヴェネツィアを去ることにしただけだという可能性もある。彼らがもっと危険な場所を目指しているのであれば、カザノヴァとしては、復讐はほかの人に任せようと思ったのではないだろうか。

2

降霊術師

Necromancer

降霊術師
呪術によって死者の霊と会話できる者。

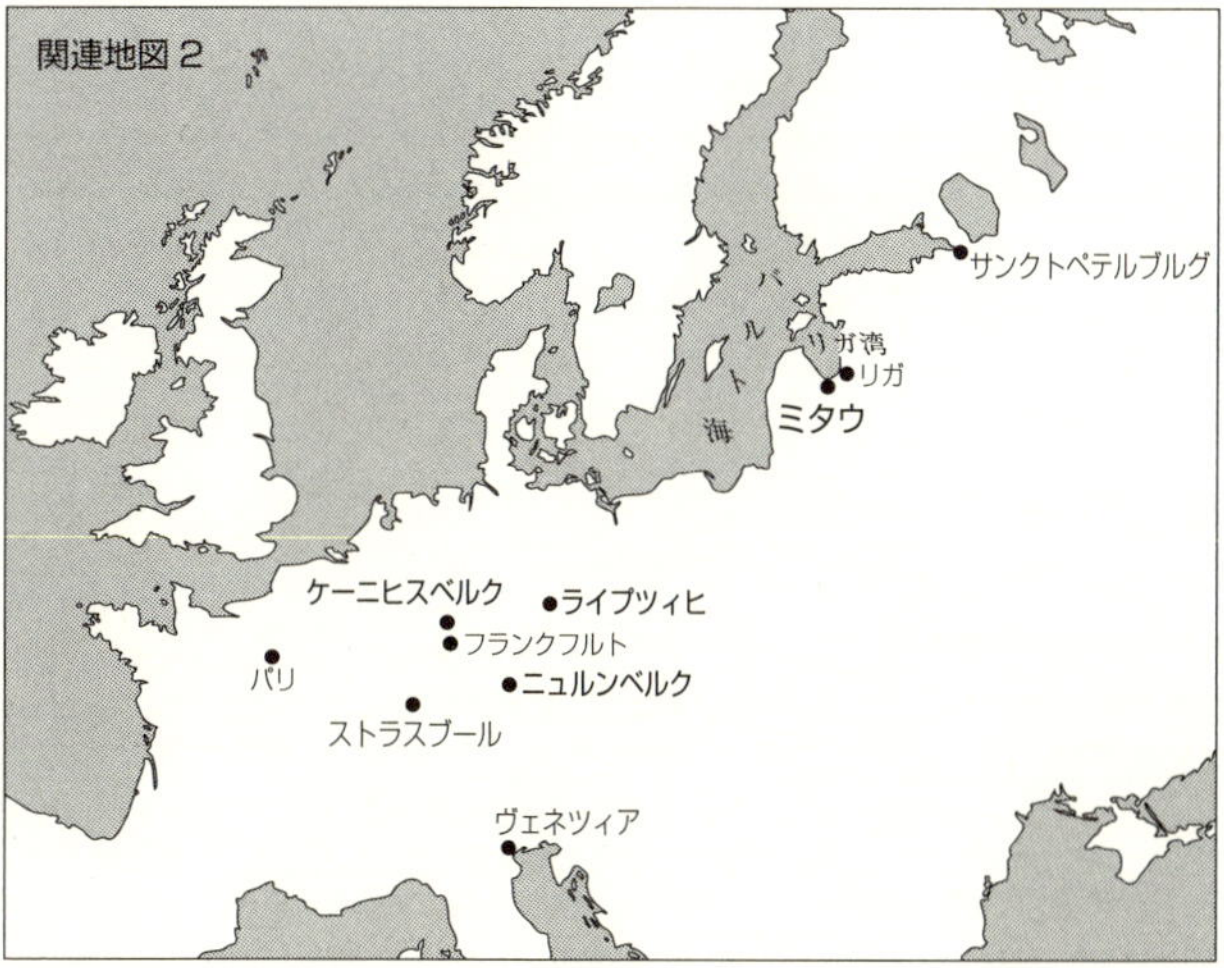

一七七九年二月の末にアレッサンドロ・ディ・カリオストロ伯爵と伯爵夫人セラフィーナが東欧の小公国クルランド＝ゼムガレ（現在のラトヴィア）の都市ミタウに着いたのは、フレデリック・フォン・メデムが死んでわずか九カ月後のことだった。フレデリックの時ならぬ死は、家族の女たちを深い悲嘆の淵に追いやっていた。義理の母、従姉妹、伯母、そしてとりわけ悲しんでいたのが妹のエリザ・フォン・デア・レッケだった。

エリザの父方の家系、フォン・メデム家は王族に加わることになっていたが、彼女は少しも関心がなかった。愛する兄が病で死んでしまったというのに、うわついた義理の妹が公国の統治者ピエール・ド・ビロン公と結婚するからといって、なんの意味があるだろう？　エリザの祝宴に対する気持ちは、まったく冷めきっていた。ビロン公の生まれの卑しい父が一七三七年に王位を与えられたのは、ひとえにロシア女帝の愛人だったからだということは誰もが知っていた。

　バルト海に戦略的に重要な港をもつクルランド＝ゼムガレをねらう強力な敵に取り囲まれ、ビロン公の独立は名ばかりのものだった。北はフィンランド湾から南はプロシア東部まで広がるこの風の強い低地を支配していたのは、バルト海の部族レット人とクルス人だった。十三世紀にスウェーデンが鉄の支配を敷き、それが三世紀にわたって続いた。その後、公国はクルゼメからクルランド＝ゼムガレと名を変え、弱小国ポーランドに連なる公国となった。バルト海とドヴィナ河にはさまれたクルランド＝ゼムガレは他国の侵入を誘っているようなものだった。東と北と南は獲物を襲う肉食獣のようなロシアとプロシアとオーストリアの帝国に締めつけられていた。実のところ、配下の公国に対するポーランドのクルランド＝ゼムガレの支配は非常に弱く、クルランド＝ゼムガレはロシア女帝エカテリーナのおもちゃのような存在だった。エカテリーナは、一七六三年にシベリアに亡命していたビロン大公を再び王位につけたあと、一七七二年にはその息子ピエールに後を継がせた。そして、操り人形を意のままに取り除くこともできるの

エリザ・フォン・デア・レッケ、
三十歳
（ドレスデン大学図書館）

だと天下に明らかにしていたのである。

エリザはすらりとした二十五歳の女性で髪は高く結っている。彼女は、舞踏会やパーティや見世物などの浅薄な遊びからは卒業したと感じていた。そうした遊びが田舎くさい退屈な日常や小さな悩みの種を忘れさせ、宮廷の雰囲気を高揚させてくれるのは確かだったが。ビロンが修復したばかりの三百室もあるバロック風の宮殿は実に見事なものだった。しかし、結婚式の客たちはほとんどが、信心深いのは結構だが視野の狭いガチガチのドイツ人プロテスタントという、退屈な連中だった。人口二万人のミタウそれ自体が、ヨーロッパの堂々たる首都の一つとはとうてい言えない。フォン・メデム家の女性たち――エリザ、その伯母、義母のアグネス、従姉妹のルイーズ――は、結婚の大騒ぎにうんざりしていた。彼女たちはみな読書家で霊的なものを求め、いまだにフレデリックの死から立ち直っていなかった。だから、男たちが家に帰って、神秘的な錬金術師が町にやってきたというニュースを伝えたときには、みんな救われた気持ちになった。父親は最初その人物についてなかなか話したがらなかったが、エリザはなにからなにまですべてを聞きたがった。

その訪問者はアレッサンドロ・ディ・カリオストロ、ミタウのメイソンたちが待ち望んでいた人物だった。エリザの父、ヨハン・フォン・メデム伯爵と、伯父にあたる陸軍元帥オットー・フォン・メデムは高位のメイソンだった。二人は何年も前にドイツのハレで入会し、ホワイト・イーグルならびにスタニスワフ王のポーランド・ロイヤル・オーダーの騎士という称号をもっていた。ストラスブールとイエナで学んだ兄弟は博学な錬金術師たちといっしょに勉強し、そのときに「神秘的な知恵と化学への好み」を身につけた。兄弟はそれ以来ミタウで神秘傾向のあるロッジをつくろうとして、結局現在の厳修派ロッジをつくりあげた。

カリオストロが旅を続けている様子は、ドイツ北部の町々にあるロッジをとおして兄弟のもとに前もって届いていた。たとえばニュルンベルクでは、最高の秘密の紋章である自分の尾を飲み込もうとしている蛇の姿を現わしてみせて、高位の薔薇十字団員を驚かせたという話が伝わってきた。ライプツィヒでは地元のメイソンの指導者を悪魔主義者だと告発し、その男の死が近いことを予言してミネルヴァ・オ・トロワ・パルミエ・ロッジに波紋を広げた。さらに、ミタウの重要なメイソンである、元ロシア陸軍少佐でスパイだったフォン・コルフ大法官が一七七九年二月二十五日にケーニヒスベルクをカリオストロが通ったところに行き合わせた。フォン・コルフは男の弁舌に感銘を受けたが、もしかしたらフリーメイソンに潜入して攪乱する使命を帯びた教皇のスパイかもしれないという不安をミタウに書き送ってきた。ミタウの会員たちは不安になっていた。

三年前にフォン・フント男爵が亡くなってから、厳修派の内部には争いが絶えなかった。指導者の地位を手に入れようと策動する人たちが次々と現われた。そのうちもっとも有名だったのが、ミタウ・ギムナジウムの哲学教師、ヨハン・シュタータ教授で、何年も前からクルランド＝ゼムガレに住んでいた。フラテール・アルキメデスを自称し、聖堂騎士団の儀礼にあたらしい変化形を加えようとしていた。地元に騒ぎを起こしたあげく、彼は結局ダルムシュタットに去っていった。フォン・メデムをはじめミタウのメイソンたちは、ヨハン・シュタークが実は黒魔術をかじったイエズス会士だったのだろうという結論を出した。

だから、数日後にカリオストロがミタウに着いたとき、フォン・メデム元帥が警戒していたのは当然だった。元帥はもっとさえない男を予期していた。しかしカリオストロはスペインの華美な軍服に身を包み、赤い胴衣は恰幅のいい腹の上で広がっていた。髪の毛は、てっぺんこそ薄かったが豊かに波打って肩まで届き、手には宝石入りの指輪が光っていた。彼は厳修派のグランド・マスターと薔薇十字公の紋章を大仰な仕草で示し、東欧の儀礼を改革する任務を帯びているのだと厳《おごそ》かに宣言した。その命令を出したのは、エジプト魔術の不死の創始者、偉大なるコプトをはじめ、伝説的な「未知の上位者」たちであるという——上位者たちは深く憂慮している。運動を導くべきエジプトの密儀が変質したり消え去ったりして、多くのメイソンが悪魔崇拝や懐疑主義者の手に落ちているからだ。

それは重大な話ですな、と元帥は答えた。そして、カリオストロ伯爵はこの町の高位のメイソンたちの前で霊的な技を見せて信頼を勝ちとることができるかと尋ねた。もちろんだとカリオストロは答えた。そう言われることは当然予期していた。ミタウの役員たちは炉と坩堝を用意し、竈《かまど》に火をつけ、カリオストロが大量の水銀を銀の延べ板に変えるのを見守った。それでも、抜け目のないいかさま師ならこんなトリックはお手の物だ。なにもカリオストロがそうだというわけではないが、確信のもてる結果がほしいと元帥は言う――別のテストをやってくれるだろうか？　ミタウの厳修派メイソンがいつもやっているように、降霊会を開いて聖霊と接触するというのはどうだろう？

カリオストロはためらいを見せなかった。ただ、霊媒を務めるために罪に汚れていない六歳以下の子どもを貸してほしいとだけ頼んだ。元帥の末の息子がぴったりだろう。メイソンたちを輪を描いてすわらせ、少年を陸軍元帥の膝にすわらせた。少年の額と左の掌に静かに知恵の油を塗り、深い、よく響く声で聖歌を唱えた。この儀式は少年に預言者の秘伝を伝え、精霊が少年を認識できるようにするためのものだった。まもなく少年は身もだえし、汗をかきはじめた。「ああ、いい徴候だ。霊は喜んで少年のなかに入ろうとしている」。カリオストロはじっと子どもを見つめ、油のついた手に考えを集中するように言った。そして元帥に向かい、霊になにか尋ねなさいとささやいた。元帥は子どもに聞こえないように、「いま母親と姉たちが家でなにをやっているか尋ねてください」と言った。カリオストロがその質問をする。沈黙。しばらくたって子どもは突然甲高い声で、母親と従姉妹のエリザと姉のルイーズが見えると叫んだ。「ああ、ルイーズが苦しそうに胸に手を当てている。今度は兄のカールにキスしている」

元帥が強く頭を振ったので、カリオストロは降霊会を終わりにした。元帥は、少年が見たのはただの幻想にすぎないと言った。長男のカール・ティッテムンデ・フォン・メデムはミタウから少し離れた陸軍基地にいて、そのときは演習で数週間留守にしていたからだ。カリオストロはこの悪いニュースにも困った様子は見せず、とにかく確かめてみましょうと静かに言った。そこで、メイソンの何人かが元帥の家に行った。するとたしかに、カールその人がドアで彼らを出迎えたのだ。思いがけずに計画が変更になったので家を訪ねたのだという。それに、ルイーズは興奮しすぎて動悸が収まらなかったともいう。

父親からこの話を聞かされると、エリザはかすかな希望の灯りが瞬くのを感じた。兄のフレデリックの霊とどうしても話したいという必死な願いへの答えがここにある。彼女とほかの女性たちはすぐにもそのカリオストロ大佐に会いたいと言いはじめた。

期待はかなえられた。カリオストロの吸い寄せるような瞳、威厳のある態度、イタリア語、フランス語、アラビア語の隠語がまじった奇妙な謎めいた言葉は彼女たちを完全に虜にした。エリザはこの男との強力な結びつきを感じ、日記に「これまで会った人のなかでもっとも並外れている」と書いた。

森に眠る財宝

十日ほどたって、カリオストロ伯爵が、偉大なるコプトから「養女ロッジ」をつくる特別許可を得たとほのめかすと、エリザは有頂天になった。フランスでときどき行なわれている、女性メンバーを加入させる並立ロッジのしくみは、東欧ではまったく新しいやり方だった。退屈していたフォン・メデム家の理想主義的な女性たちは嬉しくてたまらなかった。人々のために神秘的な知識を広げるチャンスだ。カリオストロは「彼女たちを地上で考えつくかぎりの至上の幸福に導く」と約束していた。

新しいロッジは三月二十九日に女性創立者グループの支配のもとに活動を始めた。そのグループとは、エリザ、従姉妹のルイーズ、伯母のマダム・フォン・メデム（旧姓カイザーリング）、義母のアグネス。これをカリオストロの魅力的な妻、セラフィーナ伯爵夫人が指導し、グランド・ミストレス（グランド・マスターの女性形）となった。男性の役員はエリザの伯父と父親、従兄弟のカール、家族の友人であり世襲のミタウ総督オットー・フォン・ホーヴェン伯爵、大法官であるフォン・コルフ少佐、そして医師と公証人と弁護士である三人の優れた友人たち。弁護士で参事会員のジギスムント・フォン・シュヴァンダーは、エリザを守るためだけにロッジに加わった。彼は嫉妬深く、また、新しく来た降霊術師を疑っていたからだ。

エリザが気に入らなかったのは、彼女の霊的な目標が父と伯父の物質的な関心に押しのけられてしまったことだった。卑金属を金に変えるという伝説の賢者の石を見つけ出そうとずっとむなしい努力を続けてきた二人は、実験を指導してくれる第一級の錬金術師が来てくれたことに大喜びしていた。しかし、ある日カリオストロがロッジで、クルランド＝ゼムガレに秘密の調合法と魔術の道具が埋められている場所があると言ったときに、その望みもまた二の次になってしまった。彼はなにげなく、その隠し場所には大量の金もあるがそれには関心がないとつけくわえた。興奮したフォン・メデム兄弟にせかされて、カリオストロはペンをとりあげ、非常に変わった森の様子をスケッチした。兄弟はすぐにその場所がわかった。それはヴィルツェンにある元帥の田舎の領地で、兄弟が子ども時代を過ごした場所だった。

オットーと弟のヨハンは子どもの頃、農奴の伝説に刺激されて領地の森に宝探しに行ったことがあった。孤独な森の悪魔、ルーベザールも怖かったが、それよりも二人の行く手を阻んだのは、昼なお暗い森で太陽を求めて枝を広げる樺やポプラの延々と続くスクラムだった。カリオストロのデッサンは気味が悪かった。どうしてあの森の様子を知っているのだろう？　そこに行くには馬車に乗ってまる一日かかる。その森を今まで目にしたことも、足を踏み入れたこともないはずだ。カリオストロは兄弟の疑問に答えた。そのとおり、普通の方法でその森を訪ねたことはありません。けれど、みんなが休んでいたある午後のこと、偉大なるコプトの命令を受けた霊がエーテルを通ってわたしをその場所に連れて行ってくれたのです。たったの三十分しかかかりませんでしたよ。

その瞬間から、フォン・メデム兄弟はとりつかれたように宝探し遠征隊を編成しはじめた。そして一七七九年四月の末、三台の馬車が連なってミタウを出発した。馬車は最初に数知れぬ橋を渡る。そうした地形のせいでミタウの町はリガ湾の奥から翡翠《ひすい》色の川の流れに乗って流されてきたように見える。そのあと、丸石の敷かれた旧市街をがたがたと音を立てて通り抜け、三車線の大通りを渡った。

町の城門を抜けるととつぜん眺望が開ける。目の届くかぎり先までうねっている道はゼムガレ平原を越えてリトアニアに続く。耕された褐色の土地と百二十キロも続くツンドラの広がりを乱すのは、ところどころにある小さな農家と、湿地帯と、点在する森だけである。ヴィルツェンでは、オットー・フォン・メデム陸軍元帥が妻と娘と二人の息子とともに、地平線の彼方に目をこらして一行の到着を待ちかねていた。

一台の馬車には元帥の弟、五十七歳のヨハン・フォン・メデム伯爵が乗っていた。

ふだんは厳格な男だが、このときは常になく活気に満ちていた。隣にすわるのはアグネス・エリザベス（旧姓フォン・ブルッケン）、三番目の妻である。エリザの母親も含め、前の二人は亡くなっていた。二人は、旧友で遠い親戚でもあるフォン・コルフ少佐といつものようにドイツ語でおしゃべりしていた。少佐は一度はカリオストロを疑ったが、このときにはすでにもっとも熱心な崇拝者となっていた。

うしろからついてくるもう一台の馬車はオットー・フォン・ホーヴェン大伯爵の持ち物だった。総督の興奮は二つのものに等しく向けられていた。一つは前途に待つ財宝であり、もう一つは隣に寄り添ってすわる美しい女性である。セラフィーナ・カリオストロ伯爵夫人は、夫に言われて総督を誘惑し、総督は完全にこの女性の虜となっていた。総督は彼女に高価な宝石のついた指輪を贈り、ほかにも贈り物をおしつけたがっていた。

先頭の馬車に乗っていたのはカリオストロ伯爵とエリザ・フォン・デア・レッケ。秀でた額、長くまっすぐな鼻、角ばった顎のエリザは意志が強そうに見えるが、そのときの彼女は大きな潤んだ瞳でがっしりした年長の男を愛情こめて見つめていた。二人のあいだを奇妙な感情の流れが行き交っていた。カリオストロの言葉はきらめく流れとなって口からこぼれる。フランス語、イタリア語、アラビア語が、時には崇高な、時には不透明な渦となって流れる。彼女のほうに身を乗り出し、いつものように手をすばやく動かしながらしゃべっている。エリザになにか同意を求めているようだ。だがエリザは迷い、用心と興奮の入り混じった面持ちで、なかなか同意しようとしない。

彼は物質的な財宝ではなく霊的な財宝について話していた。善良な霊と、死んだばかりの悪魔的な霊の性質について。天上の存在と話を交わす能力は、彼のような賢人だけに限られてはいない、善良な人々なら誰でも身につけることができるとカリオストロは言う。彼の指導があれば、やがて死ぬべき人間は誘惑と試練の旅を果たすことによって聖霊と合体することができるというのだ。

エリザは、この申し出に応じれば自分の心からの願いをかなえることができるとわかっていた。その願いとは、亡くなった愛しい兄のフレデリックの便りを聞くことである。そのかわりに、サンクトペテルブルグの宮廷へいっしょに行ってほしいとカリオストロはエリザを誘っていた。彼女の知性と家柄があれば、ロシア女帝エカテリーナ二世の心をつかむことができる。二人でエカテリーナを説得し、本物のエジプト儀礼にもとづいた養女ロッジのグランド・ミストレスになってもらおう。そうなったら女帝は、ロシアとポーランドとプロイセン東部のフリーメイソンにはびこっている腐敗を一掃するよう命令を発するだろう。メイソンは再び、失われたエジプトの降霊術を取り戻し、善良な霊と会話する方法を見出すのだ――。

カリオストロによると、不死の存在のなかには、霊的交流にふさわしい人々の熟達を助けるために、人間の形をとってこの世に現われるものもあった。たとえばイエス、「人類史上最初にして最大の魔術師」は、エジプトのピラミッドで伝授を受けたあとで、ただの大工としてこの世に現われた。もちろんイエスは、自分と同じように、七人の大天使、アナエル、ミカエル、ラファエル、ガブリエル、ウリエル、ゾビアケル、アナキエルを支配している、とカリオストロは言う。

この七人の精霊はすべてを見通すのだとカリオストロはエリザに警告した。霊たちは、メイソンの入会者たちが地下世界の悪霊を支配する黒魔術師の手に落ちないように見張っている。また、メイソンたちが白魔術のかわりに黒魔術を行なっていないかどうか試すように「宇宙の偉大なる建築者（フリーメイソンでは、宗教で神にあたる存在をこう呼ぶ）」から命じられてもいる。エリザに感謝してもらえると思うが、エリザを見守り導いてくれるようにアナキエルに指示しておいた——。

まるで今言ったばかりのことを試すかのように、カリオストロは唐突にエリザがX氏という人物についてなにか噂を聞いていないかと尋ねた。彼女は率直に、たしかに知っていることはあるが、母親と友人二人に約束したので話すことはできないと答えた。カリオストロがいくら問いつめても彼女は頑固だった。約束を破るわけにはいかない。彼はついに爆発した。「蛇め。わたしは蛇を飼っていたのか。X氏の身に起きた出来事で、あなたとほかの三人だけに打ち明けられたことなどほんとうはないのだろう。なにも知らないと誓いなさい」

　この爆発にショックを受け、エリザの目に涙が浮かんだ。カリオストロはさらに激しく続けた。「さあ、偽善者、答えるんだ。なぜ黙っている？　X氏についてはなにも知らないんだな？」こみ上げる涙をこらえて、エリザは威厳をこめて言った。

「伯爵、あなたの振る舞いにはショックを受けました。誰のためにこんなお芝居をなさっているのかわかりません。おそばにはわたししかいないのですから。それに、先ほどおっしゃったように、わたしは常にあなたの下僕、アナキエルの霊に見守られているのです。なんでも見通す目がわたしを見ているのですから、わたしの心の奥もわかるはず。アナキエルが善良な霊なら、いくら調べられても怖くはありません。もし善良な霊でないのなら、なんと言われてもかまいません。わたしはすべての悪魔と降霊術師を支配する最高の親方《マスター》を信頼します。マスターは世界の混乱を終わらせてくださるでしょう」

　爆発したときとおなじすばやさで、伯爵の怒りは消えうせた。彼は身を乗り出してエリザの瞳の奥をのぞき、優しく手を握った。

「あなたはすばらしい方だ。この沈黙はあなたの名誉となります。あなたのように若い方にこれほどの精神力と知性があるとは想像もできませんでした。期待していた以上に見事にこの状況を切り抜けましたね。ぜんぶ説明しましょう。あなたをこの難しい質問で試すようにと命じられたのです。その情報をわたしに明かしていたら、あなたは将来の誘惑に負け、高度の魔術を行なうときに失敗するのではないかと心配になっていたでしょう」

そのとき、森が見え、馬車がヴィルツェンの領地に入ったことがわかった。しばらくのあいだカリオストロは黙って小さな革表紙の本を読んでいた。それから、奇妙な言葉で小声で祈りはじめた。忘我の状態からとつぜん我に返ると、馬車の窓から御者に声をかけた。「そこだ！　そこだ！」馬車が止まりもしないうちに飛び降りると、林のなかの空き地に突進し、興奮したように一本の切り株を指さした。切り株は雷で裂け、黒くこげていた。

ほかの馬車も止まり、全員が息を切らしながら追いついてきた。彼は、宝は六世紀前にこの木の根元に埋められたのだと説明した。だが、今は掘ることができないと彼は主張した。切り株のまわりに漂っている悪の力が強すぎる。その力をそこに閉じ込めておこうとして彼の身体は震えた。領主館に急ぎ、霊媒となる少年に会い、準備のための降霊会を開かなくてはならない。

続く一週間のあいだ、弟子たちはカリオストロが財宝を守る悪霊の力と戦うのをなすすべもなく見守っていた。ある黒魔術師が宝を自分のものにしようとして彼らを妨げているのは明らかだという。男たちがむなしく切り株のまわりを掘り、女たちがあれこれ口を出しているあいだ、カリオストロは恐ろしい霊と戦っていた。彼は祈った。とりつかれたように高く低く、本に書かれた呪文を唱えた。ときどき、長いあいだ自分の部屋にひきこもることがある。すると、この世のものならぬうめき声が聞こえてくる。彼はなにも食べず、眠りもしないように見えた。

カリオストロは二、三度、元帥の六歳になる息子を連れて森に入り、呪いを破るための羊皮紙を探した。この少年は彼らを善良な霊へと導く霊媒だった。彼がいなければ宝を見つける望みはない。子どもの純粋さは彼らの善意を保証し、天使が普通の人間と接触するための霊的な保護膜となるのだとカリオストロは説明した。カリオストロは毎朝少年といっしょに降霊術を行なった。集中するためにほかの人から離れ、小さなついたての向こうにすわり、少年に、霊の姿が表面に浮かび上がるまで水を満たしたクリスタルの器をじっと見つめるように言った。

ある朝、ついたての向こうから子どもが叫んだ。切り株の根元の地面が口をあけているのが見える。彼はなにか超自然的な存在に引きずられ、急な曲がりくねった階段を落ちてゆくような気がすると言う。カリオストロは、階段の数を大声で数え上げれば恐怖を抑えることができると助言した。まわりのメイソンたちは、子どもが実際に一歩一歩降りていくところを聞いているような気がした。少年は恐怖と興奮の入り混じった声で、今度は長い狭い通路を歩いていると言う。とつぜん少年は悲鳴をあげた。

大きな金の延べ棒と金貨と宝石、それに奇妙な魔術の道具が見える。不思議なシンボルが描かれた黄ばんだ文書、きらめくバラ色の粉がいっぱい入った入れ物。

「白い服を着た美しい人が七人います。一人は胸の上に赤いハートをつけ、ほかの人は赤い十字架をつけています。額になにか書かれているけれど、ぼくには読めません」

聞いている人たちは目を見交わした。それは、明らかに聖堂騎士団の戦闘服を着た大天使だ。数分後、カリオストロは少年に天上の人々を抱擁するように言い、降霊会を終わりにした。少年は言うとおりにして、お返しにキスしてもらった。十四回のキス。天使のキスの音をメイソンたちは唖然として聞いていた。

一週間の試練が終わりやつれきったカリオストロは、自分は満足だとみなに言った。怖がらせるといけないのでそれまで言わなかったのだが、彼の戦いには、弟子たちの知らないところでもっと大きなものがかかっていたのだ。この埋もれた秘法が敵の手に渡っていたら、「世界にとって悲しむべき結果が待っていたに違いない……そして、世界が再び清浄になるには何世紀もかかったことだろう」。カリオストロの秘術の力と、切り株の下に埋めた磁力のある釘のおかげで、財宝のまわりに透明な防護壁をつくりあげることができた。敵の黒魔術師の正体をカリオストロは突き止めた。メイソンの実権を握ろうと策動したことのある、以前ミタウに住んでいたシュタールク教授がその男だ。彼はこの場所の百里以内に近づくことはもうできないだろうとカリオストロは断言した。ヨハン・シュタークの名を聞いて一同は興奮した。例の怪しい隠れイエズス会士とロッジを支配しようとする彼の策動を思い出したからだ。

さらにカリオストロはみんなに約束した。彼、カリオストロがエジプト密儀の高度な段階に達するのはそう先のことではないと思うが、そうなったら残りの悪魔を消滅させて宝をとってくる力が手に入る。とってきたらフォン・メデム兄弟に渡しましょう。いやいや、わたしは宝などいらないとカリオストロは言う。しかし、一家がどうしてもと言い張るので、マスターへの捧げ物として、羊皮紙とバラ色の粉を受けとることに同意した。

兄と妹の関係

カリオストロが馬車のなかで見せた恐ろしい怒りはエリザの心を悩ませてはいたが、日記にはまだ興奮した様子で「この秘法の司祭」について書いていた。あまり夢中になっているので、友人たちは彼女の頭がどうにかなってしまうのではないかと心配した。フレデリックが死んで以来、精神が不安定になっていたからだ。兄の霊と話をしたいというエリザの願いは、もう強迫観念となっていた。ほぼ一年ものあいだ、エリザは夜中に墓地に出かけ、フリッツと話をさせてくださいと天使たちに必死に祈っていたのだ。

どうしてエリザはそれほど苦しんでいたのだろう。後年出版された日記の補遺には、その理由の一部が明かされている。父親のヨハンは三度も結婚し、子どもたちはそんな変化につきものの苦痛をすべて味わってきた。二番目の伯爵夫人はエリザが小さいうちに亡くなったので、エリザは母方の祖母に育てられた。しかし兄のフレデリックは家に残り、父と義母といっしょに暮らしていた。愛らしく夢見がちのエリザは、孤独な時間を美しい詩やロマンチックな小説を読んで過ごしていた。ほかに、キリスト教の小冊子も読んだ。「もちろん、宗教に夢中になっていたからだ」。十六歳になると父親が結婚を取り決めた。相手は粗野な中年の農場主、ゲオルク・フォン・デア・レッケである。若いエリザは心構えもないままノイエンベルクの荒れ果てた館に行かされてしまった。「活気のある広い世界から切り離され……田舎のしんとした孤独のなかに浸りきった」。陰鬱な暗い森と茫漠としたツンドラにとりかこまれ、彼女は夫を憎み、夫が押しつけようとする粗野な暮らしを憎んだ。夫は猪狩りとビールに夢中になって、エリザに期待するのはセックスと子育てと家事だけだった。

エリザは、同じように孤独な兄と強い感情の絆を結んだ。「わたしは兄をなによりも愛し、兄はわたしの魂の喜びだった」とエリザは書いている。惨めな五年の結婚生活のあいだに、兄と妹は生や死や芸術についての考えを熱心にやりとりした。エリザはエドワード・ヤングの『夜想』のような陰気な詩や、プロテスタントのスイス人牧師、ヨハン・カスパー・ラヴァターの感傷的な心霊主義の本を読みふけった。

気分が変わりやすく自己嫌悪の激しいフレデリックは、何時間も森を歩き回った。エリザは一度フレデリックが森のなかでさめざめと泣いているのを見つけたことがある。父親と義母は彼に冷たく、「性格が暗い」と非難し、なんにも集中できないと言って彼に罰を与えた。彼はエリザに打ち明けた。「両親と親戚はぼくをわかってくれない。ぼくには柔軟性がないと言うんだ。そして、変わっているとか、攻撃的だと言うのに、弱虫で泣き虫だとも言う」。フレデリックは、ゲーテの有名な『若きウェルテルの悩み』でかきたてられた若者の自殺熱にまっさきに捉えられそうな若者だった。

兄と妹の手紙は愛の言葉を語っていた。エリザは彼をフリッツという愛称で呼んだ。彼女のほうは「かわいいロッテ」だった。二人は愛の言葉を投げかけあった。彼女が「魂の奥底の秘密を見せる」ことができるのはフリッツだけだった。「愛《いと》しい人」、「愛する人」、「わたしの守護天使」。おたがいの写真を入れたロケットを身につけ、『ウェルテル』から愛を語る文章を引いた。典型的なのは一七七七年の十月に書いた次のような文章だ。「あなたに愛されるのは、ほかのなによりも嬉しいことです。あなたを愛する喜びだけは別ですが」。するとフレデリックは答えた、「ロッテ、あなたに値する人間になるのが、わたしの人生の最大の目的です」。

その後フレデリックはストラスブール大学に行き、一年もたたないうちに熱病で死んだ。エリザは悲しみのあまり神秘主義にのめりこんだが、慰めはどこからも得られなかった。有名なロンドンの神秘主義者、エマニュエル・スウェーデンボリの勧めにしたがって、夢のなかで天使と接触しようとしたが、天使の声は聞こえてこなかった。

兄の死の前後にはほかにもいろいろな出来事があった。ただ、エリザは誰にも言わず、日記にさえ書かなかった。エリザは一七七六年に夫から逃げ出し、当時二歳だった一人娘のフレデリカはそのあと、兄と同じ年に死んだ（彼女は二度と子どもを生まなかったが、十三人の孤児を引きとって母親としての愛情を注いだ）。娘の死に自分を責め、深く傷ついていたことだろうが、数カ月いさかいが続いたあとでフリッツが死んだことでその苦痛は倍加した。

フレデリックはストラスブールに行ってから自分の殻を破って楽しみを求めるようになった。エリザは怒って放蕩の危険性を説いた。「自分の時間を無駄にするほど愚かなことはありません……まわりの目新しさに目を奪われて、わたしのことを考えてくれない」。事態は悪化する。彼はリゼットヒェンという女性と出会い、「肉欲」を満足させたのだ。エリザは嫌悪感でいっぱいになった。嫉妬のあまりエリザは道徳的な罪を犯しているとフレデリックをなじった。そんなときにフリッツはとつぜん死んでしまい、エリザは、フリッツが愛するロッテに拒否されたまま死んだという思いに苦しめられることになった。

自分の嫉妬が彼の死を早めたのではないかという気持ちもあった。自殺と言う人は誰もいなかったが、その可能性は言葉に出されないまま宙に漂っていた。フリッツは死ぬわずか二、三カ月前にそういう類のことをほのめかしていたようだ。エリザはストラスブールにいるフリッツの指導教師、ヨハン・ブレシグに手紙を書いて、死ぬ前のフリッツの精神状態を詳しく教えてくれるように頼んだ。ブレシグの返事はさほど慰めになるようなものではなかった。フレデリックのことを、途方にくれた若者で、鬱とひどい頭痛に悩まされていたと書いてきた。フリッツの別の友人は、実際に死の原因となったのは鬱状態だとほのめかしていた。「医師たちは、心の悩みを長く抑えつけてきたせいで小さな血管が詰まってしまったことが病気の原因だと言っている」

そのうえ、エリザに拒否されたせいでフリッツが無神論にかぶれたのではないかという可能性もあった。ブレシグは、フレデリックが無神論に深く関わって『徳、魂の不死、聖書の信頼性』という小冊子を書いたことも教えてくれた。フリッツはエリザに見られないようにその冊子を破棄していた。彼が神の存在そのものを疑っていたことは確かなようだ。エリザはそのような冒瀆の危険を思って身震いした。兄の魂が破滅しようとしていた。

エリザはもちろんこんなことをカリオストロ伯爵には話さなかった。しかし、宝探しの興奮がおさまると、フリッツの霊と話をさせてくれと伯爵に頼んだ。彼女は涙ながらに打ち明けた――兄は誰か邪悪な降霊術師の力で死に追いやられたのではないだろうか。最初カリオストロは気が進まない様子だった。その任務には力不足だというのだ。しかし、エリザに執拗にせがまれて抵抗が弱まってきた。一七七九年四月十二日前後、彼は降伏した。彼女の希望をかなえるために魔法の夢を見させてやろう。しかし、まずこの魔術が恐ろしいものであることを警告しておかなくてはならない。正しいやり方で眠りに入らなくてはならない。これを成功させるにはきちんとした準備が必要なのだ。

その夜、メイソン会員がぜんぶそろったところで、カリオストロは封印された三角形の紙をエリザの父親に渡し、翌日エリザが夢の内容を話すまで開かないようにと重々しく指示した。その紙には秘密の問いが書かれていて、エリザの夢がそれに答えてくれるはずだという。エリザがベッドに行くと、カリオストロはじっと彼女の瞳を見つめ、祈りを唱えながら眠るように命じた。

エリザはぜんぜん眠れなかった。一晩中興奮に震えながら目を覚まし、無意識に祈りを唱えていた。朝になると、疲れ果てて悲しみに沈んだ彼女を待っていたのは、結果を待ちかねていたメイソンたちだった。なにもなかったわ、とエリザは泣きながら言った。一睡もできなかったのだから、魔法の夢など見られるはずもなかった。カリオストロは明らかにがっかりしてはいたが、彼女を十分にくつろがせることができなかったのは自分が悪いのだと言った。その夜、長い時間をかけてエリザの気を鎮める儀式をしたが、前の晩よりましになったとも思えない。今度は、エリザの失望は恐怖に変わった。疲れ果て、不安に気も狂わんばかりのエリザは、眠っているのか起きているのかわからなくなった。「身を凍らせるような」幻がどうしても頭を離れず、ただ寝返りを繰り返すだけだった。翌朝、カリオストロはそれほど寛容ではなかった。もっと自分を律することができる人間だと思っていたのに、と言い、ひょっとしたら天上からの訪問者を迎える資格がないのかもしれないとほのめかした。

エリザは惨めだった。彼女が悪いのではない。最善を尽くしたのだ。一心に夢を見ようと努力したのに。その晩、蠟燭を吹き消す前にスウェーデンボリが天使の訪れについて書いた文章を読んでいた。だが今回は緊張のあまり精神がすっかりおかしくなってしまった。眠るどころか、高熱でうなされた。汗をかき、泣き、震えたが、弱りすぎていて女中を呼ぶこともできなかった。翌朝、カリオストロは驚きもしなかったし、怒ってもいなかった。ロッジの人たちに、エリザは魔法の夢を見るにはか弱すぎて、身体を壊してしまったのだと説明した。どうしてもあきらめようとしなければ身体が完全にだめになるかもしれない。

そのあと、カリオストロはエリザが憔悴して寝ている寝室を訪れた。穏やかに優しく話しかけ、エリザの手をとった。「いい子だ。ゆうべどれほど苦しんだかよくわかっているよ」。彼なら簡単にエリザを高い段階にあげてやることができるが、それはエリザにとって危険すぎるのだ。彼は、エリザを愛するご両親やお友達と同じくらい、エリザに対して責任を感じている。この失敗には自分にも責任があったことを認めなくてはならないよ――。「あなたをずっと見守っていたアナキエルが、あなたが考えたことややったことを報告してくれた。お兄さんと話そうとずいぶん熱心に努力しましたね。フレデリックへの愛情が少しゆきすぎていることがわかりませんか？　あなたはお兄さんを悼むその気持ちのせいで神秘主義に入り込み、魔術に興味をもったのだとアナキエルは言っています……善良な精霊たちはあなたを助けて向上させようという気持ちにはなっていません。あなたが、聖なる魔術をそれ自体のために追究しようとしていないからです」

一晩よく寝るとエリザは元気になった。そして、カリオストロが降霊会というもっと危険の少ない方法でフリッツと接触してやろうと約束したので、救われた気持ちになった。

その日時は四月十五日と定められた。場所は伯父の家である。弟子たちはカリオストロが床にチョークで描き、両刃の剣で空中に描いた魔法円のなかに椅子をもってきて腰掛けた。降霊会を始めるにあたって、いつもの少年にフレデリックと同じ洗礼名を授ける。次に紙きれに、カバラのサインとフレデリックの頭文字F・V・Mにもとづいた数字を書いてゲマトリアの秘法を行なった。そしていつものように油を塗り、呪文を唱え、足を踏み鳴らす。轟くような声で魔法の言葉を発する。「ヘリオン、メリオン、テトラグラマトン」。そして小さな霊媒にゆっくりと質問を始めた。エリザは待ちきれなかった。

「なにが見える？」

「前に宝を見せてくれた美しい少年がいます」

「その少年に、エリザのお兄さんに会えるかどうか尋ねなさい」

「はい、彼はここにいます。見えます。赤い制服を着ています」

「どんなふうに見える？　悲しそうか、楽しそうか？」

「すごく楽しそうです」

「今なにをしている？」

「胸に手を当てて、優しい顔でぼくを見ています」

カリオストロはエリザに向き直った。「お兄さんは天国にいますよ」

エリザは悲鳴を抑え、ほっとしてすすり泣いた。

サンクトペテルブルグへ

このカタルシスでエリザには心の平和がもたらされても当然だった。しかし、そうはならなかった。なにかが兄との出会いを損なっていた。実は、そのときの降霊会で起きた出来事のせいでカリオストロの高潔さを疑いはじめたのだった。フリッツの霊に接触するのと同時に、カリオストロはエリザの新しい義兄、クルランド＝ゼムガレの統治者、ピエール・ド・ビロン公に対して汚い不意打ちを行なったのだ。

降霊会の前の晩、宮殿で開かれた公式の晩餐会の席で、ド・ビロン公は魔術を馬鹿にする発言をして客たちを笑わせた。カリオストロの目が光った。馬鹿にされるほど腹の立つことはなかった。降霊会で、公の霊がとつぜん出現したときには一同驚いた。霊媒の少年は、クリスタルに入った水の底に、鎖でぐるぐる巻きにされたド・ビロン公が哀れな様子で足を引きずりながら歩いているのを見た。カリオストロの命令を聞いて、エリザは震え上がった。ド・ビロンの首かせの鎖を引けと少年に命じたのだ。ついたての向こうから、絞め殺されるような音が聞こえ、カリオストロは低く吐き捨てるように言った、「殿下もこれでわたしの力を疑うまい」。そのようだった。一日か二日後にエリザは、その降霊会に出ていなかったド・ビロン公が、会があったのと同じ時間に喉に痙攣の発作を起こしていたと聞いた。カリオストロは、その痛みを治すのにどんな薬が使われるかまで予言していた。

エリザはカリオストロが見せたこの悪意を忘れることができなかった。兄が救われたことを知った安堵感が損なわれたような気がした。どうして偉大な精神的指導者ともあろうものが、一つの降霊会のなかであんなちぐはぐな行動ができるのだろう。しばらくのあいだ、エリザとほかのメイソンたちは、ときおり見せるカリオストロの欠点を大目に見ていた。なんといっても、エジプトで育ったのだ。振る舞い方の規則が非常に異なっているに違いない。しかし、アラビア風の育ちを考えても、あのあからさまな残酷さの言い訳にはならない。そのことを詰問すると、カリオストロは、ビロンの罰は守護霊から無理やりやらされたのだと答えた。守護霊は、マスターが馬鹿にされるのを放っておくことができなかったのだと言う。エリザは納得しなかった。たとえそうでも、天使はカリオストロに怒りっぽくなれとか、魔法の円から出ていくというようなちょっとした間違いを犯した弟子をいじめたりしろとは命令しないはずだ。

カリオストロは聞き分けのない子どもに言い聞かせるときのように、やれやれとため息をついた。——怒ってみせたのはわざとだったということに気がつかなかったのですか？　霊は、弟子候補者の高潔さを試すために、性格をいろいろ変えてみろと命じていたのです。降霊術師は、弟子が黒魔術の誘惑に落ちるかどうか常に試さなくてはならないのだと、何度申し上げたでしょうね。魔法の円を横切るというような、メイソンの規則を破る行為は、善と悪の星気のバランスを崩しかねない。そのような不服従は降霊術師を傷つけることもあるのです。降霊会のあとでわたしが発作を起こしているのに気がついたことがあると思うのですが？　エリザの従兄弟のカールが円の外に出ていったとき、カリオストロが死ななかったのは幸運だったのです。麻痺したり、その場で死んだりしてもおかしくはなかったのですよ――。

魔法の円は些細なことではないとカリオストロは強調した。彼が両刃の剣で宙を切った磁気の秘法によってつくりだされたものだ。たしかに、彼でさえ磁力の働きはわからない部分がある。一七七八年、パリで、フランツ・アントン・メスメルは、磁力のある棒を使って、生命力を与えるエーテルの循環を妨げているものを患者の身体から取り除いて見せた。カリオストロも磁力のある剣を使って、悪霊を入れず善良な霊だけを入れるエーテルのバリアをつくりだしたのだと言う。「この至高の科学を極めれば、もっとよく理解できるようになるでしょう」

エリザはこうして話すたびに必ず安心するが、そのあと疑いは再び戻ってくる。馬車で見せたカリオストロの爆発を思い出すと、サンクトペテルブルグにいっしょに行くわけにはいかないと思う。精神的な危険が大きすぎた。彼の力を疑っていたということではない。しかし、彼が自分で口にしているその誘惑に負けてしまうのではないかと恐れていたのだ。カリオストロが黒魔術に手を出したらどうなるのだろう？　よく言われるように、番人を誰が見張るのか？　いらだったときに彼が「悪魔の口を借りる」のを聞いたことがある。それに、まるで邪悪な霊が身体に入り込もうとしているかのように、彼が床でのたうち、踵を床に叩きつけている様子を見たこともある。

ロシアで彼と二人でいるときにそうした悪霊が入り込んだりしたら、なにが起きるかわからないではないか。

エリザが感じとっていたように、おたがいに性的に惹きつけられていただけに、付き添いのいない旅はなおさら危険だった。そのうえ、伯爵夫人がオットー・フォン・ホーヴェンを相手になまめかしい振る舞いをしているのは決していいお手本とはならない。一時的に邪悪な霊に影響されて、カリオストロが彼女に言い寄ってきたりしたらどうなる？　あの引き寄せるような瞳と愛撫するような声に抵抗できるだろうか？一度など、彼女のシルエットを切り抜いた紙をじらすようにもって、それを使って魔法をかけることができると言った。考えると不安になる。眠っている女性を餌食にする夢魔《スクブス》というみだらな夢魔のように、彼が彼女の肉体と魂を誘惑するのを、どうやったら止められるのだろう。

宝探しの一、二週間後に、彼女の恐れをますます強める出来事があった。ある日弟子たちに囲まれていたカリオストロが、女性の意志に反して男を求めさせる薬をつくることができると自慢していたのだ。降霊術師の口からこのようにみだらな言葉が出るのを聞いて、メイソンたちは唖然としていた。同じ話のなかで、彼は、自分は古代の神と人が交わってできた半神だと不敬なことを主張した。そしてすぐに、こういうみだらなことを言ったのは弟子たちをテストするためだと説明したが、嫌な後味が残った。同じ頃、エリザと他のメイソンは、カリオストロが召使を罵りながら棍棒をもって追い回すみっともない姿を見た。どうしてこんな粗暴さと高度な精神性が一つの身体に同居できるのだろうか?

ある日、カリオストロの悪意が家族の中心に向けられた。エリザの八十二歳になる威勢のいい母方の祖母、コンスタンツェ・フォン・コルフ伯爵夫人をおおっぴらに呪詛したのだ。年寄り特有の無遠慮さで、彼のことをみんなの前でいかさま師と呼んだからだ。カリオストロは執念深い。彼女は死の酬いを受けなくてはならない。伯爵夫人は十二カ月以内に、正確には一七八〇年五月十三日に、朝食を普通にとり、そのあとで死ぬだろうと予言した。エリザや家族がいくら頼んでも、カリオストロの心を変えることはできなかった。

エリザはまた、父親から浴びせられる懇願にも耐えなくてはならなかった。クルランド=ゼムガレの熱烈な愛国者である父親は、カリオストロならエカテリーナ女帝を説得してこの国への鉄の支配を手放させることができるだろうと信じていたのだ。秘儀伝授者のカリオストロが女帝に気に入られたら、ミタウにとってどれほどの利益になるかわからない。女帝はカリオストロを公国の統治者にするとまで言い出すかもしれない。そうすることで、この国にもっと独立性をもたせようとするかもしれないではないかと、父親は主張した。

カリオストロはもっと微妙なやり方でエリザに圧力をかけた。彼に同行しないのを恥ずかしく思うように仕向けたのだ。一七七九年の四月末、霊媒が混乱してしまって不首尾に終わった降霊会のあとで、カリオストロは奥の部屋に引きこもった。悪魔と戦っている音が聞こえてくる。やがて青ざめた顔で出てくると、聖霊が、裏切ろうとしている人間の存在を感知したのだと告げた。イエス・キリストと同じように、カリオストロは深く信頼している人間に裏切られそうになっているという。弟子たちは誰のことだろうと不安そうに顔を見交わした。カリオストロは、彼を破滅させようとしている人間のためにいっしょに祈ってくれと頼んだ。また、毎日彼の肉体と魂に襲いかかる悪霊と戦う力を与えてくれるように祈ってほしいとも言う。

エリザは疑いと賞賛の二つの気持ちに引き裂かれていた。日記には、カリオストロには欠点もあるが、ロシアに発つ直前に与えてくれたさまざまな教えは崇高なものだったと書いている。彼の方針は寛容であると同時に深みがあった。エジプト密儀は、真剣に宗教を信じる人々すべてに開かれていなくてはならない。ユダヤ教徒であれイスラム教徒であれ、至高の存在と魂の不死を信じてさえいればいいのだという。

彼はミタウの弟子たちに、聖書をあがめるのと同じように、ペルシャのゾロアスター経典『ゼンド・アヴェスター』も、古代ギリシャの神話も、アイスランドの詩篇『エッダ』もあがめなくてはならないと説いた。ピタゴラスは異教徒だが立派な哲学者で、ソロモンは、物質的な関心のせいで精神の深みが限られてはいるが、すばらしい魔術師だと彼は考えていた。エジプト密儀は、ヘブライのカバラの秘法と、イスラムの占星術と、キリスト教の旧約・新約聖書の教義とが一体となったものだ。秘法と不死を伝えている聖書の重要な三つの章は、ノアの洪水のときに失われてしまったが、古代の偉大な魔術師たち——イエス、エリヤ、モーゼ——はその内容を知っていた。この預言者たちは天上の王国をずっと支配しつづけ、世界と文明の誕生と死をつかさどっているのだとカリオストロは教えた。

彼はモーゼに対して複雑な感情をもっていることを認めている。聖なる預言者ではあるが、エジプト人にとっては敵だからだ。カリオストロは弟子たちに、アブラハムから七代目のエノクの失われた教えについて話して聞かせた。エノクは何千年も前に、魔術の奥義を洪水から守るために地下寺院を建設した。その場所を記した白い大理石の柱をたて、のちの世の預言者がいつかその秘密を見出せるようにした（カリオストロは謙虚に、その預言者とは誰かということを口にしないでおいた）。七は特別な聖なる数字なのだとカリオストロは指摘した。七つの惑星、占星術の七つの星座、七人の大天使の力が、人生について教えてくれるのである。

カリオストロはエリヤの弟子だと自称していた。エリヤは彼の指導霊なのだという。エリヤと同じように、真のエジプト派メイソンは人間の姿のままで天国に昇ることも望める。エリヤは天使の運ぶ乗り物で天に運ばれていったではないか。この密儀の最高位にまで達すれば、メイソンは魂が明るい光で照らされる魔法の王国に入り、果てしない天空と千年の時を超えて聖霊とともに天翔けることができる。アレクサンダー大王はこうして天に昇った。カリオストロは大王の弟子たちとアレクサンドリアで会ったことがあるという。

そして、とカリオストロは続ける、たとえ天に昇る前でも、真の弟子たちは原罪の汚点を拭い去り、霊的な完成と永遠の生命にたどり着くことができる。しかし、そこまでの純粋さを達成するには、行く手に待ち受ける恐ろしい試練を乗り越えなくてはならない。第一段階に到達したメイソンは七十二人だけで、第二段階は四十八人、このように最終段階まで昇っていく。最終段階には十二人の不死の人がいて、世界の霊的な統治者として永遠に君臨する。しかし、悪魔の呪術師がたえずこの真実の道からそれさせようと誘惑するのを覚悟しておかなくてはならない。目安として、呪術師は「er」で終わる名前の霊を信頼し、「el」で終わる名前の霊を遠ざける。

彼はまだ第三段階にすぎないが、次の段階に移るしるしとなる「死と再生」はいつ何時やってくるかわからないと思っている。たとえ死んだように見えても、彼は不死鳥のように熱い灰のなかからよみがえるのだ。彼は、極秘だがと断ったうえで、自分の名前がカリオストロではないことまで打ち明けた。スペインの伯爵でもない。便宜上名乗っているこの身分は、大コプトから与えられたものだ。大コプトにはヴェネツィアの魔術師フレデリコ・グアルドという名で何世紀も仕えてきた――。

こうした教えのおかげで、カリオストロが出発するときにはエリザの疑いはほぼ消えていた。カリオストロは真珠のネックレスをロシアまでもっていって、そこで有名な秘法を使って珠を大きくしてくれという頼みを拒否した。聖なる魔術を浅薄な利益のために行なうことは認められないという。また、エリザが、霊と話ができるように第二段階に昇格させてくれと甘い言葉で頼んでも、うんとは言わなかった。ほかの人と同じように、きちんとメイソンの位階を通過しなくてはならない。近道はないんですよ、と厳しく言った。

「キリストが預言者の、あなたがたの言い方では救世主の重荷を担う前に、悪魔が彼を寺院のてっぺんに連れて行き、世界中の宝のありかを教えてやろうともちかけたが、彼の純粋な魂を動かすことはできなかった。そのとき初めて、彼は奇跡をとおして世界を幸せにする力を得た。あなたも同じことだ……宝に誘惑されないようにすることが必要だ。そうすれば宇宙の偉大なる建築者が神秘に続くあなたの道を見守ってくださり、最後には、人類のために偉大な働きができるようにしてくれるだろう」

そしてエリザは、ミタウに残ると固く決意していたのに、メイソンの偉大な使命を支持するというエカテリーナの言葉を得たとカリオストロが知らせてきたらすぐに、父親といっしょにサンクトペテルブルグに旅することに同意してしまった。人生でもっとも驚くべき二カ月が過ぎ、伯爵が悲しそうな弟子たちを抱擁し祝福し、馬車に乗り込むのを見ていたエリザの心は、まだ揺れに揺れていた——この非凡な男、崇高な教えをもたらし、彼女の罪悪感を拭い去ってくれた男が、実は呪術師なのだということがあるのだろうか？

サンクトペテルブルグめざして馬車が揺れながら遠ざかるにつれて、エリザ・フォン・デア・レッケの目には涙が浮かび、カリオストロ伯爵の「天国の子どもたち」の一員であるという誇りが湧きあがってきた。

3

シャーマン

Shaman

シャーマニズム

シベリアのウラル=アルタイ地方の原始宗教。

すべての善と悪は霊によってもたらされ、霊と交信できるのはシャーマンだけだと考えられている。

シャーマン

アジア北方部族の司祭、あるいは司祭兼医師。

そこから広がって、他の地域の似たような役割を果たす人物もこう呼ばれることがある。

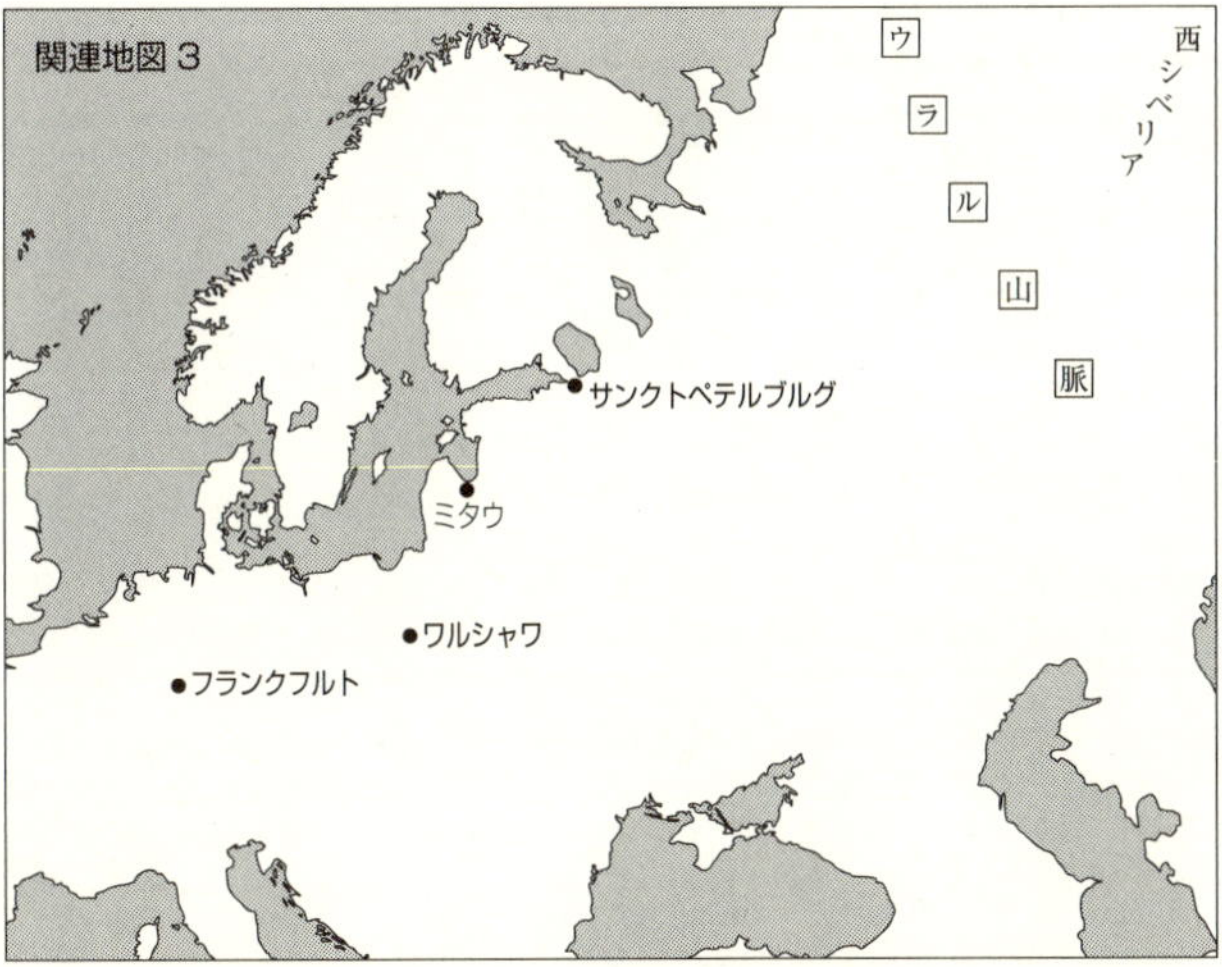

一七七九年六月の第二週、カリオストロ伯爵夫妻はロシア帝国の首都サンクトペテルブルグに到着した。バルト海に面した港リガからカポルヤという粗末な宿場までの道中は延々と湿地帯が続き、気が滅入るような光景だっただけに、クルランド＝ゼムガレを離れたことで悲しくはあったが、サンクトペテルブルグに着いて有名な金色の丸屋根やバロック様式の宮殿、それに背の高い町の建物を目にしたときは救われたような気持ちになった。

この「北のパルミラ（シリアの古代都市）」は、ヨーロッパのもっとも荒涼とした土地に建設されていた。湿地帯で蚊が多いネヴァ河河口の砂洲、泥地、島の上にできていたのである。フィンランド湾の東側、奥まったところにあって、川は冬のあいだじゅう凍りつき、春の奔流のような増水でやっと氷が溶ける。しかし、ピョートル大帝はその地に将来の「楽園」を見てとった。一七〇二年にスウェーデンからこの土地をもぎとると、農民の一隊を送ってじくじくと水の出る土地の権利を主張させ、木造の漁師小屋がわずかに建っていた場所を大都市に変身させた。サンクトペテルブルグは一七一二年に正式に首都を宣言され、人口二十万以上のモデル都市となった。ヨーロッパ中からやってきた才能ある建築家、建設職人、工芸家、造園師、芸術家たちが、ピョートルの夢をきらめく都市のエレガンスに結晶させた。十八世紀末には、西に向いた港には千隻もの船がもやっていた――ヨーロッパからの商船、東洋のガレー船、増大しつつあるロシア艦隊のフリゲート艦。

カリオストロの馬車はまっすぐな楓並木の大通りを進み、できたばかりの劇場、立派な広場、広い運河、木やレンガでできたロココ調の邸宅を過ぎてロシア帝国の権力の中枢へと向かった。数時間のうちに、伯爵夫妻はイギリス人のミラー中将からケ・デュ・パレというすばらしい地区にある広い住まいを借りていた。廷臣や外国の大使や将軍たちの邸宅が並ぶ花崗岩の河岸に近い。

ケ・デュ・パレのはずれから、カリオストロがこれから攻め込むつもりの城が見えた。不規則に広がった、エカテリーナ二世の冬の宮殿である。ピョートル三世によって建てられたあと、最近になってスコットランド人の建築家、チャールズ・キャメロンが当世風のイタリア様式に沿って改修した。寒さも湿気もものともせず、オランダ風あずまや、温室、異国の鳥が羽ばたく鳥類舎を誇示していた。カリオストロはエルミタージュ宮殿の建物を歩く自分の姿を思い描いた。三つの建物が覆いのついた通路でつながっている。エカテリーナが友人たちを歓待する場所だ。学術的な図書、貴重な絵画、精妙な科学的展示物を見てまわる。そしてグリーンのカーペットが敷かれたエカテリーナの寝室にもぐりこむことさえあるかもしれない。彼の前にも伝説的なエカテリーナの欲望を楽しんだ男はおおぜいいる。

しかし、宮殿の向かいにはもう一つ、エカテリーナの所有する建物がある。できれば入らずに済ませたい場所――巨大なペトロパヴロフスク要塞、エカテリーナが敵を歓迎する場所である。高さ十メートルの壁をくぐるための正面入り口の上にはワシが載っていて、ロシア帝国はバスティーユの建設にかけてもヨーロッパと肩を並べることができると誇示しているようだ。

だが、カリオストロ伯爵は失敗を想像して時間を無駄にする人間ではない。その日のうちに、クルランド＝ゼムガレ生まれで現在はロシア近衛連隊に所属するカール・ハインリッヒ・ハイキング少佐を訪ねた。なかに通されるとカリオストロは誇らしげに少佐に紹介状を渡した。カリオストロは差出人を謎めかしてブラザーⅡと呼んだが、実はオットー・フォン・ホーヴェン、セラフィーナの最新の獲物である。ハイキングはベルリンのグランド・ランデス・ロッジで入会していたので、厳修派の会員にはとりたてて好意をもってはいなかった。しかし、ミタウの古くからの知り合いが熱心に推薦しているのだから、友好的な反応が返ってくるはずだった。

だから、よそよそしい態度を見せられてカリオストロは驚いた。めちゃめちゃのフランス語で話しかけると、少佐は完璧なイタリア語で返事した。だが、無知な野蛮人にでも話しかけるような恩着せがましい調子だった。フォン・ホーヴェン伯爵の手紙にはカリオストロの興味深い妻についても書かれていた。そこでハイキングは彼女に会いにケ・デュ・パレまでついていくことにした。少佐はひどくがっかりした。ゴージャスなイタリアの王女を期待していたのに、現実のセラフィーナは目の縁を赤くしたくたびれた中年女で、キャバレーの綱渡り芸人のようにしか見えなかったからだ。

カリオストロは少佐を「われわれの組織の傑出した同朋」とセラフィーナに紹介し、すぐに用件に入った。「わたしはエカテリーナ女帝に会いに来たのです。この東方の地に大いなる光を広めるためです」。とくに、真のフリーメイソンの大義を改革し、前進させたいと考えている。「わたしは薔薇十字団の要職にあります」と傲慢に言い放ち、薔薇十字団の徽章を見せた。

ハイキングは感銘を受けた様子もなく、徽章がポーランドのありふれた聖スタニスワフ星章を雑に作り変えたもののように見えると言った。伯爵が、自分のが盗まれたのでこれはフォン・ホーヴェン伯爵から借りてきたものだと説明すると、少佐はにやりと笑った。

カリオストロはあわてた。「あなたの疑り深さと無知は許してあげましょう……どれほど位階をもっていようが、フリーメイソンではまだ子どものようなものですからな。あなたを震え上がらせることなど簡単にできる」

「そうですね、熱病を伝染《うつ》せばいい」。少佐はからかった。

「そのとおり」。カリオストロは怒っていた。「霊に命令できるカリオストロ伯爵に必要なのはどんな熱病かな？」

その険悪なやりとりの最中に、スペイン代理大使の召使が、サンクトペテルブルグ大使館にただちに公式信用状を提出するようにという要請状をもって入ってきた。カリオストロは怒りを爆発させた。これはやりすぎだ。そのけちな役人はわたしを誰だと思っているのか。地獄にでも行くがいい。

ロシアでは、そのような態度は賢いやり方ではないとハイキングは警告した。あっという間に女帝の恐ろしい警察が襲いかかることになる。いらだった気分を鎮めるために、カリオストロは深く息をついた。そして、うぬぼれの強い少佐にいっしょに食事でもどうかと丁重に尋ねた。食卓につくと、二人は化学の話を始めた。ハイキングは専門家のようにもったいぶって話す。カリオストロは我慢できなくなって、知ったかぶりの役は自分のほうに取り戻すことにした。

「化学は、錬金術を知っている者にとっては児戯に等しいと言えましょう。そして、霊に命令することができる者にとって、錬金術などなにほどのものでもない。わたしは黄金をもっています（ポケットの金貨を叩く）。ダイヤモンドももっています（ぶざまな拵《こしら》えの黒ダイヤの指輪を見せる）。ですがわたしはそういうものではなく、人間を支配する霊的な存在に働きかけるのがいちばん嬉しい。そうした霊的な存在というのは、肉体から解き放たれた死者の魂なのです。わたしはそうした霊を呼びだし、質問に答えてもらっています」

ハイキングのあざけるような笑いを見て、カリオストロは続けた。「あなたに疑われてもなんとも思っていませんよ。わたしが征服し、粉砕してきた強情な人はあなたが初めてではない……そのうち、カリオストロ伯爵とその力を思い知ることになります」

翌日、代理大使のノルマンデスが、カリオストロを山師扱いしてさらに侮辱を加えた。この外交官は、外国人のフリーメイソンはロシア宮廷とサンクトペテルブルグの社交界では歓迎されないと乱暴に言い渡した。また、スペイン軍の大佐と名乗るのをやめるようにとも命じた。以前ペレグリーニ大佐と名乗って、スペイン貴族の持ち物だった高価な銀のステッキをもってカディスから逐電したことを知っていたのだ。

到着したばかりの預言者にとって幸先がよいとはいえなかった。これではエカテリーナの宮殿よりもペトロパヴロフスク要塞に招かれる可能性のほうが高そうだった。

エカテリーナ女帝の怒り

カリオストロが、寒いサンクトペテルブルグと、無慈悲と悪名高いエカテリーナ女帝の目を眩ますことができるとこれほど自信をもっていたのはなぜだろうか？

カザノヴァにも少しは責任がある。彼は一七六五年にクルランド＝ゼムガレ、ロシア、ポーランドを回ったときに大成功をおさめた自慢話をするのが好きだった。ファルッシ伯爵と名乗ったカザノヴァは一文無しだったが、ド・ビロン公を説いてクルランド＝ゼムガレの鉄鉱と銅鉱の調査費用として大金を出させた。エリザの気難しい祖母をはじめ、ミタウの貴族たちをその魅力で虜にし、次にクルランド＝ゼムガレからの紹介状を利用してサンクトペテルブルグでもっとも有力な貴族たちと親しくなった。そのなかにはロシア軍砲兵隊の将軍ピョートルとその兄で大蔵大臣イワンのメリッシノ兄弟をはじめ、大臣のイワン・イェラーギン伯爵、外務大臣のニキータ・パニン伯爵も含まれていた。

こうした貴族たちはエカテリーナと親密だった。誰もカザノヴァを宮廷に正式に紹介する危険を冒そうとはしなかったが、宮廷で開かれた仮面舞踏会には招待した。抜け目のないカザノヴァはすぐにエカテリーナの仮装を見抜き、あとをついてまわった。自己紹介を控えたのはただ巨大なボディガード、グリゴーリ・オルロフのせいだった。

オルロフはエカテリーナの前夫ピョートル三世を素手で絞め殺したと言われている。一、二週間後、ネヴァ河の左岸にある夏の庭園を散歩する女帝になんとか顔を合わせることができた。才気のあるおしゃべりで女帝を引きつけ、同じ庭園であと何度か会うことができた。

カザノヴァがなにを望んでいたのかははっきりしていない。ニキータ・パニン伯爵は、エカテリーナが政府の実入りのいい役職を与えてくれるかもしれないとほのめかしていたが、カザノヴァが違う種類の仕事を望んでいた可能性は高い。四十歳になっていたカザノヴァは、情事にかけては相変わらず高い目標を掲げていた。彼より五歳若かったエカテリーナは、美しいというよりは印象的で、がっしりしてはいるが上品で、肉感的で、非常に知的だった。権力もまた強力な媚薬となる。エカテリーナにはそれがたくさんあった。エカテリーナは性に貪欲だとの評判が高く、現在であれ過去であれ、気に入った男に気前よくすることもよく知られていた。たくましい若い近衛兵も、彼女に合わせる

ロシア女帝、エカテリーナ二世
(パリ、フランス国立図書館)

には精力剤がたっぷり必要だと言われ、みんなが喜んで口にするジョークは、サンクトペテルブルグでいちばん高価なのはエカテリーナの運河だというものだった。しかし、女帝が彼の魅力に抵抗したことにカザノヴァは驚いた。彼は数コペイカで買った若い農奴の娘で我慢するしかなかった。

自信たっぷりのカリオストロは、カザノヴァが失敗したところでも自分は成功できるだろうと思っていた。胴回りこそ増えつづけていたが、カリオストロは自分の魅力に自信をもっていた。ミタウでエリザをたぶらかしたことは、それまでも小さくはなかった自尊心をますます大きくしていた。

しかし、一七七九年には、エカテリーナは恋をしたい気分ではなかった。更年期が始まって、気分は激しく変化していた。イギリス使節のジェームズ・ハリス卿によれば、エカテリーナは絶えず、肥りすぎで脚が腫れ息が切れると愚痴っていたという。カリオストロが到着した頃はちょうど、愛人のイワン・リムスキー＝コルサコフに裏切られて、セックスについての自信も粉々に打ち砕かれていた。そのうぬぼれ屋の若い軽騎兵は、宮殿の一室で女官のブルース伯爵夫人と事に及んでいる現場をエカテリーナに押さえられたのだ。伯爵夫人はいつも愛人候補生の性能試験をしていたが、リムスキー＝コルサコフは見事にその試験にパスし、次のコースに進んでいた。エカテリーナは傷ついて落ち込んだ。少なくとも、翌年の初めにもっと可愛い近衛兵のランスコイ伯爵を見つけるまでは。

カリオストロが征服をたくらむなら、性の魔術ではなくメイソンの魔術に集中する必要があった。ロシア貴族のあいだにフリーメイソンが深く根を下ろしていることはわかっていた。カザノヴァのコネはすべて有名なフリーメイソンだったのだ。この運動はロシアにもともとあった神秘志向に訴えかけたことと、社会的なはけ口がほかになかったことから、ロシア貴族のあいだに瞬く間に広がった。ロシアの将軍、メリッシノ伯爵は、エカテリーナを後援者に独自の「メリッシノ儀礼」を創設した。カリオストロが同じことをやって悪いわけはない。メイソンの情報源から、サンクトペテルブルグとモスクワに厳修派と薔薇十字団のロッジがあると聞いていた。これが足がかりになる。ほかの場所と同じように、高貴な女性の意を迎える「養女ロッジ」がないことが、主導権を握るチャンスとなる。とくに、女帝自身と手を握るチャンスとなるかもしれない。

ここでカリオストロはひどい計算違いをした。エカテリーナはフリーメイソンを嫌っていたのだ。メリッシノ兄弟とイェラーギン伯爵の月並みなロッジを後援したのは、簡単に閉鎖させるには貴族的すぎたからだった。警戒は怠るまいとエカテリーナは思っていた。一七七九年には、独裁的な側面が若い頃の自由主義的な傾向を上回っていた。メイソンのロッジを組織し運営していくことは、たとえロッジが公然と政治に関わらなくても、会員間の民主主義的傾向を促進するだろう。少なくとも、メイソンのロッジは政敵が育つ温床となりかねない。熱烈なロシア民族主義者である彼女は、フリーメイソンが外国とつながりがあることも気に入らなかった。とくに気に入らなかったのは、ドイツ人がロシア軍のなかにつくったロッジだった。一七七〇年代には、ロシア人メイソンのかなり多くの数が、グランド・マスター、ブランズウィック公フェルディナントに忠誠を誓っていた。エカテリーナは当然これを彼女の統治権に対する侮辱と考えていたのである。

彼女はメイソンの運動でもオカルト的な部分がとくに嫌いだった。生まれつきの気質と受けた教育のせいで、エカテリーナは非常に理性的な人間だった。若い頃にヴォルテールやディドロといったフランスの哲学者に心酔していたので、宗教的な神秘主義には我慢ならなかった。人生のあらゆる側面においてその好みが顔を出した。彼女はサンクトペテルブルグの明快な幾何学的な線が好きだった。合理性を発散していたからである。教会だらけのモスクワの光景を見ると身体の具合まで悪くなった。ドイツ領ポメラニアの厳格で理性的なプロテスタントの雰囲気のなかで育ったエカテリーナは、ロシア領民は救いようもなく迷信的だと思っていた。当時のフランス使節、ドコルブロン卿は「ロシアには十四世紀と十八世紀が同居している」と書いたが、それは多くの外国人の感情を要約している。しかし、文明化された部分でさえ、その文明は表面的でしかなかった。ここは、衣服を着た野蛮人の国なのだ。

エカテリーナは政治的な理由からロシア正教に改宗していた。そして、教会は単に国家を支配するために役立つ武器にすぎないと考えていた。神秘主義的なメイソン運動に見られる不思議な雰囲気をひどく嫌った。ばかげていると同時に危険がある。賢者の石を探したり霊的陶酔状態になったりするのはせいぜい大目に見ても子どもじみているし、悪く考えればカルト宗教と無秩序の源となる。一七六二年に正当な皇帝――夫のピョートル三世――から皇位を奪ったエカテリーナは、治世のあいだずっと皇位をねらう狂信的な人間に悩まされてきた。そういう連中は伝統的な秩序を旗印に社会不安をかきたてている。昔から確立されている農民一揆の形を利用し、この世の終わりを告げ天国に生まれ変わるという約束を語って不満をもつ層や民族グループを糾合していた。

これまでの反乱でもっとも深刻だったのは一七七三年のプガチョフの乱だった。黒ひげのコサック、エミリアン・プガチョフはウラルの南から現われてピョートル三世の生まれ変わりと称し、不満をもつムスリムやコサックや農奴に「悪魔の娘」の打倒を呼びかけた。ロシア東部と南東部ではレイプや残虐行為が横行し、おおぜいの死者が出た。プガチョフは結局裏切られてモスクワへ送られ、打ち首にされ身体を四つに切り離された。

一七七九年、エカテリーナはフリーメイソンが反乱分子だとまだ確信しているわけではなかった。しかし、カリオストロがメイソンの救世主のようになってしまうことを恐れていた。エカテリーナはのちに腹心のドイツ文学者メルキオール・グリムに、「カリオストロは彼にとっていい時にやってきた。霊を見たがっているメイソンのロッジがいくつもあったからだ」と言っている。もし霊がそのあたりを漂っているのなら、息子のパーヴェル大公にはそれを見せたくないものだと彼女は思った。今でさえ神秘的なメイソン運動に興味を示しているのだ。パーヴェルは芯が弱く夢見がちで、カリオストロのような魔術師の怪しげな教義にすぐ参ってしまうタイプだとエカテリーナは思っていた。

それだけではない。息子はメイソン組織をロシア帝国の基礎にしようと考えるほど愚かだった。プロシアの外交官とメイソンたちが若い大公に言い寄りはじめているとスパイが報告してきていた。息子が政権転覆をたくらんでいるのではないかという疑いは、エカテリーナの鉄の神経を揺さぶっていた。家族によるクーデタは、ロシア統治者にとっては職業上の危険のようなものだった。それに、エカテリーナ自身の血なまぐさい過去――夫と王位継承者の少年イワン六世を殺したと言われている――が彼女の妄想をかきたてていた。

カリオストロ自身は気がついていなかっただろうが、彼はすでにエカテリーナから見ると許しがたい罪を犯していたのだ。クルランド＝ゼムガレの政治に口を出したことである。ピエール・ド・ビロンのロシア追随政策を嫌うミタウの貴族グループが、カリオストロがド・ビロンにかわって統治者となることを期待しているといった意味のことを漠然とほのめかしていた。なかには、カリオストロが仲間のメイソンであるプロシアのフリードリヒを動かして、民族と宗教が分裂しているこの公国へのプロシアの影響力を強めさせるかもしれないと期待している貴族もいた。そんなことを思っている連中は寝ぼけているのだ。クルランド＝ゼムガレは事実上ロシアの一地方だったのだから。エカテリーナの同意がなければ統治者を変えることもできない。フリードリヒ自身もそれに異を唱えるつもりはなかった。だから、カリオストロが公国の政治に色気を見せているという漠然とした噂だけで、エカテリーナの怒りをかきたてるには十分だった。エリザの父親のような少数の愛国者は、偉大なエジプトの降霊術師が女帝の目を眩ませてビロンにかわって王位を与えられるのではないかと期待していた。とんでもない間違いだった。当のカリオストロでさえその提案を拒否していた。その話が非現実的なことに気づいていたのか、セラフィーナが言うように、目につくのを恐れていたのか、どちらかだろう。

彼はたしかに目をつけられていた。エカテリーナはクルランド＝ゼムガレをしっかりと見張っていた。バルト海に開けた長い沿岸はロシアが西進するのに欠かせない足がかりだったし、公国はプロシアやオーストリアの東への野心に対する緩衝材となっていたのだ。エカテリーナはピエールの父エルンスト・ド・ビロンを一七六三年に王位につけたとき、ロシアの敵とは交渉しないという協定を押しつけていた。この協定はフリーメイソンにも拡大適用された。あるフランスの外交官が一七七六年三月から四月にかけて流れた噂を報告している。フリードリヒがクルランド＝ゼムガレのメイソン・ロッジを支配下におさめようとしてエカテリーナを怒らせたという噂だった。エカテリーナはそれをやめさせるため、外国人顧問で秘密の夫だったグリゴーリ・ポチョムキンにクルランド＝ゼムガレの王位を与えようかと考えたという。最終的に気が変わったのは、その男を信用できなかったからだ。将来ライバルになりそうな男よりは脳なしの操り人形のほうがましだった。かわりに、クルランド＝ゼムガレの政治状況を念入りにスパイに報告させることにした。

エカテリーナは、帝国への脅威となるものにはもっとも無慈悲な気質をむき出しにした。厄介の種になりそうな人間はすぐさま「秘密遠征隊」の注意を引く。ロシア式鞭の名人、ステパン・シェシュコフスキーが率いる秘密警察である。カリオストロは気づいていなかったが、サンクトペテルブルグに到着したときにはすでに要注意人物となっていたのだ。若いハイキングの敵意も、一部には、このインチキスペイン大佐にしてエジプト・フリーメイソンは実はプロシアのスパイだという噂が流れていたせいだった。ノルマンデスが最終通告を送りつけた早さも、前もって用意されていたと考えれば納得がいく。

哀れなカリオストロ——彼はたしかにエカテリーナの注意を引きつけた。だが、その中身は、彼が期待していたのとはまったく違っていたのである。

女帝主治医の挑戦

カリオストロの自信はそう簡単にへこんだりはしない。彼は、十五年前にカザノヴァを歓待したのと同じ貴族のグループからはもっと温かい歓迎を受けた。歓迎してくれたのはメリッシノ儀礼のメリッシノ将軍。国務大臣のイェラーギン、イェラーギンは十四のロッジを支配している。そしてアレクサンドル・ストロガノフ伯爵はフランス大東社《グラントリアン》の役職者だった。

なかでも熱意を見せたのは、フランス使節、ド・コルブロン卿であるマルク＝ダニエル・ブーレだった。才気あふれる辛らつな三十歳の元兵士で、エカテリーナのイギリス寄りの政策を変えさせようと熱心に働きかけていた。疑わしい新来者には関わらないほうが利口だったはずだ。しかし、ド・コルブロンは神秘主義的なメイソン運動にはまっていて、外交上の野心はあとまわしになっていた。ずいぶん前からリヨンのエリュ・コーアンというロッジのメンバーだった彼は、一七七七年に厳修派の聖堂騎士団にも加わっていた。カリオストロが来たことで興奮しすぎて、エカテリーナから頼まれた。あざけるように「霊の探険家」と呼ばれたほどだった。

当然ながらカリオストロは地元のメイソンたちからオカルトの秘術を見せてくれと頼まれた。ロシアのロッジでは、テストとして予言などより治療行為のほうが好まれていた。薔薇十字伝説にはかならず癒しの場面があり、信奉者たちは、カリオストロのような上級者ならそうした技術をもっているのが当然だと考えていた。もちろん医療行為をするのは初めてではない。訓練を受けた薬剤師として、彼は独自の鎮痛剤、強壮剤、媚薬をつくりだしていた。ミタウではエリザのために強壮剤をつくってやり、彼の医学についての考えを少し話した。たとえば、彼はイムディーナでヨーロッパの医学とはまったく異なった医学を習ったという。脈だけではなく、「顔色、外見、歩き方、身体の動き一つ一つをもとに診断する……病気は血液と血液の循環にも原因がある。医師がもっとも注意しなくてはならないのがその点なのだ」。だがいくら医学に詳しくても、彼の天職はやはり聖霊を呼びだすことのほうにあった。

しかし、カリオストロはまもなく、ロシア・メイソンの上級者たちから薔薇十字治療者としての技を見せてくれとのっぴきならない要求を突きつけられた。ロンドンやミタウのときと同じく、彼はすぐに挑戦を受けた。今回は自分でも驚くような結果が出た。ド・コルブロンは、カリオストロがためらいもなくストロガノフ伯爵の神経の病を治したと書きつけている。伯爵はメイソンの上級者で、かなり深刻な神経の病を長いあいだ患っていた。ほかにも治療の効果が即座に現われることが続き、カリオストロは自分の治療師としての才能に目覚めることになった。病を治す能力は彼のメイソンとしての能力のレパートリーを増やすだけではなく、彼の性格と自己認識にも重要なものをつけくわえた。ジュゼッペ・バルサモからカリオストロ伯爵への変身において、医療は、錬金術と予知能力に加えて第三の魔力となった。

当時の基準では、カリオストロの医学知識は魔術であると同時に「科学」でもあった。彼はド・コルブロンに「極上に精製された水」の調合法を与えた。一九三〇年代にフランスの医学史学者ラランド博士（マルク・アヴァン）は、カリオストロがつくった健康増進剤、鎮痛剤、膏薬、霊薬《エリクシール》の処方箋を九つ集めて分析した。下剤作用のあるハーブティー、顔用ポマード、咳止め、胃薬、テレビン油丸薬、バルサムの樹脂、下剤の粉薬二種類、サッカリン油の九つである。ラランドの鑑定では、すべて無害か有益なものだった。

口先だけの当時の医師とは違って、カリオストロは彼の薬の効能について途方もない主張をすることはほとんどなかった。病人を治療する技を見せるようになってからは、彼の治療の力は神の助けによるものだと主張していた。その助けがなければ、どんな薬を処方してもそれほど効き目がないと彼は言った。単にうまくいかなかったときの保険をかけていただけなのだろうか？　それともほんとうに霊との特別な結びつきをもっていると信じていたのか？　時にはぜんぜん薬を使わないこともあった。霊との交信のなかに治療を含めていたのだ。そのようなときには、霊が霊媒をとおして治療を行なった。時には、ただ病気に消え去れと命じるだけのこともあった。どんな方法を選んでも、非常に重大な病気に対してさえ効き目があったようだ。ド・コルブロンは、カリオストロがサンクトペテルブルグでもっとも有力なフリーメイソンのイワン・イェラーギン枢密顧問官を治療したと記録している。マダム・ブルトゥリーヌの非常に困難な出産を成功させたとも、また、ガンにかかって他の医者がさじを投げていたイワン・イスリエニエフという名の査定官を救ったともいう。

並外れた自信家のカリオストロは、どんな難題にも立ち向かい、即興で事に対処した。カリオストロが自分の行為を語った文書は非常に少ないが、その一つで、サンクトペテルブルグで危険な狂人を治療したときのことを伝記作者が書いている。

ロシア女帝の大臣の一人に、理性を失って自分が神より偉大だと思いこんだ弟をもつ人がいた。男が怒り狂うと、その暴力を抑えることは誰にもできない。男は大声でわめき、全世界への脅しと神への侮辱を口にした……その大臣が弟を治してくれとわたしに頼んだ。わたしが行ったとき、彼は怒りにとりつかれていて、獰猛にわたしをにらみ、腕を振り上げた。鎖につながれていたが、わたしに飛びかかりたいと思っているようだった。男は叫んだ。「やつを深い穴に投げ込んでくれ、偉大な神の前にあつかましくもまかりでるとは。すべての神に命令し、遠くに追いやった偉大な神の前に」。しかしわたしは、すべての恐怖を無視し、自信をもって近づき、こう言った。「狡猾な霊よ、汝はそこにいるのか？ このわたしを知らないのか？すべての神の神であり、マルスと呼ばれるわたしのことを。至高の高みから地上まで力を振るうこの腕が見えないのか？ 汝に哀れみを見せ善きことを行なうためにわたしはやってきた。癒す力をもつばかりではなく、物事を消滅させることもできるこのわたしを受け入れなさい」。そして大きな一撃を振るうと、男は仰向けに地面に倒れた。番人たちが立たせると、男はいくらかおとなしくなっていた。わたしは食べ物をもってくるように命じ、男には食べさせず、一人で食べはじめた。男が謙虚になったのを見て、わたしは言った。「謙虚さのなかに救いはあるという。わたしの前にすべての力を投げ出しなさい。来て食べなさい」。そして彼が少し食べたあとで、馬車に乗り、町を出てネヴァ河の岸まで行った。番人たちがわたしの指示にしたがって小船を用意していた。わたしたちが乗り込むと、小船が漕ぎ出された。恐ろしい目にあわせれば回復の助けになるので、彼を河に投げ込もうと思い（助け上げる人間は配置してあった）、彼をつかまえると、向こうもわたしにしがみついてきて、二人いっしょに河に落ちた。彼はわたしを川底に引きずり込もうとした。わたしは上になって体重で圧倒し、しばらく格闘してからうまく手をすり抜け、水の上に出た。彼は番人たちに引き上げられ、馬車に乗せられた。そして家に戻って服を着替えると、彼はわたしに言った。「実は、あなたがマルスだということはわかっています。あなたにかなうような力はどこにもないから、すべてあなたに従います」。わたしは答えた。「あなたが神のライバルではないように、わたしもマルスではない。あなたと同じような人間なのだ。あなたはプライドという悪魔にとりつかれ、正気を失ってしまった。わたしはあなたをその邪悪な霊から解き放つためにやってきた。もし、すべてわたしに従うつもりがあるなら、普通の人間になりなさい」。その日から、彼は治療を始め、妄想のなかにさまよっていた正気を取り戻した。

こうした奇跡的にも見える治療のせいで、カリオストロはすぐに、ロッジやサロンや新聞で話題の的になった。『サンクトペテルブルグ・ニュース』も、この外国人治療者が治療費を受けとろうとしないというセンセーショナルな事実を伝えている。裕福な廷臣のゴリツィン公夫妻は、死にかけていた赤ん坊を二十三時間あずかって治してくれたカリオストロに礼金を押しつけようとした。疲れきったカリオストロは彼らの申し出を断った。人間としての情からやったにすぎないというのだ。

カリオストロは本物の利他主義から行動したのだろうか？　それとも自己宣伝のためだったのか？　自己宣伝の気持ちはおおいにあったに違いない。エカテリーナの主治医、ジョン・ロジャーソンとの有名な対決のときはそれが明らかだった。一七八〇年のはじめ、ロジャーソンはケ・デュ・パレのカリオストロの屋敷を訪ねた。この魔術師と対決するためである。カリオストロは彼の患者を治して彼に屈辱を与えていた。グラスゴーで医学教育を受けていた短気なスコットランド人の医師は、ただのいかさま医師がこんな無礼を働くのを許しておけなかった。カリオストロはこの対決の様子も語っている。

サンクトペテルブルグでの出来事をお話ししよう。ロシア女帝の主治医はわたしを憎んでいた。わたしが彼の無知を見せつけたからだ。彼はわたしの家に来て叫んだ。「外に出てわたしと戦え」。わたしは答えた。「あなたがカリオストロと戦おうとして来たのなら、わたしは召使を呼んであなたを窓の外に放り出させる。医師としてのわたしに挑戦するというのなら、それに応えてやろう」。すると彼は驚いて、「医師に対して挑戦するのだ」と答えた。実際、わたしにはおおぜいの召使がいたのだ。そこでわたしはこう言った。「さあ、わたしたちは剣で戦うのではない。医師としての武器を使おうではないか。わたしが与える砒素を飲みなさい。わたしはあなたから与えられた毒を飲もう。それで死んだほうが偽者だとわかるだろう」

ロジャーソンは尻尾を巻いて逃げ出した。

ロジャーソンはエカテリーナにせっつかれて挑戦したのかもしれない。彼女はこの主治医を怪しげな特別任務に利用することが多かった。愛人候補生がベッドに入るのを許される前に、性病がないかどうかを調べたり、もしも働きが十分ではないようなら催淫剤を処方することも職務のうちだった。ロジャーソンがカリオストロの活動に関する噂をエカテリーナに伝えていたことは間違いない。フランス使節のド・コルブロンも、この医者がイギリス使節ジェームズ・ハリス卿のためにもスパイとして働いていると信じていた。

ロシア「追放」

エカテリーナの主治医を侮辱したあとのカリオストロの動きは、破壊活動すれすれだった。一七八〇年の初め、彼はサンクトペテルブルグの貧しい人々を無料で治療しはじめた。エカテリーナは肝をつぶした。旧体制のほとんどの人々と同じように、彼女は博愛的な行為を信用していなかった。政治的な反抗心を生み出す可能性があるからだ。大衆に顔を向けたカリオストロは心ならずも民主主義者の烙印を押されてしまった。貴族のあいだでメイソンの技を見せているだけでも厄介なのに、大衆を相手に人気とりを始めるとは――エカテリーナは啞然とした。こんなことをやれば、カリオストロはシャーマンという立場を利用して終末を予言し、第二のプガチョフになりかねない。鉄の女帝の忍耐は尽きようとしていた。

カリオストロはなぜ自分のイメージと行動をこれほど決定的に変えてしまったのだろう? それまで彼は、自分が出てきた階級に手を差し伸べることはなかった。エカテリーナに拒絶されたことで、無理やりに彼女の注意を引く行動に走ったということも考えられる。また、ほんとうにロシアのシャーマンに魅せられたという可能性もある。シベリアのウラル＝アルタイ地方に伝わる民族的魔術師は、霊を呼びだすほかにも大衆の治療を行ない、人々から深く尊敬されていた。その職業はカリオストロの偉大な三つの技能を組み合わせたものだ。つまり、魔術と宗教と医学である。どこに旅しても地元の色を身につけたがるカリオストロが、シャーマンにならない理由はない。

サンクトペテルブルグの貧民たちは、カリオストロの心に深い郷愁と同情の気持ちを呼び覚ましたのかもしれない。ケ・デュ・パレからそれほど遠くない場所に、パレルモのバラロ市場によく似たアーケイドの市場があった。大きな自宅からちょっと歩くか橇《そり》に乗れば、なじみ深い世界に出会うことができた。カルムイク人、タタール人、トルコ人、コサックなどが、ヒラマメ、ベーコン、小麦粉、ぼろぼろの中古品、古いスズ食器、煙草、ビール、安物の木製のイコンを、耳障りななまりのある言葉で押し問答しながら売り買いしている。計画された都市サンクトペテルブルグのなかで、この場所だけには東洋のエネルギーが噴き出している。だぶだぶのズボンをはいたトルコの商人、ベールに覆われたムスリム女性、もじゃもじゃの羊の皮にくるまった農民、不思議な薬を売るシベリアのシャーマン。同じような人たちがジュゼッペ・バルサモが育つのを助けてくれた。今度は有名なカリオストロがお返しをする番だ。

最初の民衆治療所について書き残されたものはない。だが、おそらくは、約十二カ月後にストラスブールの弟子が書いた次のような情景とそう変わりはしないだろう。

思い浮かべてほしい……大きな部屋にいっぱいの不幸せな人たち。収入もなく、衰えた手を上げて伯爵の恵みを請うのがやっとだ。伯爵は一人一人に耳を傾け、一言も忘れず、少しのあいだ部屋を離れてまた入ってくると、たくさんの薬を携えている。それを不幸な人たちに、一人一人の訴えた苦痛を繰り返しながら配り、彼の指示をきちんと守ればすぐに治ると力づける。しかし、薬だけでは十分ではない。体力をつけるために肉汁のスープを摂るようにとも言わなくてはならない。そんなスープを手に入れられる人はほとんどいない。だから伯爵のたくわえが配られる。そんなたくわえはけっしてなくならないように見える。彼は受けとるより与えるほうが嬉しいのだ。その喜びを細やかに表わす。不幸せな人たちは感謝の念に突き動かされ、愛と尊敬をこめて彼の足もとに身を投げ、彼の膝を抱き、彼を救い主とも、父とも、主人とも呼ぶ。

エカテリーナは、後に書いた戯曲『シベリアのシャーマン』のなかで、カリオストロのロシアの診療所についてもっと偏見に満ちた描写をしている。カリオストロを表わす登場人物は、半ば気の触れたシャーマンでフリーメイソンのアンバン＝ライ。彼は「あらゆる種類の人々」をサンクトペテルブルグの上品なホテルに開いた診療所に呼び寄せる。群衆は門を押し通り、彼のもとに殺到して漠然とした指示を信じこみ、インチキ処方箋を求めて叫ぶ。最後に暴動が発生する。群衆を規制するために警察が呼ばれ、シャーマンは尋問のために引き立てられる。

エカテリーナにはカリオストロを嫌うもっと個人的な理由もあった。それは愛する「黄金の雄鶏」、大きな片目のクマ、グリゴーリ・ポチョムキン公に関係があった。ポチョムキンは時には愛人ともなり、常に変わらぬ助言役であり、秘密の夫、忠実な外交官、恐れを知らぬ将軍、エカテリーナ専属のポン引き、精神的な支えだった。その「愛しいグリーシャ」がカリオストロを気に入った。驚くべきことだった。というのは、それまでフリーメイソンに興味を示したことなどなかったからだ。面白そうだと思ったことはあるかもしれないが、運動を真面目に受けとってはいなかったので、ロッジに加わろうとはしなかった。しかし、偉大な「一つ目の巨人」は新奇なものが好きで、カリオストロ伯がそれをもっているのは確かだ。ポチョムキンは彼の病気の友人たちを治すようにカリオストロに言った。一人は町の反対側の病院に入院していたが、カリオストロはケ・デュ・パレの家を離れもせずにその友人を治してしまった。

セラフィーナ伯爵夫人はポチョムキンに別の種類の目新しさをもたらした。公が頻々と彼女のもとを訪れることはすぐにスキャンダルとなり、エカテリーナが辛らつな意見を言うまでになった。そのあと、ある高貴な女性が、ポチョムキンをあきらめてサンクトペテルブルグを出ていくことを条件にセラフィーナに三万ルーブル提供したというセンセーショナルな噂が流れた。ポチョムキンはそれを聞いて大笑いしたらしい。彼は賄賂の額に気をよくしたが、セラフィーナにはその金を受けとってここにとどまるように言った。

噂は、その金がエカテリーナから出ているとほのめかしていた。現代の伝記作家はそれを疑っている。女帝はもうポチョムキンと性的な関係がなくなっていたし、いずれにせよ、彼の恋人に対して嫉妬したことはなかった。ふだんはそうだったかもしれないが、一七七九年から八〇年にかけてのエカテリーナはいつもの状態ではなかった。リムスキー＝コルサコフの裏切りから大きなショックを受けていた。そういう危機的な状況ではいつも黄金の雄鶏に慰めを求めていたのだ。この時期にエカテリーナからポチョムキンに送られた手紙の断片から、当時二人が性的な関係を楽しんでいたことと、エカテリーナがカリオストロを気にしていたことがうかがえる。彼女ははにかみがちに「グリーシャ」に「カリオストロの薬」の性的な効果について冗談を言っている。「穏やかで、快く、便利で、頭と感覚はずっとそのままで、弾力性を与える——たくさん、たくさん、だからもうたくさん、愛しい人、飽きることになってはいけないわ」。それでも、嫉妬していたかどうかは別にしても、牢に放り込もうと思えば簡単にできる相手を買収するのにエカテリーナが金を無駄遣いするとは思えない。それよりも、ブルース伯爵夫人が女帝の不興をつぐなうためにセラフィーナを買収しようとしたという可能性はないだろうか?

エカテリーナにはポチョムキンがカリオストロと親密になるのを嫌うまともな理由があった。もっとも重要なのは、その友情のせいで外交政策に関する決定がゆがめられるかもしれないことだった。噂のとおりに、カリオストロがほんとうにプロシアのスパイだったとしたら、女帝のイギリス寄りの外交政策に反するような影響をポチョムキンに与えるかもしれない。彼女はグリーシャを愛していたが、信頼はしていなかった。彼は根っからの陰謀家だった。エカテリーナ自身でなんとかすべき時だった。

エカテリーナのカリオストロへの敵意は、一七八〇年一月二十四日、政府出資の『サンクトペテルブルグ・ニュース』がカリオストロにねらいをつけた公認の諷刺文を載せたときに天下に知れ渡った。カリオストロは、この仕業にはエカテリーナの強力な後押しがあるとわかっていた。しかし、実際に彼女が自分でその文章を書いたことにまでは気がつかなかった。その文章、『反-不合理結社の秘密』はフリーメイソンを大きくなった子どもの遊びだと諷刺していた。そのばかげた儀式や子どもじみた典礼は「乳母のお話」から借りてきたものだ。反対に、エカテリーナの〝反-不合理結社〟はフリーメイソンとは正反対のものだ。エカテリーナが喜んで率いてきた一種の啓蒙運動なのである。すべての神秘的な付属品とオカルト的な信念を避けて、理性と良識を追求する個人だけに呼びかける。

参入儀礼を行なう場所は、バーにも厩にも絶対に似ていない場所。加入者は、結社の会員といっしょに入ってくる。彼らはドアをノックする。望みを尋ねられて加入したいと答える。門番が窓を開け、ロッジの主人が尋ねる。「なぜ加入したいのか?」答えは、「良識に導かれたから」。問い、「正しい考え方を追求できるほど強いか?」答え、「試してください」(ドアが開く)。見習いは付き添いといっしょに入る。目隠しはなしできちんと服を着ている。なぜならまっとうな会話をするときに裸でいるのは失礼だし不適切だからだ。

この諷刺文は全体として軽い調子だったが、重大な告発が一つ含まれていた。ロシアのメイソンが外国に送金し、さらには外国人から支払いを受けているというのだ。エカテリーナはそのような行動を反逆罪に触れるものとみなすことで知られていた。この告発がカリオストロの友人たちはこの諷刺文を読んで恐慌状態になった。彼らはカリオストロにあてたものだと確信したからだ。この告発がカリオストロに、モスクワの薔薇十字団のロッジに布教する計画を捨て、今のうちにロシアを出ていくように勧めた。ポチョムキンの関心を利用しつくし、つのりゆく寒さに嫌気がさしていたセラフィーナは、友人たちの頼みに喜んで加勢した。カリオストロはポーランドの裕福な貴族からあたたかい招待を受けていた。そろそろ動いてもいい時期ではないか？

エカテリーナはのちに、一七八〇年にカリオストロを追放したと友人に自慢したが、実際は、カリオストロ夫妻は女帝の意図を先どりしたのだった。一七八〇年四月、メリッシノ将軍とド・コルブロン卿からの推薦状を胸に、カリオストロ夫妻はサンクトペテルブルグを発ちワルシャワに向かった。ペトロパヴロフスク要塞の長い影をあとにして。

ポーランドでのつかのまの栄光

ポーランドでこんな歓迎が待っていたのなら、サンクトペテルブルグの敵意のある環境のなかであんなに長いあいだがんばっているのではなかった。ワルシャワは喜びの町だった――十五年前、カザノヴァも同じことを思った。人口は約十万人、完璧な大きさだった。そして旧市街は静かな美しさを漂わせていた。ヴィスワ河の高い川岸に詰め込まれた大聖堂や城はサンクトペテルブルグの黄金のドームとは比べようもなかったが、ポーランドの首都はスタニスワフ二世という類まれな王を抱いていた。

なんという国王だろう！　たしかに、地元の実力者のなかには、彼のことをロシアの小間使いだとけなし、一七五五年にエカテリーナの愛人だったというだけの理由で王位を贈られた、執事の息子にすぎないと言う者もいた。一七七三年から七五年には、エカテリーナとその殺し屋仲間、プロシアとオーストリアがポーランドを分割して、三分の一の国土と三分の二の人口を奪うのを黙って見ているしかなかった。だが、スタニスワフになにができただろう。ポーランドは強力で貪欲な帝国に囲まれた小国なのだ。軍隊はないも同然で、平坦で要害のない国土は侵入を誘っている。そして住民は宗教、民族、社会階級によって細分されている。

カリオストロとセラフィーナには、こうした事情はどうでもよかった。スタニスワフが理想的な王のように振る舞い、彼らを両手を広げて歓迎してくれただけで十分だったのである。四十八歳でまだハンサムな国王は、ポーランドでいちばん教育があると言われていた。フランスとイギリスを旅したことがあり、両国の言葉と文学をよく知っていた。そして、科学を愛好し、とてつもなく気前のいい後援者となった。高価な絵画と家具を収集していて、スタニスワフ様式と言われるような建築の改革を計画していた。フランスとイタリアと地元のネオクラシック様式を混ぜ合わせたその建築様式の粋は、贅沢に金をかけて改修された水上宮殿に集められている。壮麗なワジェンキ庭園にはイギリス庭園様式の湖や、ムーア風の尖塔、中国風のあずまやなどもあった。

気分しだいで誰かを投獄する暴君はいない。実際、ポーランド王の制度上の権力は非常に弱かった。議会にどんな法案が出されても、貴族たちには拒否権があり、スタニスワフは娯楽や社交に集中するしかなかった。スタニスワフは才気があり魅力的で、客から見ると最高の主人である。ド・ビロン公のような仰々しさがなく、カリオストロはミタウにいたときのように疎外された感じをもたずにすんだ。そして、女性が好きなスタニスワフはすぐにセラフィーナをくつろがせた。フランスの理性主義にのめりこんでいて、理神論者ではないかと言われるほどだったにしては、オカルトの世界に惹きつけられていた。王のメイソンへの忠誠は、運動の正統的な部分と神秘主義的な部分の両方に向けられていた。三年前に、ひそかに厳修派のロッジに加入していたので、この派のためにカリオストロが目指す改革の使命を歓迎した。カリオストロを超自然的な存在と考えていたふしまであった。

こんな心地よい環境で、カリオストロ夫妻はのびのびと活躍した。セラフィーナは瞬く間に王をはじめポーランドの貴族を集めた小宮廷をつくりあげてしまった。貴族たちは宝石を贈り、彼女の誕生日に盛大なパーティを開こうと競い合った。

カリオストロも絶好調だった。彼の威厳と雄弁には誰もが感銘を受けた。すぐに民衆治療所を開き、人生で最初で最後のことだったが、地元の医師や病院の快い協力を得て仕事をした。大げさな言葉も吐かず、サンクトペテルブルグでハイキング少佐にやったように、疑い深い人間を怒鳴りつけたりもせず、オカルトの技と魅力でその人たちを引き寄せた。

あるとき若い生意気な貴族の娘がスタニスワフ王に、カリオストロのことをいかさま師だと言った。カリオストロは千里眼の技を見せてその女性に答えた。当時のいくつかの記録によれば、カリオストロは当人しか知らないような事実を口にして、「不信から賛嘆へと」彼女を変えたという。そのあと、将来を教えてくれと頼まれて、まもなく奇妙な出会いがあり、それが恋と結婚に結びつくと予言した。のちに彼女は結婚したが、それに至るまでの状況はカリオストロの予言とまったく同じだったと友人たちは語った。

　カリオストロを最初にワルシャワに誘った元老院議員のアダム・ポニンスキ公は、すばらしい招待主で、カリオストロ夫妻を自分の豪華な屋敷に住むように招いた。彼は、王も所属している厳修派のロッジ、「三つ兜《かぶと》のカール」の創設者で、ロッジのマスターとしてカリオストロを歓迎した。彼とメイソンの仲間は、カリオストロが信奉していた失われたエジプト密儀を学ぼうと熱心だった。またカリオストロに自分のロッジを開くようにとせっついた。数週間たって、カリオストロはエジプト密儀の降霊会を開き、十七世紀のケルンの錬金術師、フレデリコ・グアルドの調合法による化学の実験を教え、治療を行ない、熱心な貴族の男女に霊的な講話を聞かせた。

　しかし、ミタウのフォン・メデム兄弟と同じように、ポーランドのメイソンたちもしばらくたつとカリオストロに金と銀をつくって見せてくれとせがみはじめた。ポニンスキはとくに貪欲だった。大蔵大臣であり、以前は王の家令でもあったポニンスキは、広大な土地と多くの農奴を所有していたが、今度は財を蓄えたがっていた。賢者の石をみつけ、卑金属を金と銀に変えるためにずっと実験を続けてきたが、すべて失敗に終わっていた。カリオストロの講話と、十六歳の豊満な霊媒を使った降霊会にはたしかに感銘を受けたが、ポニンスキの錬金術への憧れを満足させてくれるものではなかった。

彼は伯爵夫妻に——夫人のほうには流し目とウィンクつきで——とうてい断れないような招待状を送った。彼の領地に滞在し、最高の条件のもとで錬金術の研究をしてほしいというのである。ワルシャワから半里離れたヴォラという小さな村にあるポニンスキの館には、立派な錬金術研究所が備わっていた。必要な材料はすべてポニンスキが揃えるし、錬金術に熟練した助手も用意する。時間に縛られることもなく、愛するメイソンの弟子たちが支え、見守っているのだから、カリオストロならもっとも複雑な変成術でさえ完成させることができるだろう。もちろん、それには金の製造も入っている。

ポニンスキは待ちきれなかった。錬金術師カリオストロの技術は並外れているという評判だった。カリオストロのフランス人弟子の一人が一七八一年の手紙で黄金変成の難しさについて書いている。

この操作は単純に見えるが、無数の名がついた無数のプロセスによって実態はかすんでいる。物質が容器の上まで蒸気を立ち上らせると……それは昇華と呼ばれる。蒸気が落ちてくると蒸留と呼ばれる。熱が物質を溶かし、どろどろで黒くなると、劣化と呼ばれる。それが白くなってくると灰化と呼ばれる。ここで述べたのは主要な操作だけである。ほかにも無数にあるからだ。物質がかなりの変化を見せるまでにそれほど長い時間はかからない……リプレウスは、最初の物質が無数の違う色に変化したあとで雪のように白くなるのが見え、次に美しい淡黄色になり、最後に赤いケシの色になると言っている。

カリオストロは助手に指名された人間の名を聞いて嬉しくなかった。モスナ＝モチンスキといって、もと王室侍従で王立劇場の監督だった男だ。現在は王室庭園の造園師で、王の収集物を管理し、リトアニアの行政官でもある。この尊大で皮肉屋の貴族は自分を錬金術師だと信じて、カリオストロの能力に疑いを投げかけ、カリオストロから目を離さず、ごまかしの徴候をタカのように見張るつもりだと公言していた。

カリオストロは心配そうな様子はまったく見せなかった。彼は、比較的早くて簡単な水銀から銀への変成をまずやってみせようと言った。一七八〇年六月七日、領主館にメイソンを集めて一同の目の前でその術を行なった。動きやすくするために上着を脱ぎ、彼とモチンスキは二人とも酸から身を守るために全身を覆うエプロンをつけた。カリオストロはモチンスキに前もって水銀を五百グラムと鉛の抽出物を少々用意しておくように言いつけた。また、ざらざらした物質が残るまで雨水を蒸留して、その物質をごく微量用意するように言った。この物質を彼は「踏まれていない土」または「第二物質」と呼んだ。モチンスキはそのあとのプロセスを描写している。

すべての準備が整うと、彼はロッジに入り、わたしの手にすべての作業をゆだねた。わたしは彼の指示を受けて次のようにやった。「踏まれていない土」をフラスコに入れ、水銀の半量をその上にかける。そして鉛の抽出物を三十滴加える。少しフラスコをゆすると、水銀が固まるように見える。それから残った水銀のなかに鉛の抽出物をあけるが、これは変化しない。そこで、大きなフラスコのなかに、両方の水銀を注ぐ。そのあと水銀をしばらくゆすると、中身が均一にまざる。色が汚い灰色に変わる。今度はぜんぶをボウルにあけると、中身はボウルの半分までくる。次にカリオストロはわたしに小さな紙を一枚よこしたが、実はそのなかにさらに二枚入っていた。なかの紙にはキラキラ光る赤い粉が包まれていた。重さは十分の一グレイン（約六ミリグラム）ほど。粉をボウルに振り入れる。するとカリオストロは三枚あった包み紙を飲み込んでしまった。そのあいだわたしはボウルに焼き石膏をかぶせた。お湯で練っておいたものだ。ボウルはしっかり覆われているのに、カリオストロはわたしの手からそれをとると、焼き石膏をもう少し足し、手でぎゅっと押しつけた。彼はボウルを返してよこし、木炭の火でそれを乾かすように言った。ボウルは風炉の上に置かれた灰の槽に入れられた。火がつけられ、ボウルは三十分そのまま放置された。そのあと、ボウルをやっとところでとりだし、ロッジに運んだ。ボウルが割られると、底には純粋な銀がたまっていて、重さは十四オンス半(約四百五十グラム)あった。

興奮したメイソンたちがカリオストロを取り囲んで勝利をたたえたが、モチンスキは怒っているように見えた。なんらかのごまかしがあったと確信していたのだ。彼は証拠を検討した。この物質はどこかよそから来たはずだ。なぜなら、火の上の灰は金属を溶かすほど熱くなってはいなかったからだ。よく考えると、カリオストロは、霊と交信すると言って前の晩はワルシャワで過ごしていた。モチンスキは、大きな炭の入れ物と蒸留水が消え去っていることにも気がついた。そこが怪しい！ カリオストロは、「錬金術の卵」と呼ばれている焼き石膏の偽物を用意したのだ。部屋の暗さと背景の黒さ、それに大きなエプロンを利用して、なんとか銀の延べ板の入った偽の卵とすりかえた。だが、どうやって証明すればいい？

ポニンスキにせっつかれて、カリオストロは次にもっと複雑で時間のかかる黄金変成の実験を行なうことにした。錬金術のなかでももっとも秘密にされているこのプロセスを見たことのある人はほとんどいなかった。まず、銀のときとは違う錬金術の卵をつくらなくてはならない。その卵は七つの段階を進むにつれて色が変わるとカリオストロは説明した。まずだんだんに黒味がかっていき、最後に黄金ができると輝くような赤になるという。一つの段階に少なくとも六から八週間かかるだろうとカリオストロは予測した。

時が過ぎる。カリオストロは毎日卵を調べ、硝酸液《アクア・フォルティス》を二、三滴加える。そのあと、モチンスキによると、いつもは「さまざまな化学的操作について」講義する。「たとえば、ワインを堆肥に入れて精髄をつくりだす方法だとか、金をワインにつけて水銀といっしょに焼き、金のエッセンスをつくりだす方法など。オイルの特性について教えてくれたり……真珠をつくりだす方法を教えてくれたりした」。のちに、悪霊を寄せつけない五芒星《ごぼうせい》形の魔よけをつくるために羊皮紙をどう細工すればいいかも教えた。

彼は毎日「病気のレディたちを診る」ために馬車に乗ってワルシャワに行き、貧民のための治療所も運営していた。モチンスキは、カリオストロがまた複製の卵を準備しているのではないかと疑っていた。おそらくはそうだったのだろう。だが、カリオストロが治療を行なっていたことも確かだ。なにかを成功させるたびに聖なるシャーマンという評判は広がり、田舎からも新手の嘆願者がワルシャワにつめかけていた。こういう治療をしたり、メイソンの弟子に説教したりするのがカリオストロのいちばんやりたいことだったのだが、ヴォラにいるグループの期待を裏切ることはできなかった。

プロセスの遅さに退屈したヴォラのメイソンたちは、セラフィーナと遊んだりゲームをしたりして楽しんでいた。モチンスキはセラフィーナについて、「自分の魅力を強調することを忘れない」と言っている。彼らは遅くまで寝ていたあと、午後はセラフィーナといっしょに宝探しと称して森をうろつく。日暮れに帰ってくると研究所に入り、呪文を唱えて、いるかもしれない悪霊を追い払う。それから色が変わっていないかと卵を細かく調べる。

モチンスキはインチキの証拠を探してかぎまわっていた。ある日彼は勝ち誇った調子で、前回の銀変成のときにセラフィーナがどうやってすり替えを手伝ったかを二人が話しているのを聞いたと宣言した。セラフィーナは最初のフラスコと卵を研究所の窓から外の汚水溜めに投げ込んだのだという。仲間のメイソンはばかげていると笑い飛ばした。みんな近くから見守っていてなにも見ていないのだから。しかし、モチンスキに運が向いてきた。六月十六日の夜、カリオストロがヴォラでの降霊会で使用している霊媒が、カリオストロに言い寄られたと悲鳴を上げた。カリオストロも自分なりに遊んだりゲームをしたりしていたらしい。メイソンの何人かはショックを受けたが、ほとんどは肩をすくめただけだった。世慣れた男たちなのだ。しかし、ちょっと待て、もっと重大な問題だぞ——少女に質問していたモチンスキが今度は、降霊会があらかじめ仕組まれていたのだと言い出した。カリオストロは霊媒に前もって指示を書きつけた紙を渡し、自分の腕を使って天使のキスの音を真似する方法をやってみせたのだという。

もっとも熱烈な弟子まで疑いを見せはじめた。だが、カリオストロは演技力を全開にした。ごまかしのないことを証明するのにもし必要なら、足に鎖をつけ、ドアを密封して錬金術の実験をやってみせようと言い出したのだ。そして、錬金術の卵が第四段階に到達するまでに弟子たちが完全に納得しなければ、自分の剣で死んでみせると誓った。おおぜいが彼を信じる方向に傾きかけたところで、モチンスキが切り札を出した。庭を探し回って、前回の実験のときの壊れたフラスコを見つけていたのだ。一部が汚水溜めからはずれて外に落ちたらしい。哀れなカリオストロは、自分が汚水溜めに落ちたような気分になった。こうなっては彼の雄弁も無駄になった。ヴォラのメイソンたちは彼を偽者と決めつけた。

しまいには、カリオストロは全員を呪いはじめた。おまえたちはエジプト派メイソンの名にふさわしくない。その貪欲さが破滅のもとになるだろう。こんな愚か者を相手にしている時間はない――。一七八〇年六月二十六日、彼とセラフィーナは荷造りをしてワルシャワに帰った。

こんなことがあっても、カリオストロを追い払うのは簡単ではなかった。ワルシャワにはまだ彼を支持する人がおおぜいいた。とくに、病気を治してもらった人たちは熱烈に支持したし、そのなかには有力な貴族の女性もいた。また、サレルヌの病院に処方箋を与え、医療の手助けをするという協定も守りつづけた。スタニスワフ王の好意をつなぎとめられるかどうかにすべてがかかっていた。

自分自身の好みはどうあれ、王は厄介な立場にあった。一つには、政治的にポニンスキやモチンスキのような大物元老院議員に大きく依存していたことだ。さらに、もっと重要なのは、カリオストロがヴォラに行っているあいだに、エカテリーナがカリオストロに強く不満を表わしているのがわかったことだった。これが決定的だった。エカテリーナの気まぐれはポーランドの法律である。ロシアの分遣隊がポーランド国境に常駐していることを思い出させてもらう必要はなかった。

それに、実のところ、センチメンタルなポーランド国王は今でもエカテリーナを崇拝していたのだ。彼は、一七五五年にサンクトペテルブルグで初めてエカテリーナと出会ったときのことをいつも思い出していた。

彼女は、美しい女性の美しさがもっとも輝く年齢だった。黒い髪、まぶしいほどの白い肌、長く黒いまつげ、ギリシャ風の鼻、キスするためにつくられたような口もと。

スタニスワフはいつまでも昔を懐かしんでいたが、女帝のほうは現実政治の世界に住んでいた。スタニスワフを王位につけたのは、この男にはその資格がまったくないので、それだけ彼女に依存するようになるからだとエカテリーナは公言していた。

スタニスワフは無力な王になるしかなかった。エカテリーナが彼を操り人形として利用していたからだ。そのうえ、ヴォラから戻ったポニンスキとモチンスキが他の有力者たちにカリオストロはいかさま師で、彼の妻は娼婦だという悪口を広めはじめた。彼らは、二人が単なる山師だとでもいうように、あからさまに、出ていけば金を払うとまで言った。カリオストロはその金をはねつけた。しかし、偉大な治療師として彼を崇拝していた人たちは彼を助けるためになにもできなかった。ほとんどがワルシャワの最下層にいる人たちだったからだ。スタニスワフは二人に宮廷への出入りを禁じ、彼の国を出ていかなくてはならないことを知らせた。一七八〇年七月から九月にかけてのある日、伯爵夫妻は静かにワルシャワを去った。

王政打倒文書への署名

エカテリーナのカリオストロへの攻撃は、ある意味で予言的なものとなった。彼女はカリオストロのロシアでの使命を叩き潰し、ポーランドから追い出させたが、その過程で新しい強力な才能に目覚めさせた。サンクトペテルブルグに着いたときのカリオストロはシャーマンではなかったが、出ていくときはシャーマンになっていたのである。

エカテリーナの広大な領土を去るときのカリオストロは怒りと恨みを抱いてもいた。一七八〇年の秋、有名な神秘主義のメッカで運を試そうとストラスブールに向かう途中、二人はフランクフルトを通った。ここで、カリオストロのメイソンの徽章は、厳修派メイソン運動の最高位にある二人の役職者の興味を引いた。その二人はバヴァリア啓明会の秘密メンバーでもあったとカリオストロはのちに語っている。啓明会は本物の秘密結社だった。一七七六年に、アダム・ヴァイスハウプトによって創設されたものだ。アダム・ヴァイスハウプトはインゴルシュタット大学の法学教授で、元イエズス会士だったが、自分が育てられた教会を憎んでいた。彼は、既成の宗教と王政を転覆するために献身的に努力する規律ある共和主義者の集まりをつくりあげた。啓明会はその後ドイツのメイソン運動にしだいに浸透し、政治的使命をひそかに育んでいたのである。常に新入会員を探していたフランクフルトの役職者は、フリーメイソンのスター、カリオストロ伯爵を迎えて喜んだ。

カリオストロはフランクフルトから約五キロ離れた家に連れて行かれ、庭にある秘密の地下室に連れ込まれた。階段を下りた部屋の、暗い松明の明かりの下で、彼は正式に啓明会に入会させられた。すべての暴政を打ち倒すと誓う文書に、彼はアレッサンドロ・ディ・カリオストロという名を書き込んだ。十二番目の署名だった。リストには聖堂騎士団のグランド・マスターの名があったと彼は主張している。カリオストロはエカテリーナの妄想を現実にしたことになる。

4
コプト
Copt

コプト
エジプト人のキリスト教徒。キリスト単性論者のヤコブ派に属する。

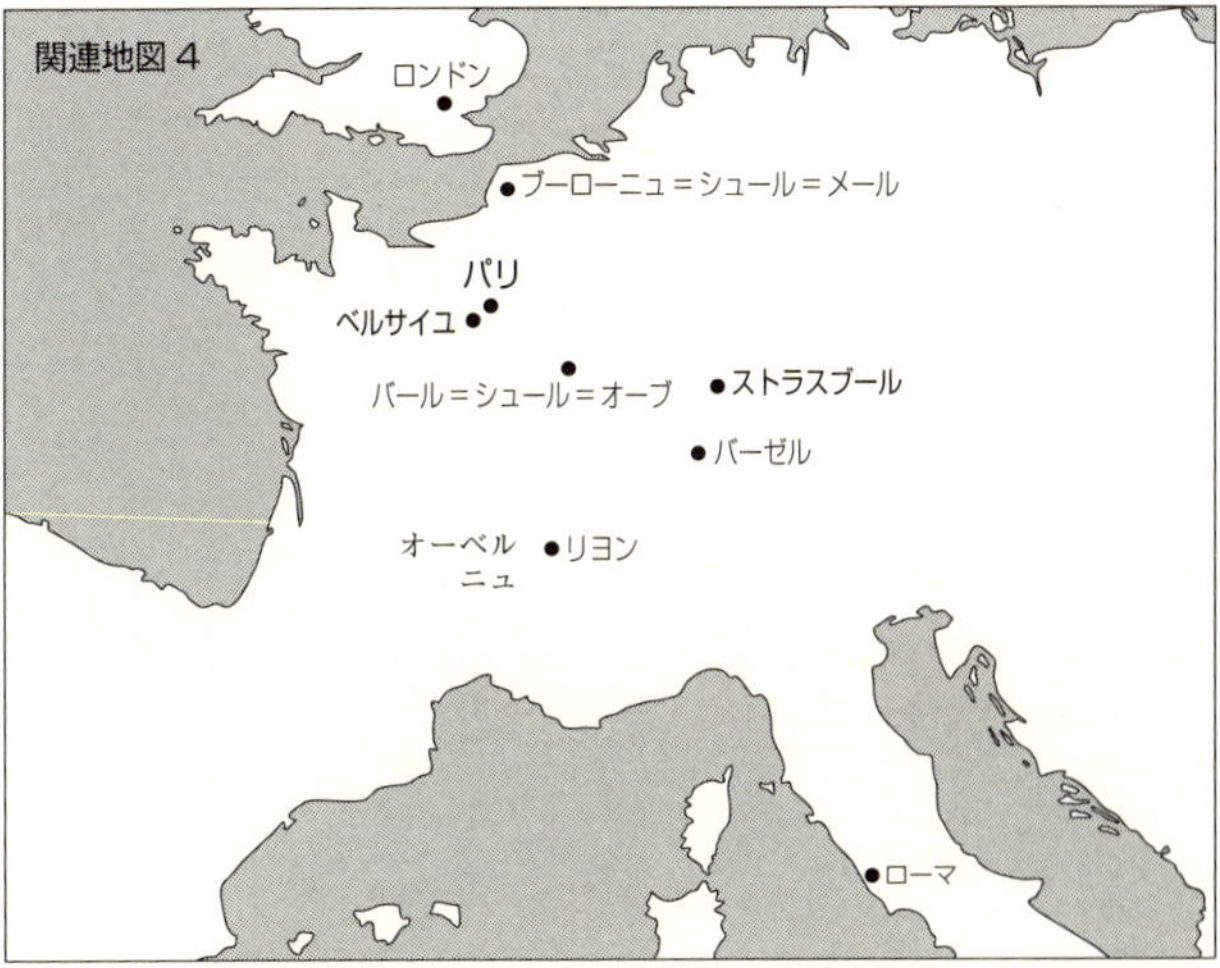

一七八六年五月三十一日午後十時頃、一万人の群集がパリ裁判所の大階段を駆けのぼってポントシャンジュ側の手すりに突き当たり、シテ島の法廷からこぼれ落ちた者はセーヌの岸まで一直線に落ちていった。この日、国王の大法院であるパリ高等法院が十八世紀最大のセンセーショナルな裁判、「ダイヤの首飾り事件」の判決を言い渡すことになっていた。

群集はパリのあらゆる地区から集まり、ポンヌフからノートルダムまでの五つの橋にあふれた。集まったのは魚売り女、兵隊、警察のスパイ、学生、弁護士、商店主、銀行家、聖職者、ポン引き、娼婦。カフェからは文士が出てくる。パレロワイヤルのカジノからはギャンブラーがやってくる。ところどころに身なりのいい女性がいて、ボンネットや上着にロアン枢機卿を応援するリボンをつけている。この「藁の上の枢機卿」と呼ばれる赤と黄のリボンをつけた集団は、大貴族がブルボン王家の意のままにバスティーユの独房で藁の上に横たわらなくてはならないことへの、貴婦人たちの怒りを表わしていた。

その夜の判決には四人の人生がかかっていた。一人は枢機卿である。このような人間がバスティーユの牢に投げ込まれるなど、思いもよらないことだった。称号を見るだけで権力の大きさがわかる。ルイ＝ルネ＝エドゥアール・ド・ロアン、神聖ローマ教会枢機卿、ストラスブール大司教、ヒルデスハイム公爵、アルザス方伯、フランス宮廷司祭、聖霊修道騎士、聖ワー・ダラス修道騎士、キャンズヴァン盲人院総長、ラ・シェーズ＝ディユー大修道院長、ソルボンヌ大学学長。「王にはあらず、大公となるを潔《いさぎよ》しとせず、我はロアンなり」という傲慢なモットーをひけらかすこの家系は、地位と影響力でその上にあるのはブルボン家だけだった。そして枢機卿はその家のもっとも華麗な代表者だったのである。「美男の枢機卿」というあだ名はそのプレイボーイぶりからきていて、五十一歳のこの聖職者は年に約百二十万フランの収入があった。小さな国の国家予算にも匹敵する。

彼は、「フランス王妃　マリー＝アントワネット」という偽署名で非常に高価なダイヤモンドの首飾りを手に入れ、盗んだと告発されていた。さらには、王妃あてにホットなラブレターを書き送り、セクシーな返事を受けとり、偽物とも知らずに眺めて満足していた。一度などは、相手がマリー＝アントワネットだと思い込んで、娼婦の足もとに文字どおり身を投げ出しもした。王妃がこのような誘いに応えると考えること自体、不敬罪にあたり、その罪は死に値する。

ロアンは、口先のうまい女詐欺師、ジャンヌ・ド・ヴァロワ・ド・ラ・モット伯爵夫人が、王妃と親しいと彼に信じさせたのだと主張した。そして彼女は王妃が書いたという偽手紙を使った詐欺を計画した。ド・ラ・モット伯爵夫人はロアンにマリー＝アントワネットのために首飾りを買わせ、その首飾りを盗んで売り払った。ロアンにとっては幸運なことに、物的証拠がないために検察官は最高刑を求刑できなかった。求刑は、バスティーユへの投獄、公開の謝罪、全称号の剝奪、フランスからの永久追放となっていた。しかし、前年の八月から投獄されて打ちのめされていた枢機卿には、死罪のほうがましなように思えた。

パリ郊外のベルサイユ、ヨーロッパ最大最高の宮殿のなかで、第二の人物が波立つ思いでその夜の判決を待っていた。不当な扱いを受けた王妃、マリー＝アントワネットである。皮肉なのは、彼女は十年以上も前からこの放蕩者の聖職者を嫌っていたことだ。オーストリアにいる彼女の口やかましい母親、マリア・テレジアについての悪意に満ちた噂をロアンが広めて以来のことだった。ロアンはフランス大使としてウィーンにいたあいだも、賭け事や狩や密通でフランスの名を汚していた。夫が王位についた一七七四年には、ロアンの称号をぜんぶはぎとってほしいと望んだが、ロアン家の力の強さとルイ十六世の弱さが見せつけられる結果となった。マリー＝アントワネットにできたのは、大使の職を彼の憎いライバル、ド・ブルトゥイユ男爵と交替させることくらいだった。もちろん彼女は、枢機卿を華やかな宮廷生活から完全に締め出していた。

だから、一七八五年八月、ロアンが百六十万リーブルもする醜いダイヤの首飾りを買うのに彼女の名前を出したと聞かされて、マリー＝アントワネットは息もとまるほど驚いた。その首飾りがもともとはある高級娼婦のためにデザインされたものだっただけに、なおさら唖然とした。ロアンがルイ十六世に、彼女から手紙をもらったと言ったときには、驚きが怒りに変わった。そのあと、彼女が長いあいだあからさまに遠ざけていたあの忌わしい生き物は、自分が足にキスをした娼婦をほんとうにわが王妃、マリー＝アントワネットだと信じていたと言って無礼の上塗りをした。

王妃から見れば、枢機卿が悪名高い借金を払うためにこの詐欺を計画したのは明らかなように思えた。フランスの生ぬるい法律が禁じているのでなければ、あの卑劣漢をその場で処刑してやるところだ。かわりに、お気に入りの大臣ド・ブルトゥイユ男爵を味方につけて、ロアンを屈辱的なやり方で逮捕するようにと王にしつこくせがんだ——ロアンは、一七八五年八月十五日、処女マリア祭礼の王室ミサに備えて盛装をしたまま逮捕された。口を開いて見守る群集の前をバスティーユまで歩かされ、のちにパリ高等法院で裁判を受けることになる。マリー＝アントワネットは女官のマダム・

カンパンに語った。「このような忌わしい罪は明らかにされなくてはなりません。ローマ教会の紫衣と枢機卿の称号が、金欲しさのあまり君主の妻をまきこんだ下品な泥棒を覆い隠すのに利用されたのなら、全フランス、全ヨーロッパにそのことを知らせなくてはならない」

五月三十一日夜、裁判の結果に大きなものがかかっていた第三の人物はアレッサンドロ・ディ・カリオストロ伯爵だった。枢機卿が有罪となれば、カリオストロも同じ運命をたどる。二人は共同謀議の疑いをかけられていたからだ。カリオストロが背後ですべてを操っていたと書く新聞もあった。彼が枢機卿をたぶらかして王妃の愛という夢物語を信じ込ませ、ダイヤモンドの首飾りを盗ませたというのである。

カリオストロを告発していた中心人物がジャンヌ・ド・ヴァロワ・ド・ラ・モット伯爵夫人で、必死の思いでこの夜の判決を待っていた第四の人物だった。この並外れた事件で、ある役割を果たしたとして告発され、獄舎につながれる身だったからだ。この美しく荒々しい女性は、長いあいだ絶えたものと思われていたヴァロワ朝の傍流の子孫だと称していた。マリー＝アントワネットは、兄のオーストリア皇帝ヨーゼフ二世に書いた手紙のなかで、ジャンヌのことを「もっとも下劣な類の陰謀家、だが、魅力と上品さがないわけではなく、人目を引くことはたしか」と描写している。とはいえ王妃は、伯爵夫人は枢機卿とカリオストロの駒にすぎないと考えていた。そちらの二人が有罪になれば、おそらくジャンヌは無実のスケープゴートとして釈放されるだろう。しかし、二人が無罪になれば、非難の矢は彼女に向かうことになる。

　結果はそうなった。ジャンヌが裁判所を臨むずんぐりした中世の要塞コンシエルジュリの控え室にすわっていると、はじけるような歓声が聞こえた。枢機卿が勝ったのだ。椅子に倒れこむ前に、ぼんやりと質問が聞こえた。「おかわいそうなラ・モットさま、いったいどうなるのでしょうね？」牢番のユベールが打ちひしがれた囚人をベッドに運び、枢機卿とカリオストロは両方とも無罪放免になったと優しく彼女に告げた。ジャンヌの激しい気性を知っているだけに、おそらく修道院に二、三年入れられるだけだろうとほのめかして彼女をなだめようとする。

　だが、彼女の気持ちは鎮まらなかった。カッとなってオランダ製の陶器のカップで自分を血が出るまで殴りつける。額が割れて、顔と服に血がしぶいた。優しい番人とその妻が、それ以上傷つけさせまいとしてジャンヌを取り押さえると、ジャンヌは激しく暴れた。ユベールはのちに、そのときほんとうの判決を知らずにいてよかったとつくづく感謝した。判決はこうだ。「ジャンヌ・ヴァロワ・ド・サン＝レミ「ラ・モット」は首に縄をかけ裸にされて鞭打たれ、両肩に泥棒《ヴォルーズ》を表わすVの字の焼印を押され、死ぬまでサルペトリエール女囚刑務所に収監されるものとする」

　枢機卿が無罪の判決を聞いたのは十時少し過ぎだった。かつてはさっそうとしていた大貴族も、この十一カ月の試練に打ちのめされ、裁判所の記録室に麻痺したようにすわっていた。バスティーユ長官ド・ローネー伯爵はロアンの弁護士ムッシュー・タルジェが部屋に入るのを止めようとした。だがそれも、弁護士がロアン卿は今や自由の身なのだと叫ぶまでのことだった。しかし、そうであっても、正式に釈放されるまで、ロアンはバスティーユでもう一晩過ごさなくてはならない。

マリー＝アントワネットはベルサイユの自分の部屋で行ったり来たりしていたが、枢機卿が当然の裁きを逃れたと聞いて唖然とした。涙のにじむメモを走り書きして女官のジュリエット・ド・ポリニャックに送った。「来て、わたしといっしょに泣いて。来て、友達をなぐさめて……たったいま下された判決はひどい侮辱だわ。悲しみと絶望の涙に浸っています」。同じ夜にオーストリアの妹あてに書いた手紙では、君主の妻にひどい裏切りを働いた「偽証した司祭、みだらな陰謀家」を無罪にするという侮辱に怒っている。その場にいた女官のマダム・カンパンは、マリー＝アントワネットが、裁判官がみんなロアン家に買収されたかブルボン家を「ひどいやり口で」傷つけるチャンスに飛びついたのだと告発しているのを聞いた。マダム・カンパンはのちに、これが終末への序曲だったのだとこの瞬間を振り返っている。マリー＝アントワネットもフランスも、二度と立ち直れはしないだろう。

アレッサンドロ・ディ・カリオストロ伯爵は、四人のうちでただ一人、苦難を勝利に変えた。その朝法廷に向かう途中でさえ、芝居っ気を見せて群集を楽しませた。金のレースで縁どりをした緑のヴェルヴェットの上着を身にまとい、両手を上に挙げて帽子を宙に放り上げ、奇妙なヘアスタイルを見せた。頭のてっぺんを固く編み、そこから小さくカールした髪が肩まで垂れている。翌晩の十一時頃にバスティーユから釈放されたときには、歓声をあげる群集に取り囲まれていた。町の呼び売りは彼の肖像を売って抜け目のない商いをする。馬車の横をちょこまかと走っていく不具者は、有名な「エジプトワイン」や他の治療薬の無料サンプルを配っていた。

カリオストロの黒い漆塗りの馬車が、サンタントワーヌ大通りをはずれてサン＝クロード街にある家の中庭にがたごとと入っていったとき、「夜は暗く、わたしの住んでいた地区はよく見えなかった。すると、驚いたことに、八千から一万人の歓呼の声がわたしを迎えたのだ。門は押し破られ、中庭も、階段も、部屋のなかも人でいっぱいだった。この瞬間、わたしの胸はあふれる感情を抑えられなくなった。膝が崩れ、意識を失い床に倒れこんだ。妻が叫び声を上げて気を失った。友人たちがまわりに駆け寄ってきた。人生でもっともすばらしい瞬間が最後の瞬間になるのではないかと心配して……意識が戻った。涙がとめどなく流れた」。

「ダイヤの首飾り事件」の裏側で

「ダイヤの首飾り事件」の暗い隅々にまで入り込み、解き明かすことのできた人は一人もいなかった。だが、当時の人物で真相にもっとも肉迫していたのはジョルジェル司祭である。二十年以上にわたってロアンの秘書を務めてきたイエズス会の司祭であり、実業家でもあった。ジョルジェルは最後まで、カリオストロが「生きている人間のなかではただ一人、この謎の鍵を握り、すべての背後に秘められた動機を知っている」と信じていた。一七八一年にストラスブールで枢機卿をたぶらかし、運命の歯車を動きださせたのはこの悪魔的な魔術師だとジョルジェルは主張する。彼は苦々しく振り返った。「どんな邪悪な怪物が、どんな人類の敵がこの男を地上に吐きだしたのかはわからないが、この新種のいかさま医師、『世界宗教』の使徒は帰依者たちに専制的な力を振るい、完全に意のままに動かしている」。ジョルジェルの主人ロアンは、カリオストロによって「オカルトと超自然という危険な横道に誘い込まれた」一人だったのである。

ジョルジェルは、カリオストロが一七八〇年九月十九日――ポーランドを離れたすぐあと――にストラスブールに現われたのは枢機卿をだますためだったと確信していた。カリオストロは厳修派の高位の役職者の招きを受けていて、熱狂的な歓迎を期待していた。人口わずか五万人とはいえ、ストラスブールはフランス＝ドイツ国境に位置し、フランスとドイツ文化の入り混じった町はヨーロッパのフリーメイソンの中心地となっていた。カリオストロが行った当時、二十九のロッジがあり、総計約千五百人のメンバーがいた。

貧者を治療するという評判を聞いて好意を寄せる群集が歓迎してくれるだろうとカリオストロは期待していた。しかし、歓迎どころかストラスブールのメイソンたちは彼を避けているようだった。厳修派のメイソンたちでさえ、カリオストロ伯爵がもはや彼らの宗派の代理人ではなくエジプト派メイソンの創設者にして指導者であると名乗っていることがわかると警戒心をつのらせた。カリオストロは、ロシアとポーランドに出発するときにはまだ、自分は「未知の上位者」から遣わされた使節だと主張していた。「偉大なるコプト」もその上位者の一人である。古代にピラミッドでエジプト派メイソンをつくりだした不死の司祭なのだ。ところが、ストラスブールに向かう途上のどこかで、カリオストロ伯爵は自分で自分を昇進させてしまった。偉大なるコプトのために働くのはもう終わりにして、自分がコプトになることにしたらしい。そして、実際に不死だと主張はしなかったが、それらしいことを大いにほのめかした。

はじめのうち、ストラスブールは評判を裏切っていた。メイソンの社会は傲慢で小うるさく、この町の厄介な歴史を反映していた。かつては神聖ローマ帝国領内で、ドイツ語を話すプロテスタントが住む自由都市だったものが、十七世紀にはフランスの貴族的なカトリック社会に移植されていた。その結果、社会的な分断の溝が深く、ロッジ同士の争いも絶えなかった。カトリック対プロテスタント、ブルジョワ対貴族、フランス人対ドイツ人、改革派対保守派、軍人対文官。

サンクトペテルブルグのときと同じように、カリオストロは排除に対して大衆に顔を向けることで応えた。それからの十二カ月、彼はストラスブールの貧民を癒し、救うという使命に全身全霊を傾けた。治療所には足の悪い人、耳の悪い人、目の悪い人、貧しい人が押し寄せた。彼の馬車はもっとも貧しい地区のあばら家の外に夜となく昼となくとまっているところが見かけられた。ストラスブールでカリオストロと出会った徴税請負人のジャン＝バンジャマン・ド・ラ・ボルド（ルイ十五世の侍従で作曲家でもあった。旅行記を残している）は次のように書いている。「この町でもっとも興味深いのは、カリオストロ伯爵が開いた音楽会である……彼は貧民や庶民に愛されている。同時に、ある種の人々からは憎まれ、罵られ、迫害されている。彼は治してやった人から金も贈り物ももらわない。病人、とりわけ貧しい病人のあいだで暮らし、薬を無料で配り、自分のポケットからスープ代を出してやる。自分ではほとんど食べず、食べるとしてもいつもイタリアのパスタだけ。けっしてベッドに行かず、椅子にすわって二、三時間眠るだけだ。昼でも夜でもどんな時間でも不幸な人の求めに応じて飛んでいく。同胞の苦しみを和らげることだけが彼の喜びである」

　まもなくもっと裕福な患者も彼の助けを求めるようになった。とくに、不治の病を宣告された患者が多かった。最初の前進は軍の駐屯地内に入り込んだことだった。ライン河を渡る戦略地点を守る国境の町では、重要な部門である。壊疽《えそ》を起こしていた軍人と自殺しそうな鬱病の軍人を治したら、すばやく名声が広がった。アルザスの最高司令官コンタード元帥に勧められて、将校たちはカリオストロを士官クラブとロッジに歓迎した。その妻や恋人たちがそれに続いた。ド・ラ・サール侯爵夫人とフラックランド男爵夫人が毎夜カリオストロの新しい住居で開かれるサロンの中核となった。家はプラス・ダルメ広場の角、カルブシュガッス一番地にあって、「処女マリアの家」として知られていた。セラフィーナが威厳ある沈黙で人々をもてなすうちに、治療を終えたカリオストロが雄牛のように勢いよく部屋に入ってくる。胸と腹を突き出して暖炉の前に立ち、アラビアの旅の話で一座を魅了する。

　この異国情緒たっぷりのサロンの評判が、ストラスブール郊外のサヴェルヌにあるロアン枢機卿の屋敷にまで届いた。ロアンにとって、パリを離れて暮らすのは島流しも同然だった。このアルザスの町は腹が立つほど堅苦しく、退屈だった。伯父の大司教職を継いだロアンは、豊かな年貢を集めること以外にやるべきことがなにもなかった。だいいち、この地方の住民は半数以上がルーテル派なのだ。ロアンはベルサイユの愛と権力の美酒に思い焦がれていたが、マリー＝アントワネットが近寄ることを禁じていた。退屈を紛らすために、狩猟長をとおしてカリオストロ伯爵に訪問したいという希望を伝えさせた。驚いたことに、大コプトは病人と貧乏人にしか会いませんという傲慢な返事が返ってきた。絶妙な一手だった。カリオストロの拒絶はロアンの興味をかきたてた。枢機卿はとたんに喘息にかかり、治療を求めてカリオストロのドアを叩いた。

その瞬間から枢機卿は罠に落ちてしまったのだとジョルジェルは信じていた。最初の会見から子犬のように興奮して帰ってきた。懐疑的な秘書に、「大コプト」の顔は「威厳に満ち」、「なにか畏れ多い宗教的な体験をしたように感じた」と語った。それとはまったく異なった理由で、カリオストロ伯爵夫人にも興奮させられたようだ。彼女は、枢機卿がまるでハンサムな若者でもあるかのように戯れかかったのだ。両方の影響を受けて、ロアンの喘息は消えうせてしまった。まもなく、枢機卿はいつもの立場とは逆に承認を与えられた。「あなたの魂は、わたしの魂にふさわしい。わたしの秘密を打ち明けるのにふさわしい方だ」。人として、これ以上の名誉があるだろうか？

一七八一年の七月に、カリオストロの秘密の一つが緊急に必要となった。枢機卿の伯父で軍人の、スービーズ公が熱病で死にかけていた。ロアンと彼の新しい導師は救助作戦を実行するためパリに向かった。この任務は微妙な手際を要した。パリの医師が不思議なアラビアの治療師の介入を喜ばないだろうと思われたからだ。そこでカリオストロは変装して公を訪ね、水薬を与えて患者が回復する正確な日程を定めた。たしかに、スービーズ公はまさに予言どおりに回復した。

ジョルジェルによれば、このあと、コプトはロアンの「神託、案内者、羅針盤」となった。カリオストロはロアンをうまく導いて、以前の化学実験への興味を取り戻させた。何年か前に、ロアンは塩水を硝石に変えて金儲けしようと夢見たことがあった。今度は、魔術師の上着ととんがり帽子を身につけて、カリオストロの研究助手として働き、ダイヤモンドを大きくしたり卑金属を黄金に変える手助けをした。

アンリエット・ルイーズ・オーベルキルヒ男爵夫人は、北アルザス出身のほっそりしたプロテスタント貴族で、一七八〇年から八一年にかけてロアンのサヴェルヌの館を二度訪れ、枢機卿へのカリオストロの影響力が大きくなっていくのに気がついた。彼女は自分ももう少しで大コプトの魔法にかけられるところだったと正直に認めている。この男の魅力に抵抗しようと固く決意していたのに、彼の瞳に金縛りにされてしまった。「言い表わしようもない超自然的な深みをたたえていた――すべてが火のようで、それなのにすべてが氷のようだった」。その視線がドリルのように脳に突き刺さっていくように感じた。その声は彼女を愛撫するようで、「ベールをかぶったトランペットのようだった」。横柄な態度に「ひきつけられると同時に反感を覚え、恐れを感じると同時に、飽くことのない好奇心が湧きおこる」。もっとも驚くべき瞬間は、彼がとつぜん話をやめ、なにかを見ているような様子を見せ、ロアンの敵、オーストリア女帝マリア・テレジアがたった今死んだと告げたときだった。のちにカリオストロの言ったとおりだとわかったが、ストラスブールにその知らせが届いたのはそれから五日後だった。

一七八一年一月の二度目の訪問のとき、館のダイニングルームに入るアンリエット・ルイーズの胸は興奮に高鳴っていた。彼女は地元の女性たちが「偶像崇拝そのもの」のありさまでカリオストロをもちあげるのを馬鹿にしていた。だが、同じようにならないためには努力が必要だった。なによりも、彼女は自分の運命を尋ねたくてしかたがなかったのだ。晩餐の席で、枢機卿はカリオストロの奇跡的な力を吹聴した。二万五千フランするという豪華なダイヤの指輪をひけらかして、カリオストロが、ロアンの目の前で錬金術の竈《かまど》に入れて大きくしてくれたと言う。コプトはその貴重な贈り物を押しつけ、支払いはさりげなく断った。「わたしをヨーロッパ一の金持ちにしてくれるだろう」とロアンは自慢した。アンリエット・ルイーズは、カリオストロはエカテリーナ女帝に近づくために彼女に印象づけようとしているのだろうと思った。彼女はエカテリーナと親しかったからだ。たとえそうでも、惹きつけられずにはいられなかった。「カリオストロは悪魔的な力にとりつかれていた。人の心を奪い、意思を麻痺させた」

ジョルジェル司祭も、ロアンが完全にカリオストロの魔力に囚われていることに気づいた。ロアンが仕事でパリに出かけるときにも、スイス人の執事ド・プランタ男爵がなんでも世話するからとカリオストロを屋敷に滞在させた。ジョルジェルは、すばらしいサヴェルヌの館がこんな寄生虫の勝手にされるのかと思うと腹が立った。留守中に最高のワインが水のように流れていったことを主人に告げたが、枢機卿は鷹揚に笑って、カリオストロはときどき楽しんでも当然だと言うばかりだった。

楽しむ！　そのとおりだ。ジュゼッペ・バルサモはロアンの広い砂岩の館に雇われている二十五人の召使と十四人の執事に毎日いくつもの用事をいいつけて、パレルモのスラムから実に遠くまでやってきたものだと満足感に浸ることができた。ラインの河岸にある館から見下ろすと、二つの町と大聖堂と古城が見える。こちらへ、プランタ男爵、飲み物をもて。トカイ・ワインを注いでくれ――。

ジョルジェルは、カリオストロは主人から盗みを働くためにストラスブールに来たのだと確信していたが、その反対を示す証拠は山ほどある。トカイ・ワイン以上に金も簡単に流れ込んでいた。たとえば一七八一年の夏、彼は生涯でもっとも富をもたらした治療をほどこした。とてつもなく裕福な銀行家で絹商人のジャック・サラザンが、スイスのバーゼルからカリオストロの治療所に妻を連れてきた。サラザンは望みを失いかけていた。あらゆる医学的・霊的な治療を試してみたが、どれも成功しなかった。

ゲルトルード・サラザンは原因のわからない消耗性の熱病にとりつかれていた。一時間しか眠れないこともよくあった。ひきつけの発作が起きると、取り押さえるのに八人の人手が必要となった。カリオストロの治療はすぐに効果を現わした。熱が下がり、正常に食べたり眠ったりできるようになった。治療が終わってから二、三カ月後、ジャックはスイスから手紙を書き、愛するゲルトルードが再び妊娠できるまでになったことを伝えてきた。当然、子どもには救い主にちなんでアレクサンダーという名前をつけた。喜んだ銀行家はパリの新聞に体験談を発表した。「感謝の気持ちを言い表わすのは非常に難しい。なんと言っていいか言葉が見つからないのだ」。ジャックは、のちにカリオストロを助けにかけつけることになるが、とりあえずは、ヨーロッパのどこでも有効な無制限の銀行勘定を与えることでカリオストロの恩に報いた。

血を吸うヒルのようにロアンを食い物にしているというジョルジェルの話とはほど遠く、カリオストロは三年間博愛的な活動を続けたあとの一七八三年六月に、そろそろ出ていく時期だと宣言して枢機卿を悲しませた。ストラスブールでの仕事は、地元の有力な医者から恨まれたせいでやりにくくなっていた。その医者の患者を治療したからだった。こんなでしゃばった真似を許しておくわけにはいかないと、地元の医師会がカリオストロを追い出すキャンペーンを始めた。カリオストロの雇い人だった男に金を払って、新聞やチラシでカリオストロを中傷させた。その不満をもった薬剤師はカルロ・サーキといい、スペインでカリオストロの性病を治療したことがあり、給料を踏み倒されたとも主張していた。彼は、カリオストロの処方箋を横流しして首になったことには触れなかった。彼の告発のすべてとはいわないまでも、ほとんどは、でっちあげだった。だが、ストラスブールの医師たちの耳には妙なる音楽のように聞こえたのである。

カリオストロはフランス南部に向かうことにした。サン＝ジェルマンやスウェーデンボリのような先駆者が広く信徒を集めた神秘主義的フリーメイソンの中心地である。ロアン枢機卿は霊の指導者との接触を失うのを恐れて、若い科学者のレーモン・ド・カルボニエールをカリオストロにつけて世話をさせ、自分との連絡を絶やさないようにと命じた。

「追放された王女」の執念

ジョルジェルが大コプトを嫌っていたのは確かだが、当時カリオストロにはライバルがいたことも回想録のなかで認めている。その悪魔的な人物もやはり枢機卿をたぶらかそうとしていた。ジョルジェルはその女にキルケーというあだ名をつけていた——ギリシャ神話に出てくる邪悪な魔女で、男を破滅に誘う。その女の名は、ジャンヌ・ド・ヴァロワ・ド・サン＝レミ・ド・ラ・モット伯爵夫人。

　ロアンを魅惑した二人は奇妙なほどよく似ていた。ジュゼッペと同じく、ジャンヌも貧困のなかに育ち、通り《ストリート》で機知を磨いた。バルサモ家と同じように、彼女の家族も昔を懐かしむように高貴な家系について語った。ジャンヌには、これは強迫観念とまでなっていた。一七五六年に、シャンパーニュ地方バール＝シュール＝オーブの古い小さな村はずれにあるフォンテット城に生まれた。父親のジャック・ド・サン＝レミにはかつてリューズ・エ・ヴァロワ男爵という称号があった――アンリ二世にさかのぼる王家傍流の子孫としての称号である。小さなジャンヌは空想を育んで大きくなった。心のなかでは、彼女はずっと追放された王女だったのである。

　現実には、父親は飲んだくれの落伍者で、かつては雇い人だった宿屋の主人の娘と結婚した。ヴァロワ男爵は賭け事の借金を払うために売り払った地所で、密猟をして暮らしていた。ジャンヌが育った木造の掘っ立て小屋には小さなはね上げ戸がついていて、村人たちがその戸から子どもたちのための残飯を押し込んでいく。それと比べたらジュゼッペの生家など宮殿のようなものだ。一七六〇年頃、家族は仕事を探してパリに流れ着く。しかし、一年のうちに父親がオテル＝ディユー救貧院で死に、ジャンヌの運命は母親の新しい愛人、サルデーニャ出身の近衛兵の手に握られることになった。その男は八歳になる義理の娘をレイプしたうえに、毎日ブーローニュあたりに物乞いに行かせて家族の生計を支えさせた。

ジュゼッペはアルバゲリアの市場で魔術への勘を養ったが、ジャンヌは新しい暮らしから誘惑の技術を学んだ。自分の悲しい身の上のあらゆる要素を利用するようになった。一七六四年三月のあるさわやかな日、ブランヴィリエ侯爵夫人はブーローニュ近くのパッシーの村はずれで馬車を止めさせた。背中に赤ん坊をくりつけて震えているやせた少女に話しかけるためである。その少女は、「ヴァロワの血を引く孤児にお情けを」と書いた看板をもっていた。その瞬間から善良な侯爵夫人は、甘い微笑みと鉄の意志をもつ野性の少女の保護者とも被害者ともなったのである。その後十年、侯爵夫人はジャンヌとジャンヌが背中にくくりつけていた妹に女物上着の仕立て技術を仕込んだ。それから二人を貧しい良家の人のための修道院に入れて教育を受けさせた。そのあいだ、ブランヴィリエ侯爵は夜中にジャンヌの部屋を訪れて違った種類の技能を教え込んだ。

ジャンヌ・ド・ラ・モット
（パリ、フランス国立図書館）

二十歳になったとき、修道尼になる

ための誓いを立てろと迫られて、ジャンヌは修道院を逃げ出してバール＝シュール＝オーブに戻り、判事の親切な妻マダム・シュルモンの慈善にすがった。一年後、ジャンヌの保護者は、自分は「悪魔」を養ってきたと嘆いた。娘はムッシュー・シュルモンをたぶらかし、ラングル司教の子を孕み、次にマダムの甥、身を持ち崩した近衛兵のニコラ・ラ・モットを誘惑した。一七八〇年六月六日、あわただしく整えられた結婚のおかげで司教の過ちはばれずにすみ、生まれた双子は都合よく誕生後二週間ほどで死んだ。

もうひとり地元の若い男がジャンヌに恋をした。このアルベール・ブニョという弁護士はジャンヌの不思議なセックスアピールについて次のように語っている。「マダム・ド・ラ・モットは一般的に言う美人ではありません。背の高さは中くらいだが、しなやかでスタイルがいい。表情の豊かな青い瞳、山なりの眉毛は黒。顔は少し長く、口が大きくきれいな歯をしている。そういう顔にぴったりな魅惑的な笑顔。美しい手と小さな足。肌の色は目が覚めるような白さだった……教育はまったくなかったが、非常に知的で、洞察力があった」。そして、ほかの愛人全員も認めているが、「あらゆる感情のおもむくままに」行動した。それに、冷たい計算と容赦ない意志で目標を追求することができた。「そういう性格は……男性の特徴だと主張している本を読んだことがある」と彼女は自伝のなかで書いている。「……それは望ましい性格だとわたしは思う。だが、女だったので、それを身につけるために努力した」。彼女は男に変装するのが好きだった。体力があり、獰猛に戦うことができた。

もっとも長続きした愛人は二人いる。一人は威厳のある黒髪のアルベール・ブニョ。もう一人は金髪で元気のいいレトー・ド・ラ・ヴィエット、夫の友人の近衛兵である。二人は、彼女がそもそも誰かを愛したことがあるのだろうかと疑っていた。ブニョは彼女のことを一種の「野生児」と考えていた。「生まれたときから常に社会と戦っており、法を軽んじることを身につけ、道徳など一顧だにしなかった」。ジュゼッペ・バルサモがフリーメイソンという使命を発見したときはすでに三十五歳になっていたが、ジャンヌは自分の使命を生まれたときから知っていたと言ってもいい。彼女が苦痛を感じるのは屈辱に対してだけで、ヴァロワの失われた領地を取り戻すことだけを渇望していた。この固定観念のせいで、ジャンヌは「目的のためには手段を選ばず、彼女の生まれながらの権利を否定した社会秩序に逆らうのを当然だと考える」女性になっていたとブニョは語っている。

ジャンヌが初めてロアン枢機卿と出会ったのは、一七八一年九月前後のことだった。マダム・ブランヴィリエが金持ちで有名な枢機卿を訪問していると聞いて、ジャンヌは約百キロ離れたリュネヴィルの兵舎からストラスブールにかけつけた。彼女はロアンが馬車で出かけているところに偶然行き合うように画策した。努力の甲斐はあった。

ジャンヌが用意したものは完璧なとりあわせだった。枢機卿のセンチメンタルな気質に訴えかけるお涙ちょうだいの物語、彼の俗物性を惹きつける尊大さ、悪名高い彼の女好きを刺激する官能性。フランス宮廷司祭として、枢機卿は困っている貴族を国王にかわって助ける義務があった。彼はジャンヌにふくらんだ財布を渡すことで義務を果たした。そして、困ったらいつでも連絡するようにと言い添えた。

彼女はいつだって困っていた。しかし、一七八二年夏の二度目の出会いにはもっと手の込んだ計画が必要だった。まず、彼女はパリに移り、マレー地区のホテルの最上階に家具つきの部屋を借りた。都合よく、ロアンの大邸宅から遠くない。そのあいだに、なんとか「伯爵夫人」になりすました。なんのことはない、血縁関係のないラ・モットの分家から称号を拝借しただけだ。そして、法律の勉強を深めるためという名目でパリに出てきていたブニョに、ときおりベッドに入れてやることと引き換えに、領地復権の請願書を何通も書かせた。枢機卿がパリに滞在しているのを知って、いかにもジャンヌらしい図々しさで、ブニョに馬車と召使を貸してくれと頼んだ。枢機卿の館を訪問するためである。

誘惑にはぴったりの環境だった。大理石の玄関から館に入ったジャンヌは、マルスと横たわるヴィーナスを描いたブーシェの絵の前を通った。召使がジャンヌを階上の「サルの間」に案内する。枢機卿が私的なミサを行なう部屋だった。なんと奇妙な礼拝堂なのだろう。まわりの壁には、窮屈な中国服を着た肥った貴族を描いたロベール・ユエの絵がいくつもかかっている。だが、それも羽目板の壁と祭壇のうしろを飾る細密壁画と比べたらおとなしく見える。どれも卑猥な格好をした毛の赤いサルが描かれている。一匹のサルは尻の穴で蠟燭を吹き消して得意げにニヤリと笑っている。枢機卿は手招きしてジャンヌを自分の隣にすわらせ、もういちど悲しい生い立ちを話すようにと頼んだ。枢機卿は彼女の手を握り、「男の心を射止めるためにつくられた女性」だというのに、きっと男運が悪かったに違いないと言う。まもなく彼が祭壇につくられた隠しドアを開くと、枢機卿というより娼婦の部屋を思わせる寝室が現われた。ロアンはまた彼女に直接下の庭に出られる階段を見せて、女性が人目につかずに出ていけるようになっていると説明した。

翌日、ジャンヌは勝ち誇っていた。数日のうちに、ブニョにもう弁護士としても愛人としても用はないと告げる。枢機卿という「保護者」を得て、新しい計画を進めるつもりだった。パリの南西約二十キロにあるベルサイユに居を定め、直接宮廷にヴァロワの称号と領地の回復を働きかけるのだ。お払い箱になったあわれなブニョは慎重にやるようにとジャンヌに警告した。ベルサイユには詐欺師とプロの陰謀家がうようよしている。「そういう連中はいつも一財産つくりかけているところだと言うし、やってはいけないことをどうやればいいかと危険なアドバイスをするだけだ」

これほど現実味のない計画は想像もつかない。この一文なしの野心家がヨーロッパ一排他的で儀礼に縛られた宮廷に入り込めるというのだろうか？　たしかに、ジャンヌが利用できるものは二つあった。一つは、ベルサイユが宮殿というよりは廷臣の住む国のようなものだったことである。あまりにも巨大でまとまりがなく、そこに寄生している下層階級を生み出していた。抜け目のない詐欺師ならこの建物で働く一万二千人のなかに簡単に紛れ込むことができる。急ぎ足の役人や召使やあらゆる種類の下働きにまじって薄暗い廊下を自信ありげに歩くこともできるし、おおぜいの取り巻きにまじって、排泄物の臭いの立ちのぼる庭をあつかましくそぞろ歩いてもいい。

ジャンヌの第二の利点は、機知と勇気と非情さにかけては誰にも引けをとらないことだ。だが、その後の数年はその能力を限界まで試される日々だった。ベルサイユのベル・イマージュ・インに宿をとり、役人や王家の人々に年金や財産や称号を要求してまわった。大蔵卿のシャルル・アレクサンドル・ド・カロンヌは彼女を厄介払いするためにとうとう年金の増額を認めた。ある日など、王の妹エリザベート王女の応接室に入り込み、発作を装って床に倒れた。ろくに食べていなくて、流産して体調が悪いと言ってさらに慈善を引き出したが、数カ月後にまた同じ芝居を打とうとしてすべてぶちこわしにした。

宮殿のいちばん内側に入ることは禁じられたので、周辺をうろついて噂話や宮廷人の隠語を吸収し、召使たちに取り入ったりした。たとえばプチトリアノンにある王妃のお気に入りの庭園を守る門番のグーベールなど。ロアンからもうなにももらえなくなると、彼女はみすぼらしいホテルを訪ねてくる貴族たちに身を許し、引き換えに贈り物や金をもらった。時には文字どおりに飢えたこともある。ずっと辛抱強くつきあってきたブニョがときおり簡単な食事をしに連れだすこともあった。彼女が飢えたようにビールを飲み、いくつもの小さなケーキを一気に食べたりする様子にブニョはショックを受けた。

どんどん貧しくなるのものともせず、ジャンヌは体面を繕うためにパリに戻り、借金をして、鉄のバルコニーと門番小屋と厩《うまや》のついた優雅な三階建ての家を借りた。マレー地区のヌーヴ゠サン゠ジル街十三番地にあり、枢機卿の邸宅からたったの五分だから、夜に遠くまで行く必要もない。だがその家は、ジャンヌの人生のほかのものと同じように、ほとんどが幻だった。ほとんどの時間は召使といっしょに一部屋に閉じこもり、家具は借金とりに差し押さえられないように近くの床屋に預けてあった。召使のロザリーは何カ月も給金なしで働き、時には取立ての激しい借金を自分のたくわえから払ってやることさえあった。

しかしジャンヌはけっしてチャンスを逃さなかった。ある純真な司祭、近くのミニム教会のロト神父は彼女の苦境に心を動かされ、無料の秘書を務めるようになった。

バール＝シュール＝オーブにいたときの愛人、レトー・ド・ラ・ヴィエットも再び現われてジャンヌの惨めな宮廷に加わった。レトーは筆跡を真似たり詩をつくったり、歌ったり、またこれは自己申告だが、雄牛のようにセックスすることができた。これはみな詐欺師の伯爵夫人にとって役に立つ技術だとわかった。

この苦しい時期に、最初の突破口が訪れた。何人かの商人がジャンヌに近づいて彼らにかわって宮廷に陳情してくれと頼んできたのだ。彼女が宮廷の有力者と親しいという話を聞いたのだった。その有力者のなかには王妃も入っている。ジャンヌはそんな噂をあおりたててきた。そしてとうとう火がついた。一七八四年四月、彼女はこの嘘を枢機卿にも試してみることにした。彼女が王妃と親しいと聞いてロアンが見せた喜びの表情から、大当たりを引き当てたことがわかった。枢機卿はマリー＝アントワネットに与えた悪い印象を回復したがっていた。彼が宰相になるのを阻んでいるのは王妃の恨みだけだったのである。このむなしい望みこそが——ジョルジェルによれば——ダイヤの首飾り事件に火をつけた「地獄の火花」だったのだ。そして、もちろん、それをあおりたてたのはジャンヌである。

枢機卿を罠にかける長い複雑な操作のなかで、彼女は一度も間違いを犯さなかった。内部情報や心理的な洞察力を使って、彼女はロアンを、ブニョに言わせれば「暗示の網」にからめとっていった。ジャンヌの知性とレトーの筆写の技術、それに花飾りのついた高価な便箋でいかさま王妃ができあがった。ジャンヌはまず枢機卿に以前の間違いを説明し謝罪する手紙をマリー＝アントワネットに書くように勧めた。いい考えだ。ロアンはジャンヌに手紙を託す前にいそいそと二十回ほども書き直した。

偽の返事は、形式ばった冷たいものから少しずつ親しみを感じさせるものになっていった。枢機卿のおもねるような言い訳やきわどい言葉に王妃が折れてきたと見せかけたのだ。文章をでっちあげるときに、ジャンヌはロアンの虚栄心とマリー＝アントワネットが誰とでも寝るという間違った評判とを実にうまく利用した。王が身体の不具合のせいで夫としての義務を果たせずにいた欲求不満の時期に、マリー＝アントワネットは「かわいいお馬鹿さん」という評判を立てられた。これはもともと兄のオーストリア皇帝ヨーゼフ二世が言った言葉だったが、宮廷の人たちはもっとひどいあだ名で呼んでいた。愚かな取り巻きや彼女の傲慢な態度に腹を立てた人たちは、マリー＝アントワネットはレズビアンだとか、ベッドでは貪欲だとかささやきあっていた。放蕩者のレンズをとおして世の中を見ている枢機卿は、王妃がジャンヌのような美人や彼のような美男の誘惑に負けるのはしごく当然だと考えていた。

しかし、時がたつうちに、ロアンはマリー＝アントワネットの言葉を直接聞きたいといらだつようになった。情事を肉体的な局面にもちこみたがっていたのである。厄介なことになった。しかし、今度は無骨な夫のニコラがいいことを思いついた。ある夏の午後にパレロワイヤルの庭園を歩いていて、ふと魅力的な若い女性に目を留めた。二十三歳のニコル・ルゲーである。王の従兄弟の持ち物だったこの庭園は、商店街と歓楽街に姿を変え、屋台の売店やカジノやカフェが軒を並べていた。王室の持ち物なので警察が介入することはなく、パリの悪徳の巣と化していた。

ニコルはパレロワイヤルの典型的な住人だった。ヴァロワの血と天稟《てんぴん》の才がなければジャンヌもそうなっていただろう。ニコルは婦人帽子をつくるお針子で、傍らで売春もしていた。客の貴族から得たうわべだけの教養を身につけていた。ニコラの鋭い目は、ほかのあることを見てとった。柔らかな金髪、青い瞳、面長の青白い顔は気味が悪いほどマリー＝アントワネットの肖像画に似ていたのである。彼はすぐにそのお針子に取り入って、それから妻にニュースを伝えにいった。こうして、ニコル・ルゲーを一夜の王妃に仕立てる計画が生まれた。

このきちがいじみたアイデアを「小説よりも奇」な場面に完成させた監督はジャンヌだった。マダム・ヴィジェ＝ルブランが描いた有名なマリー＝アントワネットの肖像画をもとに、ジャンヌはニコルを王妃に変えた。「簡素な白いドレスを身につけ、頭の飾りは、流行に結った髪と、顔の両側で首筋に満ちかかっている二つの巻き毛だけ」

好色な大司教をだますために娼婦に王妃のふりをさせるというフィガロ風の筋書き

は、ボーマルシェの戯曲を下敷きにしている。ジャンヌには演劇的な才能があり、完璧な舞台装置をしつらえた——暑い、月のない夏の夜、真夜中の逢引。舞台は「ヴィーナスの森」、王妃の好きなプチトリアノン庭園の木に囲まれた岩屋である。ドリヴァ男爵夫人（ヴァロワの言い換え）というまぶしい名前をもらったニコルは、本物の王妃のためにちょっとした冗談をしかけてくれと頼まれたものだと思っていた。王妃は葉陰からこの場面をのぞいているのだろう。そのうち、コートと鍔広《つばひろ》の帽子で姿を変えて現われたロアン枢機卿は、この危険な関係に熱に浮かされたようになっていた。

たとえ枢機卿に疑いが残っていたとしても、ニコルが二言、三言つぶやいて赤い薔薇を押しつけ、夜の闇に消えていくと、すべての疑いは消え去っていた。ジャンヌは、翌朝ロアンが王妃に届くと思って書いた有頂天の手紙を覚えている。「あの美しい薔薇はわたしの胸に刻みこまれました。生涯胸に抱いていくでしょう。幸せが始まった瞬間のことを思い出させてくれるでしょうから……嬉しさに我を忘れ、知らぬ間にあなたが選んだ美しい場所に行っていました。植え込みを通り抜けると、愛する奴隷があなたの足もとに身を投げ出した場所を見てたまらない気持ちになりました……愛らしい小さな足が踏んでいた芝生を見て、あなたがまだそこにいらっしゃるかのように駆け寄り、あなたの足をのせた芝生にキスしたのです」

最初ジャンヌは、枢機卿がだまされているあいだにできるだけ金を搾りとろうと考えていた。彼女はすぐに王妃の名で金を要求しはじめた。もちろん、たいていはなにか慈善の目的のためだった。枢機卿はその金をユダヤ人金貸しから借りていたのだ。奇妙な偶然の一致で、ジャンヌの生活水準は大幅に改善された。ニコル・ルゲーはといえば、人生最大の演技に約束された金の半分をもらっただけでお払い箱になった。

それから、一七八四年十二月に、ほんとうに大胆な人間にだけ恵まれる幸運が訪れた。宮廷出入りの宝石商バサンジュとボーメールが、注文流れの途方もなく高価なダイヤモンドの首飾りを売りたい一心で、ラ・モット伯爵夫人に「お友達の王妃様」にこの豪華な宝石を買ってくれるよう働きかけてくれと近づいてきたのだ。ジャンヌは鋭くそのチャンスを見抜いた。ロアンは、いつもの青い花模様のついた手紙で、王妃のためにその首飾りの売渡し保証人になってくれと頼まれた。一時的なローンなの、わかるでしょ？　王妃は今のところ現金が足りないし、こんな贅沢をするのに王を煩わせたくはない。もちろん、絶対に秘密は守ってほしい。けれど、王妃はご親切をけっして忘れないだろう。

ここでまた微妙な詐欺の演出が必要になった。鋼鉄の神経と見事な演技が要求される。王妃のハートを射止めて有頂天ではあったが、枢機卿はいまだにびくびくしていた。彼ほどの豊かで野心的な男にとっても、申し出の期限は急で、政治的にかかっているものは膨大だ。何度も交渉した結果、一七八五年一月二十九日に条件が合意に達した。価格は百六十万リーブル、二年にわたっての四回分割払いとなる。首飾りは二月一日に引き渡される。

引き渡しの二日前、ジャンヌがベルサイユから帰ってきて、王妃が取引に同意したが、どんな文書にも署名するのを望んでいないと言う。そのときとつぜん枢機卿が爆弾発言をした。彼は神聖な師であるカリオストロ伯爵にパリに来てくれるように頼んだという。実は、その日の夜にもパレロワイヤルのホテルに到着するはずだ。ロアンは保証人となることで生じる恐ろしい責任について彼に相談する。やってもいいかどうか善き霊が知っているだろう。

略奪者たちの思惑

この危険な瞬間を切り抜けるのに冷静さと幸運が助けてくれた。ほっとしたのは、枢機卿も宝石商人たちも興奮しすぎていて署名が本物かどうか調べようともしなかったことだ。レトーが不恰好に書いた名前は「マリー＝アントワネット・ド・フランス」。オーストリアの愛国者である王妃がけっしてこんな署名をしないことには誰も気づかなかった。

もう一つ天に感謝すべきなのは、その夜、枢機卿が心のうちをぶちまけたとき、カリオストロはたまたま機嫌が良かったことだ。霊にお伺いを立てたあと、兆候は吉と出たとカリオストロは告げた。ロアン枢機卿はまもなく望みどおりの権力と影響力を手にするだろう。ジョルジェル司祭は事件を振り返って、これが重要な瞬間だったと考えた。カリオストロの保証を得た枢機卿はもはやためらわなかった――ジャンヌの罠は口を閉じたのである。

二月一日の夜、ジャンヌの指示にしたがって枢機卿はベルサイユ、ドーファン広場にあるジャンヌのアパルトマンで、二階の薄暗いアルコーブに身を潜め、伯爵夫人が箱に入った首飾りを黒い服を着た背の高い「侍従」におごそかに手渡す場面を見守った。その侍従は、実は偽造の得意な「雄牛」のレトーだったのである。ロアンが去ったとたん、ジャンヌ、ニコラ、レトーの三人は宝石をナイフで台からはずし、どこでどうやって売り払うかの相談を始めた。

しかしこれほど多くの目立つ宝石を売るのは難しいことがわかった。ラ・モット伯爵夫人はほとんどをイギリスにもっていかなくてはならなかった。そこなら疑いを招きにくい。ジャンヌはそれから数週間のあいだに、カリオストロがまだ彼女の計画を危険に陥れる可能性があることに気がついた。ロアンは彼の前では従順な子どものように振る舞っている。彼は有名な彫刻家のウードンにカリオストロの胸像制作を依頼した。目は天を見上げ、髪が首筋に流れ落ちている大理石の像で、台には次のような言葉が彫りこまれている。「これは人類の友の姿である。日々は新たな善行によって刻まれ、貧しい人々を助け生命を延ばす。役に立つ喜びが唯一の酬いである」

ジャンヌの家は今や、カリオストロのさらに大きな家の文字どおり日陰になってしまった。カリオストロはサンタントワーヌ大通りをはずれたサン＝クロード街一番地に居を構えた。毎晩のように預言者に会って相談したり、彼が「ちっちゃな伯爵夫人」と呼んでいるセラフィーナにお世辞を言いに来たりできるように、ロアンが自分でその家を選んだのだ。ロアンがその女性に次から次へと贈る高価な贈り物を見れば、二人の関係がごく親密なものだとわかる。カリオストロの家はといえば、王族にもふさわしいほどだった。天井の高い柱廊、敷石を敷き、木がたくさん植えられた中庭、三つの階にいくつもある広い部屋に続く長い石の階段。コプトが降霊会を開く「エジプトの間」にある豪華な東洋の家具も、蒸留器、炉、坩堝、毎日コンロの上で煮立っているフラスコも、ロアンが金を出しているに違いないとジャンヌは正しく見抜いていた。こちらには防腐処理されたトキの剝製《はくせい》が竹馬のような脚で立ち、

カリオストロ伯爵
ジャン・アントワーヌ・ウードン作
（ワシントン・ナショナル・ギャラリー、サミュエル・H・クレス・コレクション）

あちらには天井から吊り下げられた剝製のワニが口を開いてゆっくりと回っている。壁には不思議な象形文字が一面に書かれていた。

カリオストロのカルトがパリ中の話題を集めているのにジャンヌが気がつかないはずはなかった。新奇なものに熱中するこの町は、彼の到着を待ち望んでいたかのようだった。カリオストロへの熱狂がここ数年の気球騒ぎにとってかわろうとしていた。気球の流行には、ジャンヌまで夢中になって、有名なピラートル・ド・ロジエの熱気球に似せた二・五メートルもの高さのある青い二輪馬車を買ったほどだ。気球乗りが天国まで飛べて、ドクター・メスメルが磁力波で人を失神させられるのだとしたら、カリオストロの途方もない主張もほんとうなのかもしれない。とにかく、彼のエジプト派メイソンには科学と宗教と魔術が含まれていた。

枢機卿の姪、ゲムネ公女は、カリオストロとセラフィーナが一七八五年八月七日にヴェルト街に開いたイシス・ロッジにパリ社交界で最初に加わった一人だった。最近まで南部にいたことで、カリオストロの運動は名声が高まり、J・B・ヴィレルモズとその利発な甥レイ・ド・モランドのような指導的メイソンが加入していた。ド・モランドはカリオストロを助けてエジプト儀礼を体系化し、小冊子にまとめた。またカリオストロとともに、リヨンでラ・サジェス・トリオンファントという母ロッジをつくっていた。エジプト派フリーメイソンは今やヨーロッパの他のライバルに仲間入りすることになった。ジャンヌは知らなかったが、カリオストロがパリに来たほんとうの理由は神秘主義フリーメイソンの特別な国際会議に出席して彼の運動への協力を求めるためだったのである。その会議は、カリオストロが、他の宗派は自分たちの文書を焼き、無条件で彼の密儀に加わるべきだと声高く宣言したために大混乱に陥った。

これほど大きな態度に出たのは、パリでできた新しい弟子の豪華絢爛さにあおられたせいだった。称号のある貴族が群がってきた。そのなかには、エジプト密儀のパリ保護者という称号を受け入れたモンモランシー公や、プリンスであり、一七七一年以来フランスのフリーメイソンのグランド・マスターでもあるオルレアン公もいた。小さな「エジプト密儀最高評議会」を率いたのはフランス海軍の財務長官、クロード・ボーダール・ド・サン＝ジャム、ロアン枢機卿の辛抱強い債権者の一人だった。

別の献身的な崇拝者、マダム・ド・フラムランは伯父のブリュージュ大司教に頼んで教皇がエジプト密儀を承認するように圧力をかけさせようとしたが、うまくいかなかった。流行の先端をゆく女性たちはとくにエジプト密儀に惹きつけられた。男女混合のロッジに入会できて、女性寄りの話が聞け、魅力的な儀式があり、性的な刺激もミックスされているのだから。女性の入会者は簡素な白い服を着て、色のついた帯を結び、きらびやかな照明の寺院に集まって、セラフィーナが、鎖を打ち壊し、男性をひざまずかせなさいとあおるのを聞いた。彼女の背後には、古代ローマの巫女の称号をもつ十人ばかりの伯爵夫人や侯爵夫人が並んでいる。新入会員は一人一人セラフィーナに紹介され、セラフィーナは魂を強めるための象徴としてその顔に息を吹きかけた。そのあとで、荘厳な赤い衣装をつけ、片手に蛇の杖をもったコプトその人が登場する。彼も、霊の世界では女性のメイソンは平等であると約束したあとで、音楽と噂話と酒になって会合は終わる。

ジャンヌはこのエリート集会に加われるだけの信用状がなかった。しかし彼女は、傲慢なコプトに勝たなければならないとわかっていた。カリオストロは首飾りを買う計画を知っている人間だ。もしこの男が枢機卿の耳に疑いを吹き込めば、詐欺は失敗する。一方、カリオストロが承認すれば信用が増す。三月のいずれかの日に、ジャンヌはカリオストロに、「非常に高貴な女性」が妊娠のことを心配していて、カリオストロに予言してもらいたがっているという話をした。カリオストロは、その妊娠した女性とはマリー＝アントワネットだと思うように仕向けられた。嬉しくなった彼はすぐに承知した。だが、それほど微妙な予言には特別な霊媒が必要になる。ブニョによれば、「天使と同じように純粋で、特別な星座のもとに生まれ、繊細な神経と大きな感受性をもち、青い瞳でなくてはならない」と言ったらしい。たまたま、ジャンヌの美しい十代の姪、マリー＝ジャンヌ・ラ・トゥールがそれにぴったりだった。

選ばれた四十人ほどの人を枢機卿の邸宅に集め、カリオストロの助手はいつもの道具を整えた。蠟燭、メイソンの徽章、赤い薔薇、絹のリボン、五芒星形、両刃の剣、クリスタルの水差し、ついたて。彼は導入の儀式を始めた。彼は霊媒に告げた、もしおまえが無垢なら、善良な天使ミカエルとガブリエルがおまえになにかを見せるだろう。純粋でなければ、ただのグラスが見えるだけだ。厳しい選択を突きつけられて、少女はためらった。カリオストロが少女は汚れていると告げようとしたまさにそのとき、少女ははっきりと王妃の姿を見た。妊娠し、白いドレスを着ている。善良な霊はすばやく予言した。マリー＝アントワネットは健康な男子を産むだろう。この予言は、いつものように的中した。その子ども、ルイ＝シャルルは一七八五年三月二十七日に生まれた。

それ以降、ジャンヌはカリオストロを誘惑しようと努力を傾けた。ブニョは、ヌーヴ＝サン＝ジル街の彼女の家で開かれた晩餐会の様子を描写している。彼女はカリオストロがぐにゃぐにゃになるまで誘惑した。ブニョはその男の「ギョロついた目と天井をむいた鼻に」嫌悪をおぼえた。しかし、服装は立派だと思った。金の縁どりがついた鉄灰色の上着、緋色のチョッキ、赤い半ズボン、大きな羽根のついた縫いとりのある帽子、宝石入りのバックルがついた靴。指には指輪がいくつも光っていた。懐疑的なブニョも、男の弁舌の力には圧倒された。「なにかについて話しはじめると、我を忘れ、声も身振りも非常に堂々としている……彼の話で覚えているのは、天国、星、偉大な霊薬《エリクシール》、メンフィス、秘儀の司祭、超常的な化学、巨人、怪獣、パリの十倍も大きなアフリカ奥地の町の話、そこの人間と彼は文通しているという……そして……がらっと話題を変えて、マダム・ド・ラ・モットにばかげたことを言い、彼女のことを雌鹿だのガゼルだの白鳥だの鳩だのと呼びかけた」。そのあと、パレロワイヤルの自宅へ帰ろうと歩いているとき、ブニョはふと二人の略奪者に挟まれた枢機卿が気の毒になった。その二人は、「力をあわせて彼を奈落に突き落とそうとしていた」。

ブニョは二人の親密さを見誤っていた。カリオストロはジャンヌを信用していなかったし、ジャンヌのほうは彼を枢機卿といっしょに奈落に突き落とそうとねらっていたのだ。カリオストロは濡れ衣を着せるのにぴったりだという考えはジャンヌのなかでしだいに大きくなった。彼はゴシップを引き寄せる存在だったからだ。昔の魔術師の伝説からとった途方もない話が、カリオストロの物語として流布していた――カリオストロの霊薬《エリクシール》で女中が間違って赤ん坊にされてしまった、この男は実はさまよえるユダヤ人で、千四百年も地上をさまよっているのだ、ガリラヤの浜辺でキリストと話したことがある、ダイヤモンドや宝石を自然の大きさの二倍にまで育てることができる、等々。この男はあまりにも荒唐無稽すぎてまともとは思えないとか、そんな奇跡を自慢するのは偽者ばかりだというほのめかしもあった。

メイソンの仲間はもてはやすとしても、警察はずっと彼を詐欺師とみなしていることをジャンヌは知っていた。低俗な新聞を発行しているシメオン・アルディは、一七八五年八月にカリオストロは詐欺師であると同時にスパイだという噂を書きとめている。セラフィーナも、ロアンの新しい愛人だと思われていた。三文文士はカリオストロとセラフィーナがメイソンの乱交を主催していると書いた。カリオストロの召使が書いたとされる小冊子では、エジプト密儀の高位階に行くには非常に困難な性的な試練を受けなくてはならないとされていた。たとえば、第三の試練でカリオストロは、セラフィーナが隆々と勃起したペニスをもつ二メートルの大男とセックスしているところを見せられる。同じチラシのあとのほうには、裸のカリオストロがイシス・ロッジの天井から吊り下がって、手に「立派な太さでかなりの長さの蛇」をもっている。その格好で女性のメイソンに服を脱ぎ乱交を始めて自然に帰れと促している。

ジャンヌは、スキャンダルと引き換えに枢機卿にダイヤモンドの代金を払わせることができれば、この詐欺での自分の役割を覆い隠せるだろうと思っていた。フランス王妃に――たとえ偽の王妃でも――ラブレターを書いたというだけでロアンは処刑される可能性がある。きれいに払って口をつぐんでいるほうがずっといいはずだ。そして、この作戦がうまくいかなかったとしても、あの怪しい魔術師のせいにできる。

そんなことを考えていたので、分割払いの最初の期限――八月一日――が近づいても、ジャンヌがとくに心配している様子はなかった。夫のニコラや愛人のレトーがすぐにそうしたように国を出ていくこともなく、盛大に金を使っていた。まず、ヴァロワの故郷であるバール＝シュール＝オーブに高価な新しい屋敷を買った。次に、七月の後半になると、シャンパーニュ地方の貴族たちはジャンヌの召使たちが荷車から次々に荷物を下ろしているところを見た。高価な家具、絵画、本、衣装、彫像、馬車、時計、馬、宝石。宝石のなかには千五百リーブルもする機械仕掛けのカナリヤもあり、宝石をちりばめた精巧な羽根を羽ばたかせた。

マリー＝アントワネットの評判

ジャンヌの計画はもう少しでうまくいくところだった。枢機卿はのちに、スキャンダルを避けるためにきっと首飾りの代金を払っていただろうと認めている。ただ、期日を過ぎてあわをくった宝石商たちが、ジャンヌの助言を無視して、直接王妃に支払いを要求したのだ。

八月十七日の夜、ジャンヌはバール＝シュール＝オーブのクレルヴォー大修道院長との晩餐会に出ていた。そのとき、遅れてきた人が爆弾を落とした。聞きましたか？パリでロアン枢機卿が逮捕されましたよ――王妃の名でダイヤモンドの首飾りを買って盗んだということらしい。ジャンヌは震え上がって家に帰り、ブニョに罪の証拠になる手紙を焼き捨てて彼女を助けてくれと頼んだ。ほとんどが枢機卿から王妃にあてた手紙である。いくつかは、さすがに胃のじょうぶなブニョにも消化しきれないほどの中身だった。紙が燃え蠟が溶ける臭いのなかで、ブニョはジャンヌにすぐフランスを離れてくれと頼んだ。だが彼女は冷静に、なにも恐れることはないと保証する。これはみんなあの怪しい魔術師カリオストロの仕業なのだから。

八月二十日、逮捕され、バスティーユに連れて行かれ、独房の一つに入れられたときもジャンヌはこの言葉を繰り返していた。無実の人間がうろたえているという調子で、マリー＝アントワネット王妃のことも途方もないダイヤモンドの首飾りのことも、なにも知りませんと警察に答えた。一文無しのヴァロワの孤児だというのに、そんなことを知っているはずもないでしょう。なにかごまかしがあるのなら、きっとあのいかさま師のカリオストロの仕業に違いありません。彼の妻は枢機卿の愛人です。枢機卿への影響力は評判になっているではありませんか。彼の妻は枢機卿の愛人です。彼のそれに、考えられないほど贅沢な暮らしをしていますわ。「なにも集めたことがなく、なにも売ったことがない、それなのに……すべてをもっている」男ほど疑わしい人間がいるでしょうか？

警察は同意した。三日後、警察長官シェノンと八人の巡査がカリオストロをサン＝クロード街の家で逮捕し、サンタントワーヌ大通りからバスティーユまで歩かせてさらし者にした。カリオストロは、D区画、〝伯爵の塔〟内にあるラ・カロットと呼ばれる房に入れられた。愛しいセラフィーナが数時間後に逮捕され、別の塔に閉じ込められたことを彼は知らなかった。

その後の数カ月、ジャンヌは巨匠の手際で物語を練り上げた。彼女は最初から、犠牲にされた孤児と権高《けんだか》な名家のお姫様という二重の役を演じていた。ヴァロワ家の者として、銀の皿から食べ、羽毛のベッドに寝ることを要求した。先見の明があって、「ドリヴァ男爵夫人」あてに、命が惜しければ国を出ろというメッセージをひそかに送ってあった。あわてたニコルはすぐにブリュッセルに出発した。ニコラ・ラ・モットとレトーはすでに国を出ていた。これで共犯者は捕まらないことがわかったので、カリオストロと枢機卿を非難することに集中できるようになった。

ジャンヌが警察の尋問に小出しにした話は毎回少しずつ変わっていたが、かならず入っている場面が一つだけあった。それは、彼女の姪が霊媒となって行なった降霊会を俗悪に描写したものだ。彼女はおどろおどろしい場面を描いてみせた。無垢な少女は枢機卿の館の、蠟燭に照らされた部屋で催眠術をかけられた。アラビア語の呪文、振り回される剣、メイソンのリボンとカバラの呪物、踏み鳴らす足音、秘密の油を使った黒魔術の催眠術だ。カリオストロの魔術で枢機卿は陶酔状態でわけのわからない言葉を口走っている。二人の男は、いかにも王妃と親しいように目配せをしたり横目で見たりしている。その関係は降霊会の最後にはっきりした。ロアンと魔術師はジャンヌの夫、ニコラ・ラ・モットにダイヤモンドが入った白い木の箱を渡し、イギリスでそれを売るようにと指示したのだ。

ジャンヌの第二の作戦は、彼女に夢中になっているドイヨ弁護士に防御中立書を書かせ、発表させることだった。その目的は、メイソン、治療師、錬金術師としてのカリオストロの信用を落とすことだった。ジャンヌはコプトの仮面をはぎとり、背後にある詐欺師の顔を暴露する。この男はなんと自称しているか？　イエスが水をワインに変えたカナの祝宴のときから生きている超自然の存在だと主張している。「カバラの秘法を伝授され、とくに、死者やその場にいない人と話をして庶民を驚かせることができる……人間のあらゆる知識を知り、金属の変成、黄金製造の秘密を知る薔薇十字団の一員で……貧民を治療し、裕福な人間には不死を売るという」。だが、実際には何者なのか？　怪しげな出自のいかさま師にすぎない。ポルトガル出身のユダヤ人、アレクサンドリア出身のエジプト人、ギリシャ生まれの山師。罪を犯してヨーロッパ中からおたずね者となっている。途方もない主張まで、昔の魔術師から盗んだものだ。

ジャンヌが続いて発表したもう一つの手記はロアンを陰謀の首謀者として描いているが、カリオストロにも新たな打撃が加えられた。恨みをもつストラスブールの薬剤師カルロ・サーキのでっちあげが取り入れられていたのだ。彼女はカリオストロをナポリのスラム街で育ったティスチオあるいはティーチョという名の元召使だと書いている。梅毒にかかった床屋の息子で、医学のことも魔術のこともなにも知らず、エジプト出身というのは完全なでっちあげだ。フリーメイソンのエジプト密儀などと称しているが、神聖なカトリック教会を冒瀆する卑猥な行為や詐欺を隠すための見せかけにすぎない。そのうえ、枢機卿はセラフィーナに宝石を山のように贈っている。このいちばん新しい愛人を喜ばせるために首飾りを盗んだのは明らかだ。

ジャンヌの第二の防御申立書は、パリでベストセラーになった。手記を求める群集が殺到して、ドイヨの事務所は軍隊に守ってもらう騒ぎになった。一週間で五千部が売れ、注文の手紙が三千通届いた。カリオストロにとって心配だったのは、政治的に有力な一派がジャンヌを助ける側に回ったことだった。王妃のために働く宰相、ド・ブルトゥイユ男爵が率いる勢力である。ド・ブルトゥイユとマリー＝アントワネットはどちらもロアンを憎んでいた。そして、ジャンヌがのちに語っているように、二人とも「すべての責任をロアンになすりつけ」ようと固く決意していた。枢機卿の導師もついでに有罪にできれば言うことはない。ジョルジェル司祭のほうも、ジャンヌの共犯者を追及しようとして壁にぶつかっていた。マリー＝アントワネットが枢機卿やカリオストロの無実が証明されるのを望まなかったからだとジョルジェルは主張している。見通しは暗いように思えた。

だが、ジャンヌの敵は手ごわかった。ジャンヌは物語や演技という武器をもちだしたが、それはカリオストロが得意としている武器だったのだ。逮捕されてから九カ月後に無罪放免となるまでずっと、カリオストロの士気は高かった。自分を霊的で善意にあふれた人間として描き出した――それを保証する人はおおぜいいた。そこにいたのはシチリア生まれのタフな男ではなく、感受性の細やかな男、独房に入れられたとたんに悲しそうに泣き出す男だった。牢に入れられたショックで神経がおかしくなり、自分を傷つけないようにするため誰かが四六時中付き添っていなくてはならなかった（これでおしゃべりやトランプの相手ができた）。

セラフィーナにあてた手紙は心を打つものだった。十一月十四日、彼は「愛しい妻」にあてて手紙を書いた。彼女が隣の塔に閉じ込められているとは気づかず、自分は病気で死にかけていて、妻が恋しくてたまらないと書いている。「あなたを愛しながら死んでいく不運な夫より、さようなら」。ついでに、弟子たちがパテやウズラや栗やオレンジを差し入れてくれたので少しは心が慰められたが、いちばん好きなマカロニが食べたくてたまらないとも書いている。

カリオストロはこの善意の人というキャラクターを精巧につくりあげ、一七八五年八月と八六年一月に行なわれた警察の正式尋問の場でも見事に演じとおした。答えには、手を加えた真実に、もっともらしい嘘を少々加える。年齢は三十九歳。メディナで、貴族の両親のもとに生まれたが、両親は彼が赤ん坊のうちに死んだ。十八年間植物学と化学を学び、医師の資格を得た。その後、旅に出て、トルコ、アジア、アフリカで教え、最終的にローマにやってきた。そこでセラフィーナと結婚し、オルシーニ枢機卿や教皇と親しくつきあい、貧しい人たちに無料で薬を配った——同じような博愛行為を、サンクトペテルブルグではポチョムキンの庇護のもとに行ない、ストラスブールではコンタード元帥の支持を得て行なってきた。現在のフランス外務大臣、ヴェルジェンヌ伯爵からの推薦状さえ提出してみせた。それには、カリオストロはストラスブールで善意の人として有名であると書かれている。

フリーメイソンや錬金術といったきわどい話題には一切触れていない。ローマ・カトリックの献身的な信者で、彼の使命は、苦痛を減じ、病人を癒し、命を延ばすために薬や霊薬《エリクシール》をつくりだすことだった。ジャンヌの切り札、悪魔崇拝の降霊会については、害のない動物磁気《メスメリズム》の実験にすぎないと一蹴した。単なる客間のお遊びで、ダイヤモンドにはなんの関係もない。富の出所については、ほんとうのことを告げた。スイスとリヨンの銀行家たちが病気を治してやったことに感謝して気前よく金を出してくれるのだ。

警察はジャンヌとカリオストロを直接対決させて尋問を行なった。その場のカリオストロは堰《せき》を切ったように雄弁をほとばしらせた。追い詰められたジャンヌはカッとなって燭台をつかむと、カリオストロの腹に投げつけた。ジャンヌ自身がのちに書いたものによると、カリオストロは恐ろしい予言で反撃したという。「彼が来るだろう。

汝のヴィエット［レトー・ド・ラ・ヴィエット］が。彼がやってくる。しゃべるのはその男だ」。彼女の共犯者が密告するだろうというこの予言は薄気味悪いほど的中した。精力的に捜査していたジョルジェル司祭が最終的にジェノヴァにいるレトーを見つけ出し、レトーは一七八六年三月二十六日に逮捕された。そして今度はレトーがカリオストロと対決させられた。威勢のいい近衛兵はそのとき熱で衰弱していた。一時間にわたって神に対する義務を諭《さと》され、そのすぐあと、詐欺事件での自分の役割を認める供述をした。

カリオストロにはまた思いがけない援軍があった。バスティーユに入れられてすぐに、反ブルボンの政治勢力から支援の申し出があったのだ。その勢力を率いるのは、改革派の弁護士で議員のデュヴァル・デプレメニルだったが、背後には二つの一族の金と影響力が潜んでいた。ロアン家、そしてオルレアン党である。オルレアン党を率いていたのは陰謀家のプリンス、ルイ＝フィリップ＝ジョゼフ、オルレアン公だった。個人的な理由で王妃を憎み、家系上の理由で従兄弟である王を憎んでいた。オルレアン公は、自分が王になるべきだと考えていたのだ。

デプレメニルは議員としての立場から、カリオストロの弁護を義弟のジャン・ティロリエにゆだねなくてはならなかった。ティロリエは売り出し中の若い法律家で、文学的な才能もあった。ジャンヌの弁護士が彼女をシンデレラに仕立てられるのなら、ティロリエだってカリオストロをアラジンに見せることができる。ティロリエがカリオストロの弁護のために書いた最初の防御申立書のなかで、カリオストロの誕生は霧に包まれていると述べられた。メディナの法学者セラハヤムの息子だとも、メッカの知事の息子だとも思われ、どちらにしても、息子は深く愛されていた。少年はアチャラトという名でイスラム教徒として育てられ、アルトタスという守役からピラミッドの秘密を教えられた。そのピラミッドは、「古代エジプト人が人類の知識を貯えておくために掘った、地下の広い洞窟に」隠されている。

アチャラトはロードス島とマルタ島で数年間聖ヨハネ騎士団の指導を受けた。ここで彼はヨーロッパ風の服を身につけ、カリオストロという名を名乗り、カトリックの教義を深く信じるようになった。そのとき以来、苦しむ人類の救済に身をささげている――。「わたしは、与えるが受けとらないことで自分の独立を保っている。君主の手からさえ報酬を受けたことはない。裕福な人たちには薬と助言を与え、貧しい人々には金と薬を与えてきた……いずこの地へ行っても異邦人だったわたしは、いずこの地でも善き市民としての義務を果たしてきた。いずこの地でも宗教と法と政府を尊重してきた。これがわたしの経歴である」

ここ二十年以上にわたって、改革派の法律家たちは戦略的に重要な事件を利用して政治的異議申し立てをし、娯楽を提供してきた。そうした裁判では、支配層ではなく大衆が真の裁判官となりはじめていたのである。ブルボン家はまだそれに気づいていなかったが、法的な手記がベストセラーになったということ自体、王家の絶対性と神性の土台が揺らいでいることを示していた。ティロリエはアチャラトの件で笑いものになったと言われたが、半分でっちあげの法的文書を発表することでフランスの法制度を「サーカス」にしていると主張するブニョとまったく同じ意見だった。わめき、暴れ、涙もろく、獰猛で、同情し、残酷になる——世論は旧体制の牙城に突撃していた。

そしてダイヤの首飾り事件は、もちろん、最大のサーカスだった。ヨーロッパ中の新聞は毎日バスティーユにいる一座のホットな動静を報じ、舞台裏の操り人形師に関する考察をさしはさんだ。サンクトペテルブルグでは、エカテリーナ女帝がカリオストロの手記についての記事を読み、危険なシャーマンをロシアから追放したことで自分をほめていた。ミタウでは、エリザ・フォン・デア・レッケが、この高名な降霊術師との出会いを世界に知らせるために、自分の日記を整理していた。ボヘミアのドゥフコフでは、年老いてやつれたカザノヴァが、シチリアの山師に集まった注目を羨みながら自分の回想録を書きはじめた。

パリの日刊紙はいまだに王家の検閲を受けていたが、ゴシップ、諷刺、ポルノ、戯画、歌などを印刷した非合法の地下出版物が成長して庶民に楽しみの種を提供していた。フォッセ＝サン＝ベルナールのような汚い路地で、床屋の助手ルイ・デュプレや、本の行商人アントワーヌ・シャンボンのような男たちが、カリオストロや枢機卿や王妃や娼婦のぞっとする絡み合いの物語を大量につくりだしていた。

大衆向けの見世物と化したフランス司法は、興行師の才能に恵まれたカリオストロにはもってこいの舞台だった。有罪となる可能性が低いことに気づいてからは――彼は首飾りが売られたあとでリヨンからパリにやってきた――メディアの注目を楽しみはじめた。ティロリエの異国情緒たっぷりの『カリオストロ伯爵の防御中立書』はジャンヌの手記に負けず劣らずすばやく売り切れた。このときも押し寄せる群集を取り締まるために軍隊が配備された。

セラフィーナは同じような防御中立書を発表した。ポルヴェリ弁護士によれば、カリオストロ伯爵夫人は「罪のない天使」、「穏やかさと優しさと忍従の権化」、「完璧な理想」だという。このような存在がジャンヌ・ラ・モットのような卑しい娼婦と並んで恐ろしいバスティーユに入らなくてはならないとは、いったいどうしたことか？

カリオストロも一七八六年二月二十四日の有名な手紙のなかで同じことを尋ねている。彼は直接高等法院にあてて、セラフィーナは重病なので釈放してほしいと請願した。「夫の手当てを受ければ助かるのに、みすみす妻を死なせるおつもりですか？……妻を死なせるのであれば、妻に手当ても慰めも与えることができない哀れな夫も死なせることになります」。彼はセラフィーナが〝自由の塔〟で監獄の長官やメイドのフランソワーズに世話されて、かなり元気に過ごしていることには触れなかった。高等法院は三月十八日にセラフィーナの釈放を命じ、セラフィーナは社交界の人気者となった。

不利な証言が積み上げられるにつれて、ジャンヌのバスティーユでの行動はますます過激になった。発作的に暴力をふるい、看守の手に噛みつき、着ている服を引き裂き、動くのを拒否して裸でベッドに横たわり、彼女に不利な証言をした人間たちぜんぶを金切り声で罵った。尋問が何度となく繰り返されるうちに、罪をなすりつける新しい目標を常に探して、捻じ曲げたり嘘をついたり、矛盾することを言ったりした。あるときは、事件に関わった全員を、妹や夫や愛人たちまで非難したこともあった。しかし、いちばんのお気に入りの攻撃目標はもちろん、カリオストロと枢機卿だった。

とくに破れかぶれになっていたときに、ジャンヌは最後のとんでもない告発に踏み出した。これまでの証言に矛盾があったのは、すべて「非常に高貴な」あるお方の評判を守る必要があったからだとジャンヌはほのめかした。反逆罪に問われる恐れがあるので、マリー＝アントワネット王妃の名を口にすることはできなかったが、実際に裁判が行なわれる五月三十一日まで、慎重にこの道を進んだ。

高等法院判事全員が居並ぶなか、黒いヴェルヴェットの縁どりがついたラベンダー色のサテンのドレスを着て、被告の椅子にまっすぐに腰を下ろしたジャンヌは一世一代の大芝居にとりかかった。いかにも誠実そうな様子で、ロアンと王妃のあいだで交わされた二百通以上の手紙をロアンから見せられたこと、彼が何度か王妃とトリアノン宮殿で二人だけで会ったことをジャンヌは証言した。少なくとも一度は、「王妃を傷つけるかもしれない」からと、これ見よがしに返答を拒否した。ジャンヌは、王妃と娼婦が取り替え可能だという話を聞いてブルボン家の敵が喜ぶだろうと本能的に察知していた。

勝利者なき判決

五月三十一日の夜、不安を胸にダイヤの首飾り事件の判決を持ち望んでいた四人は、長い目で見れば誰一人として勝利者とはならなかった。枢機卿の無罪判決を嘆き悲しむ王妃をなだめようとして、王はけちな復讐に同意を与えた。ロアン枢機卿にすべての称号を返上するように命じ、同時に「封印状」を発してロアンをラ・シェーズ＝ディユー大修道院に永久追放した。この修道院はパリから遠く離れたオーヴェルニュの山中にあり、一年の半分は雪に閉じ込められ、話し相手といえばベネディクト会の修道士ばかり、過去の豪奢な生活はもはや望むべくもなかった。

カリオストロ伯爵が人気を楽しめたのはたった一日だけだった。サン＝クロード街一番地に国外追放の命令をたずさえて国王の使いが現われた。三日以内にパリの美しい邸宅を離れ、三週間以内に王国を出ていくようにと申し渡された。夫妻はすぐにパッシーにあるブランヴィリエ侯爵の城に移った――皮肉にも、ジャンヌが女山師としての経歴を始めた場所である。そこは神秘主義のフリーメイソンの本部となっていた。移動する夫妻のあとからパリの支持者たちがある者は歩いて、ある者は馬車に乗ってついていった。バーゼルからパリに来てこの行列を見た人が、カリオストロの記念品を求める声が多すぎて大道の物売りが応じきれずにいるありさまを記録している。よくある嗅煙草入れや肖像画だけではなく、人々は熱心に扇を買い求めていた。以前にバルサモが売っていたような扇――このときは、大コプトが貧しい人の世話をしている場面や、バスティーユの艱難《かんなん》をストイックに耐えている場面で飾られていた。

一七八六年六月十六日、カリオストロ夫妻はドーヴァーに向かう船でブーローニュ＝シュール＝メールを離れた。カリオストロの後年の回想録にその場面がある。「離れてきた岸にはあらゆる階級の人々がおおぜい並んで、彼らの同朋のためにわたしがなしてきた善行を感謝し、祝福して、心打たれる別れの言葉を叫んでいた。風がわたしを遠くへ運び、彼らの声は聞こえなくなった」

六月二十一日の早朝、ジャンヌの刑が執行された。とつぜんたたき起こされ、やっとペチコートとショールを巻きつけただけで、八人の男につかまれ、縛られて記録官の前に引き立てられ、刑が読み上げられた。脚のうしろに一撃を受け、頭を叩かれて膝をついた姿勢になる。裁判所の中庭に引きずり出されると、そこには観客のためのベンチが用意されていた。しかし朝が早すぎて観客は数百人しかいない。パリの処刑人はこれほどすさまじい囚人と出会ったことはなかった。ジャンヌは飢えたトラのように戦った。首のまわりに引き綱をかけられて荷車にしばりつけられ、首と肩を軽く鞭打たれたあとで処刑人を振り向いて、ジャンヌは叫び声を上げた。処刑人は赤く焼けた焼印を手にしていたのだ。

それに続く場面は、法による刑罰というよりも強姦シーンのようだった。もがくジャンヌの身体から、処刑人と助手がペチコートをはぎとり、地面に押しつけて焼けた鉄を肩に押しつけた。好色な群集の視線を受けてほとんど裸の状態で横たわるジャンヌは、焼印が二度目に押しつけられる直前に身体をひねり、二つ目のVは胸に焼きつけられた。気を失う前に、ジャンヌは処刑人の腕から一塊の肉を嚙みちぎった。見ていた人たちは、ジャンヌがカリオストロと枢機卿と王妃を呪うのを聞いたと主張している。

ジャンヌは半ば気を失った状態で馬車に詰め込まれ、悪名高いサルペトリエール女囚刑務所に向かった。馬車から降りたとき車輪の前に身を投げようとすると、刑務所のドアの前に突き飛ばされた。刑務所の修道尼が傷を洗い、腫れあがった口に水をたらしているとき、その場にいる誰かが彼女の金のイヤリングをほめているのがぼんやりと聞こえた。彼女はすぐにその男と取引を始めた――たとえ打ちのめされた状態にあっても、ジャンヌはカモをかぎつけることができた。

馬鹿高い値段でイヤリングを売ると、ジャンヌの魅力の名残も消え去った。豊かな栗色の髪は剃られ、粗末な灰色のラシャのドレス、ごわごわしたペチコート、囚人帽、木靴というお仕着せを押しつけられた。武装した看守が引率して最初の二区画を通り抜ける――それぞれ娼婦と役に立たない女性に割り当てられた区画だ――そのあと鍵のかかった九つの中庭を通り抜け、最後に終身刑の囚人のいる区画に到達した。ここで初めて、ジャンヌは生涯の残りの日々を過ごす場所を目にしたのである。さすがのタフなジャンヌも、新しい囚人をあらためるために駆け寄ってくるかかしのような女囚たちの眺めに、身震いを抑えきれなかった。この「罪と悪行の学校」での最初の授業は、「サルペトリエールの罪」と呼ばれる悪名高い邪悪な行為だった。

それから先、ジャンヌは公然とマリー＝アントワネットを同じ罪で告発することになる。それは、王妃の転落の原因となった数々の罪の一つとなった。このけばけばしい事件のためにもっとも高い対価を払ったのは結局はマリー＝アントワネットだった。威厳をなくし、ダイヤの首飾りをなくし――そして、最終的には首をなくしたのだから。

5
預言者
Prophet

預言
神の啓示を受けて話すこと。あるいは、神の名のもとに神意を告げる預言者として話すこと。
将来の出来事を前もって教えること（啓示によって、あるいは啓示によらずに）。

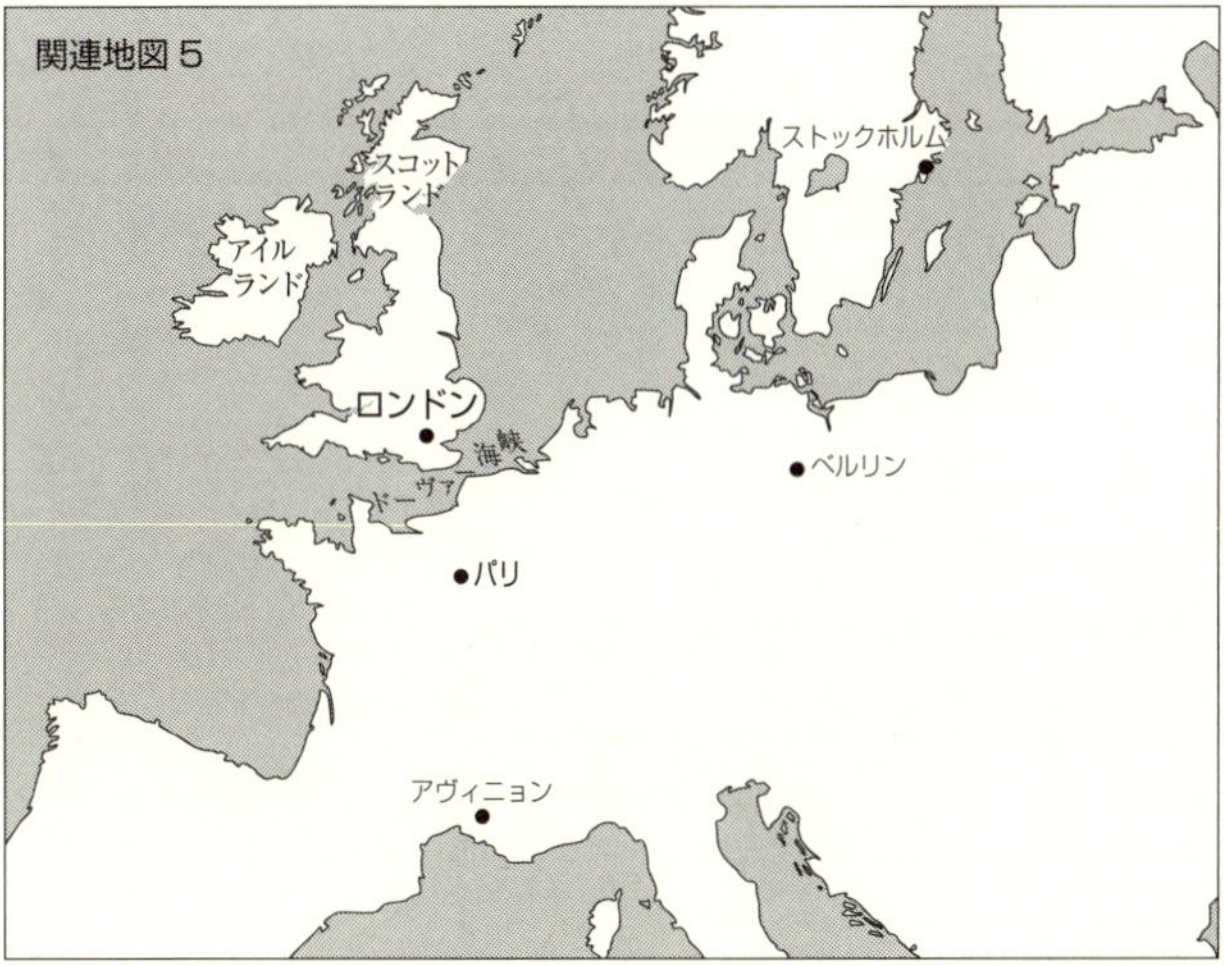

一七八六年初夏、イギリスの新聞がカリオストロ伯爵訪英の噂を報じはじめた。ほとんどが歓迎を打ち出していた。途方もない実績を引用し、首飾り事件への関与を否定し、訪英の目的はなにかと興奮した憶測をめぐらせた。『タイムズ』の記事は典型的で、伯爵を「優れた学者」で「儲けのためではなく、人道と同朋への善意にもとづいて」医療を実践していると書いた。

伯爵の有名な中立書『カリオストロ伯爵の防御中立書』(一七八六年)の翻訳出版によって熱気が高まった。この手記では伯爵のエキゾチックな出自が書かれ、ジャンヌ・ド・ラ・モットの悪辣な告発が退けられている。『タイムズ』は、この手記が「おそらくは大衆を巻き込んだ初めての出版物で、最下層の機械修理工にまで読まれている」と書いた。イギリスの編集者兼翻訳者のパーキンス・マクマホンは、聖職を剝奪されたアイルランド人の元司祭で、大コプトの出自へのさまざまな憶測がこの手記ですべて解決されるとうたって読者を引き寄せた。カリオストロは実はトルコ帝国の黒海を臨むトレビゾンドの町で、貴族の家に生まれたのだと彼はもっともらしく宣言した。

マクマホンの情報源は『クーリエ・ド・ルーロープ』（『ヨーロッパからの手紙』の意）という新聞だった。フランスのニュースにかけては「準拠とするに足る唯一の新聞」とマクマホンは主張したが、もとはこの新聞の副編集長だったのだから、いささか割り引く必要があるかもしれない。しかし英仏両国の出来事に興味がある人には、クーリエが重要な情報源であることは確かだった。この新聞は英仏両国語でロンドンから週に二回発行され、週に五千部が売れていた。十八世紀としては大きな部数である。そして、海峡の両側にあるコーヒーハウスや酒場やサロンで回覧される頃には、読者数は少なくとも四倍になっていた。やはりこの新聞で働いていた（そしてフランス革命のときに名をあげる）フランス人新聞記者のブリソ・ド・ワルヴィルは、読者数は百万人を超えると主張していた。たとえそれが誇張でも、クーリエの読者層は、カリオストロが影響を与えたいと望む層とぴったり重なっていた。

カリオストロは、ロンドンではパリほどの弟子は集まらないだろうと考えていたが、パリ以外の場所で受けたのと同じ程度の歓迎は期待できるだろうと思っていた。なんといっても、今回は怪しげなイタリア人画家のジュゼッペ・バルサモとしてでも、ブランデンブルクの偽軍人ペレグリーニ大佐としてでもなく、アレッサンドロ・ディ・カリオストロとして登場するのだから――伝説的な東洋の治療者にして科学者、フランスの圧政の殉教者、フリーメイソンの国際的なスターとして。

歓迎は期待をはるかに超えていた。一七八六年六月二十日頃、ロンドンに到着するとまもなく、カリオストロはイギリスでもっとも華麗なフリーメイソンたちの歓迎を受けた。イギリス国王の親不孝と評判の子どもたち——ジョージ皇太子、ケント公エドワード、クラレンス公ウィリアム——も、メイソンの徽章を見せに最初に駆けつけた客のなかに入っていた。全員がロンドンの有名なロッジに所属している。フリーメイソンは父親ジョージ三世に反抗するのにちょうどいい足場だったのである。

最年長の皇太子は、海峡の向こう側にいる陰謀家のプリンス、オルレアン公から言われてカリオストロに会いに来た。オルレアン公は、首飾り事件の裁判が開かれる一カ月ほど前にロンドンを訪れていた。彼はマリー＝アントワネット王妃とその夫になすりつけられる新しい泥を掘り出そうとしていたのだ。一七八六年四月五日、盗まれたダイヤモンドのほとんどを買い入れたボンド・ストリートの宝石商に質問をしていたとき、偶然この太ったイギリスの友人、ジョージ皇太子に出会った。二人はすぐに飲みに出かけた。

楽な生き方と陰謀への好みが共通する二人のプリンスは、どちらもフリーメイソンに惹きつけられていた。オルレアン公は、フリーメイソンのフランス総本部、大東社《グラントリアン》のグランド・マスターだったので、皇太子を自分のロッジに入会させるのに時間はかからなかった――カリオストロがオルレアン公と愛人をエジプト派に入会させたのとちょうど同じ頃だった。そこで、ジョージは友人の助言に従って、カリオストロと接触するために自分のメイソンの導師を使いに立てた。

イギリスにいるフリーメイソンの夢想家たちも大コプトの到着を待ち望んでいた。十一以上の神秘主義ロッジに加入しているチャールズ・レインズフォード将軍は、有名な預言者に会いたいと以前から思っていた。友人で同じように夢想家のノーサンバーランド公爵は前の年にレインズフォードに手紙をよこした。「……有名なカリオストロ伯爵がパリにいる。そして……彼の暮らし方、彼について語られているいろいろな話はすばらしすぎるくらいで、そこにいくらかでも本当のことがあるのかどうなのか、ぜひ知りたいものだ……彼は三百歳だと言われているし、富を手に入れる手段などあるように見えないのに、パリ一の貴族でさえかなわないような贅沢な暮らしをしているそうだ」。一七八五年一月の末にカリオストロがわざわざリヨンからパリに出てきたのは、神秘主義フリーメイソンの国際会議に出席したかったからだ。レインズフォードはそのときイギリスから送られた代表団の一員だった。そして出席したメイソンの大部分と同じで、会合でエジプト派となんらかの和解に至らなかったことに失望していた。

レインズフォードのようにオカルト好きの人たちは、ロンドン中心部にある神秘主義のロッジを訪ねて、集まった職人や知識人たちといっしょに夢見たり議論したり実験したりしていた。一七七〇年代には、こうした探求者たちはポーランドからやってきたターバン姿の謎の錬金術師、ドクター・サミュエル・ジェイコブ・フォーク、神秘主義の世界では「ウェルクローズ・スクエアのバール・シェム」として知られる男からカバラの教えを受けていた。スウェーデンからの移民でエンジニアのエマニュエル・スウェーデンボリの有名な本に影響された者もいた。また、アヴィニョン、パリ、ストックホルム、ベルリンなど、ヨーロッパの神秘主義の中心地から訪れた「啓示を知った人《イリユミネ》」によって神智学の手ほどきを受ける者もいた。

当時テームズ河の南、ランベスに住んでいたすばらしい版画家兼詩人のウィリアム・ブレイクと妻キャサリーンのような天才を育んだのは、こうしたロンドンの雰囲気だったのである。フィリップ・ド・ルーテルブルグやランベール・ド・ラントやフランチェスコ・バルトロッツィのような外国生まれの芸術家たちも、こうした集会の高揚した実験的な雰囲気に惹きつけられた。どんな種類のメイソンであれ、ロンドンの神秘主義者のほとんどが、幻視や夢やトランスによって霊の世界を見たり、古代の魔術による癒しや錬金術の変成法を再発見したいと望んでいた。

カリオストロの友人や崇拝者は、彼がロシアやアルザスやパリでやったように、治療所をつくってくれるだろうと期待していた。そして、喜んで助けようというスポンサーが現われてカリオストロは喜んだ。それはパリのエジプト派メイソンから紹介されたロンドンの一流新聞の社主、サミュエル・スウィントンで、そのもてなしぶりにカリオストロは圧倒された。スウィントンはスコットランドの名家の出で、少年時代は海軍で過ごし、その後数年フランスに住み、最後にロンドンに来て実業家となった。一七八六年には、『クーリエ・ド・ルーロープ』を所有する以外にも、いくつかの日刊紙に出資していた。また、ワイン取引、移民の若者向けの寮、フランス料理レストラン、ナイツブリッジにある広大な庭園で育てた外国産の植物の苗木販売などのビジネスも手がけていた。

親切なスコットランド人は、ロンドンのいちばんきれいな風景を見せにカリオストロを連れだした。とくにグリニッチ病院のある高台から見るテームズの壮大な眺めは風景画家が好んで描いたものだ。さらにすばらしいことに、スウィントンはカリオストロに彼らだけの眺めをプレゼントした。夫妻にうねるような芝生と美しい庭園のある大きな屋敷を借りてやったのである。屋敷の場所はナイツブリッジ、スローン・ストリート四番地、スウィントン家の隣だった。彼のフランス生まれの妻フェリシテはすぐにセラフィーナと友達になり、五人の子どもも引っ越しを手伝った。カリオストロにとってこれまでで最高の待遇だった。

新しい家はセラフィーナの基準を満たすにはまだ磨きをかける必要があったが、彼女は金を使うのが好きだった。そして、スウィントンはビジネスのつながりを利用して、彼女が輸入家具や品物を手に入れるのを助けた。いくらもたたないうちに、セラフィーナはその家を――あるドイツ人客の言葉だが――「魔法の城」のようにしてしまった。豪華なペルシャのじゅうたん、インドから取り寄せたマホガニーの家具、イタリア製の磁器、高価なフランスワインが貯蔵されたワイン貯蔵室。アゴスティーノというイタリア人シェフを雇ってカリオストロの好きなマカロニを料理させ、ムーア風の衣装をつけた黒人の召使が客の来訪を告げ、小間使いと美容師が彼女自身の世話をする。

ビジネス方面では、スウィントンはカリオストロがストラスブールで開いたのと同じような大きな治療所をいっしょに開きたいと考えていた。しかし、このような大きな投資に踏み出す前に、もう少し小さな規模で共同経営を始めてはどうだろうかとカリオストロに提案した。スウィントンが信頼できる薬剤師を雇って、身体と心を若返らせるエジプトの赤い丸薬をつくって売らせるのだ。

カリオストロが引っ越して数日後、スウィントンは友人を連れてぶらっと立ち寄った。カリオストロ夫妻に会いたいと熱望していた友人を紹介するためだった。テヴノー・ド・モランドというデューク・ストリートに住む目つきの鋭いフランス人で、何年かロンドンで働いていた。『クーリエ・ド・ルーロープ』の編集者として、ド・モランドはみんなと同じようにカリオストロがイギリスになにをしに来たのか知りたがっていた。彼は一七八六年六月二十三日に書いた。「この並外れた男は、ロンドンで自分の才能を使おうと思ってやってきた。彼の活動にふさわしいのは大きな舞台だけである。なにか非常に大きな計画があるのは明らかである」。この新聞記者を知る人なら「非常に大きな計画」という言葉があいまいに使われていることに気がつくはずだ。大きな計画のことか、大がかりな詐欺のことか、どちらを意味しているのだろう？

カリオストロはこの男をどう扱っていいかわからなかった。ド・モランドはセラフィーナにはもの柔らかく魅力的に振る舞ったが、前回のイギリス訪問のことを根掘り葉掘り聞き出そうとした。明らかに、この男を監視しておく必要があった。

悪徳ジャーナリスト「ドブのルソー」

カリオストロが警戒したのは正しかった。テヴノーはただの新聞記者ではなかった。金で雇うことのできるヨーロッパ一危険なペンの持ち主だったのだ。残忍さにかけては彼にかなう記者はいなかった。フランス人たちは彼を「ルソー・ド・リュイソー」、ドブのルソーと呼んだ。もっとひどいあだ名で呼ぶことも多かった。

一七四一年、ブルゴーニュのアルネー＝ル・デュックに弁護士の息子として生まれ、シャルル・テヴノーと命名された。カリオストロとほぼ同い年で、同じく悪事をみっちりと叩き込まれた。売春宿で盗みをしてつかまるまでに、法に関してなにがしかを学んでいた。それから軍隊で何年か過ごし、その後パリの地下世界の影のなかに迷い込んだ。ポン引き、ゆすり、詐欺などをやっていたようだ。ハンサムで、機転が利き、弁が立ち、売れっ子の高級娼婦や裕福な社交界の女性を次々と食い物にしていた。結局はバスティーユに投獄され、その後数年間をアルマンティエール修道院に強制収容されて過ごすことになる。マレー刑事は一七六八年五月に同僚にあてた手紙のなかで、テヴノーにまた別の疑いをかけている。「テヴノーは……ホモセクシュアルの犯罪に関わり、客引きとして働いているという疑いがある」

ジュゼッペ・バルサモがあやうく警察の手を逃れてパレルモを飛び出した頃、二十四歳のシャルル・テヴノーは同じような動機で英仏海峡を渡り、ロンドンの移民が巣くう地下世界にもぐりこんだ。十八世紀半ばのロンドンは、自国の法を逃れたフランス人犯罪者の避難所になっていた。この都会の無法地帯には、だました客から逃げている銀行家、軍の金を横領した将校、性犯罪で追われている司祭などが生息していた。しかしいちばん多いのは、フランスの出版法や検閲法から身を隠している作家だった。ボワシエールというジュネーヴの本屋と、地位を追われたフランスの政治家グズマン（またの名をチュルン男爵）はロンドン出版界の支配者となり、おおぜいのゴシップ記者や印刷屋や出版業者を抱えていた。彼らは中傷のチラシや「中傷的な新聞」をフランス語、英語、オランダ語で次から次へとつくりだし、製品はヨーロッパの本の市場で売られると同時に、中傷されている対象から出版禁止と引き換えに金を脅しとる。

シャルル・テヴノーはここに自分の居場所を見つけ出した。勝手に貴族の家系「ド・モランド」をでっちあげ、「中傷文」と呼ばれるポルノ的な文章の技術を磨いた。ロンドンの家主の娘エリザベスと結婚し、次々と子どもをつくった——彼は自分の恐喝の被害者、服装倒錯の軍人兼外交官、デオン卿に、自分は富や名声や栄光のために働いているのではなく、病がちの妻と飢えた子どもを養うために働いているのだと言ったことがある。

しかし、彼はすぐにグラブ・ストリートの一団（そのなかに、カリオストロの手記を翻訳することになるパーキンス・マクマホンもいた）のなかで頭角を現わした。ド・モランドはロンドンで最初に出版した新聞に『皮肉な哲学者』（一七七一年）という題をつけた。その成功で勢いがつき、もっと野心的な新聞、『鎧を着た新聞記者』を出し、フランス語を話す人たちのあいだではこれが汚らわしさの代名詞となった。ド・モランドのウィットと残酷さ、幅広い情報提供者のネットワークがこの新聞を並外れて破壊的なものにしていた。当時のイギリスの出版物には、新聞のページのあいだでのたくるマムシと、新聞記者のペンで頭を切り落とされた被害者が描かれた諷刺画が載っている。自分もゴシップ記者だったブリソ・ド・ワルヴィルは、連中のやり方を説明している。「犠牲者は自分の名前を出さないでもらうために金を払い、彼の敵はもう一度名前を出させるために払う。法律はなにをやってもお構いなしだし、読者は大笑いするだけだ」

ド・モランドの、初期の恐喝の被害者には、このルールに従わない人もいた。ヴォルテールからは殴られたし、ド・ロルゲ伯爵からは鞭で打たれ、剣の達人デオン卿からは決闘を挑まれた。しかし、彼のスタミナだけは誰にも否定できない。最後には、一七七四年にルイ十五世の愛人、デュ・バリー夫人のポルノ風伝記を出版すると脅して金の鉱脈を掘り当てた（悪名高いダイヤの首飾りは、もともとこの女性のために注文された）。最初ルイ十五世はこのアブを黙らせるために、フランス警察の覆面刑事をロンドンに送りこんで彼を拉致しようとした。しかしド・モランドは愛国的なロンドンの群集をあおりたてて、刑事たちをテームズ河に投げこませた。この失敗に気落ちしたルイ十五世はもっと穏やかな交渉人を送った。劇作家のピエール＝オギュスタン・カロン・ド・ボーマルシェである。ボーマルシェは、ド・モランドが出版物を回収し、フランス国王を害する記事を書くのをやめれば、三万二千リーブルという大金（それに年四千リーブルの終身年金）を与えることで話をつけた。

この一件があったからといって、ド・モランドが他の高官を中傷するのをやめたわけではない。彼はこの中傷文のおかげで、旧体制最後の時期には、フランスで五本の指に入るベストセラー作家となっていた。一七八四年、彼は『クーリエ・ド・ルーロープ』の編集者となり、毒のある触手をヨーロッパの他の地域にものばしはじめた。イギリス国内では、政府や野党の中くらいの地位にある政治家をもちあげたり恐喝したりするうちに第一級の政治通になった。また、利用できる腐敗を求めて売春宿や酒場やカジノや競馬場といったロンドンの歓楽の巷に深く分け入るようにもなった。

そして、よくあることだったが、悪党が警察に変身した。ド・モランドが編集を引き継ぐとまもなく、クーリエは政府から補助金をもらいはじめた。フランスの外務大臣、ヴェルジェンヌ伯爵は、「クーリエはスパイ百人の価値があり、かかる経費ははるかに少ない」と自慢していた。ド・モランド自身は三年前から本物のスパイとなっていた。ブルボン王家の秘密情報員になっていたのだ。前任者はアメリカ独立戦争のあいだにスパイ行為のかどでイギリスで絞首刑にされていた。ド・モランドがこの前任者を当局に売ったのかどうかは明らかではないが、巨匠のような手際でスパイの仕事をこなしたのは確か

テヴノー・ド・モランド
(ポール・ロビケ『テヴノー・ド・モランド』パリ、1882年より)

だった。それから十年にわたって、フランス政府に情報を送って結構な支払いを受けていた。イギリスの商業的発明、陸海軍の配備、ロンドンのフランス人移民の活動、とりわけ海峡を挟んだ密輸などについて詳しい報告を送っていた。

『フランス人へのカリオストロ伯爵の手紙』

カリオストロ伯爵はこうしたことをなにも知らなかった。そして、ほんとうに正道をはずれた人間には多いのだが、驚くほどだまされやすいところがあった。温かい歓迎にもかかわらず、前回の訪問と同じように、カリオストロはイギリス人となかなかうまくやれずにいた。言葉や振る舞い方や価値観の違いがとまどいの種になった。この国のおしつけがましい商業精神や、俗物的なくせに奇妙に流動性のある社会構造、攻撃的な清教徒的伝統、それに、政党の乱立状態が理解できなかった。自分自身の神秘性に酔っていたカリオストロは、ロンドンの崇拝者たちをストラスブールやリヨンやパリの治療所につめかけた弟子たちと同じように疑いもせずに受け入れていた。

それにまたカリオストロは、最近までバスティーユに投獄されていたことが彼の大衆イメージを根本的に変化させていたことに、手遅れになるまで気づかなかった。それは、彼が国際的なスターに、見世物としての有名人の世界の一部になったというだけのことではなかった。それなら対処できた。だが、首飾り事件は、結局はフランス旧体制を崩壊させることになる大衆政治運動の波に彼を投げこんだのである。デュヴァル・デプレメニルやジャン・ティロリエといった急進的な弁護士たちがバスティーユのカリオストロに弁護を申し出たとき、彼はそのチャンスに飛びついた。弁護士たちには自分なりの動機がありそうだと漠然と感じてはいたが、王の権力を制限し高等法院を改革しようという彼らの政治運動にカリオストロを利用しようとしていることには気づかなかった。デプレメニルはそれを「脱ブルボン化」と称していた。急進的な弁護士たちはとくに、国王が勝手気ままに「封印状」で人々を投獄する力をもぎとってしまいたかった。そこで、カリオストロのセンセーショナルな投獄はフランス国王の暴政を際立たせる効果的な武器となったのである。それと気づかずに、カリオストロは自分を政治的存在にしてしまい、その対価を支払わなくてはならなかった。これから先、彼は常に革命や反動の眼鏡をとおして見られることになる。

カリオストロは、無罪になったからには元の華麗な生活に戻れるだろうと思っていた。しかし、弁護士たちは報酬を要求した。釈放の翌日、彼らは最近有名になったもう一人の人物といっしょに絵を描かせるようカリオストロを説得した。その人物とはパッシー・ラ・サロモン、ルーアンの農家の娘で、高等法院の介入によって死刑を逃れたばかりだった。デプレメニルとティロリエは次に、バスティーユの長官ド・ローネーと警察長官ド・シェノンを相手に訴訟を起こせと勧めた。大事な霊薬《エリクシール》と調合法を盗まれたのではないかと弁護士たちは尋ねた。そう、たしかに盗まれた。だからカリオストロは賠償金を要求できる。しかし弁護士たちは賠償金よりも、抑圧のシンボルである警察と監獄の長官を攻撃することで、すでに揺らいでいるブルボン体制に新たな一撃を加えることのほうに関心があった。

一七八六年六月二十日——カリオストロがロンドンに到着しジャンヌがパリの処刑人から焼印を押される前日——二人の弁護士はカリオストロの代理としてシャトレ高等法院に民事訴訟を申し立てた。彼らの依頼人は、意図的あるいは怠慢による宝石、霊薬《エリクシール》、調合法の喪失に対して莫大な損害賠償を求め——百五十万リーブル——さらに、監獄へ向かう途中に受けた粗暴な扱いへの慰謝料として五万リーブルを要求しているという。同日、彼の告発を詳しく書いた小冊子がパリの書店に現われた。ベルサイユでは、ルイ十六世がこの新たな挑発に唖然とし、ド・ブルトゥイユ男爵は怒りのあまり、パリ中にたくさんある本の露店でカリオストロの肖像画を見るたびに歯軋りをした。

同じ日付でカリオストロの署名のある手紙が一週間後に海峡の両側で出版されて波紋を投げた。カリオストロからパリの友人に送ったとされているその手紙は、偉大な治療師が心と魂をささげていた国家の統治者に、いかに裏切られたかを書いていた。おそらくカリオストロが自分でその手紙を書いたのではなく、要旨を弁護士に伝え、弁護士たちが政治的な磨きをかけたのだと思われる。のちに後悔したかどうかは別にして、そのときのカリオストロは、手紙にこめられた「共和派的な自由」を誇りにしていた。手紙は手書きの状態で、数カ月間、反ブルボン陣営に流布したあと、一七八六年半ばになると『フランス人へのカリオストロ伯爵の手紙』という簡単な題名でフランス語と英語の印刷物となって現われたのだ。

これがカリオストロの運命を決めた瞬間だった。この手紙が彼を政治動乱の渦に巻き込んだ。バスティーユで書かれたものはホラーとしてかならずベストセラーになる――バスティーユそのものがすでに古びた圧政のシンボルとなっていたからだ。英仏両国の読者は、拷問や隔離やひどい虐待の描写を期待していた。彼はその願いに応えた。ある箇所では、そのミルトン風の地獄にあと六カ月もいなくてはならないくらいなら死刑のほうがましだと書いていた。

しかし、そうしたおどろおどろしい文章の途中で、彼はとつぜん予言を始めた。「追放が取り消されたらフランスに戻るかどうかと尋ねる人がいる。もちろんそうしよう、……バスティーユを民衆が練り歩くようになったあかつきには。神の助けがあればそうなるだろう」。一七八九年七月十四日、革命によってバスティーユが陥落したとき、この言葉は不気味なほどに未来を言い当てていたように思えた。ほかの具体的な予言も現実になったように見える。「革命のために働くのはあなたがたの議会にふさわしい目的だ……これほど必要とされている革命は、成就するだろう。わたしはそれを予言する。あるプリンスが国を治め、『封印状』を廃止し、三部会を召集し、真の宗教を復興して栄光を手にするだろう。そのプリンスは、権力の乱用は長い眼で見れば権力そのものを破壊することに気づくだろう」

あとになって、カリオストロの読者は、その手紙は当時の改革派が口にしていたことを繰り返していただけだということを忘れ去った。カリオストロが「革命」という言葉で考えていたのは、一七九〇年代に実際に起きた大きな変化よりもはるかに穏やかなことだったのだが、読者はそれに気づかなかった。彼の言ったプリンスというのも、ルイ十六世（実際に改革を行なった）のことではなく、ルイの陰謀好きな従兄弟、オルレアン公のことだった。カリオストロは単純にこの男を応援していたのだ。だがそうした事情は考慮されず、時がたち、パリで起きる出来事が手紙の予言にいちいち当てはまっていくのを見て、人々はカリオストロを偉大な予言者と思うようになった。

その手紙にはほかにも爆弾が含まれていた。宰相のド・ブルトゥイユ男爵が厳しく非難されていた。カリオストロは彼を復讐心に凝り固まった迫害者で首飾り事件の真相を汚いやり方で覆い隠したと非難した。そして、陰謀をたくらんだ仲間のド・ローネーとシェノンといっしょに正義の裁きを受けさせてやると約束していたのである。

この手紙は目的を達成した。シェノンは、フランスが革命になだれ込む引き金を引いたのがこの手紙だと言っている。ブルトゥイユは通風の脚を引きずってベルサイユにおもむき、王にカリオストロをパリに戻らせるように助言した。そうすれば批判をやめさせることができると思ったのか、あるいは、おびき寄せてバスティーユに放り込もうとしたのかもしれない。いずれにせよ、一七八六年七月四日、フランス宰相はロンドン在住の大使ダデマール伯爵に手紙を書き、追放されたカリオストロに、裁判のあいだパリに戻る許可を与えるよう命令した。

一方ロンドンでは、カリオストロは本物の反逆の預言者を引き寄せていた。カリオストロがスローン・ストリートに越して間もない頃、スウィントンはスコットランド人の友人を紹介していた――背の高い、青白い顔の若い男で、まばらなひげを生やし、カリオストロに太刀打ちできるくらいよくしゃべった。繊細そうな見かけと高貴な家柄――アソール公の末子だった――にもかかわらず、ジョージ・ゴードン卿は厄介が服を着ているような存在だった。カリオストロはもちろん彼のことを知っていた。誰でも知っていたのだ。だが、この男がイギリスでは「きちがいジョージ卿」、「炎のジョージ卿」、「暴動ジョージ卿」と馬鹿にされていることは知らなかった。あだ名に炎が出てくるのは、ゴードンが一七八〇年に起きた恐ろしい反カトリック暴動の引き金を引いたことからきている。

六月二日から十日までのあいだに、ゴードン暴動はロンドンに、フランス革命の十年間でパリがこうむった以上の損害を与えた。歴史家のエドワード・ギボンは、燃え上がる監獄や、略奪された家々、黒い服を着た行進者たちを見たとき、十七世紀の「暗い悪魔的な狂信」の時代に引き戻されたようだと思った。「クロムウェルの時代にいた四万人の清教徒が墓からよみがえってきたかのようだ」と妹への手紙に書いている。ゴードンの元友人でアイルランド生まれの政治記者、エドマンド・バークは、ゴードンの言葉に革命を思わせるものを感じていた。このキルトをまとった戦士は、反カトリックの怒号に、生まれながらの権利とか民主的な自由とかスコットランドのナショナリズムといった新しい言葉を混ぜ合わせていた。自分もいくらか預言者のようなところがあったバークは、ゴードンが世界の新しい恐ろしい未来を表現しているのだと信じた。イギリスは、最初の恐るべき近代人を生み出したようだった。

カリオストロはこうしたことをなにもわかっていなかった。ゴードンの称号とメイソンの信用状だけで感銘を受けていた。その若い貴族の行動が年ごとにおかしくなっていることには気づいていなかった。ゴードンは反逆罪になるところを危うく逃れたあとも、次々と破壊活動的な運動に手を出していた。カリオストロと出会う前の一年だけでも、グラスゴーの大規模な織工ストに火をつけ、ニューゲイト監獄の囚人たちに煽動的な請願を出させ、フランスとの通商条約に抗議して政府を怒らせていた。ゴードンの正気を疑っている人たちは、彼が最近ユダヤ教に改宗したことや、ジョージ三世をペンナイフで殺そうとした女性を公然と支持したことなどを指摘している。当然のことながら、イギリスとフランスの政府はこの男を厳しく監視していた。

狂言者との同盟

八月二十日の朝、ロンドンについてちょうど二カ月たった日、カリオストロはフランス政府からのメッセージを受けとってびっくりした。訴訟のためにパリに戻ることを許可するというのだ。翌日十一時にフランス大使館に出頭すれば、代理大使のムッシュー・フランソワ・バルテルミーが公式の許可状を渡すという。

運よく、その召喚状を受けとったときジョージ・ゴードン卿が居合わせた。彼はカリオストロの保護者兼助言者を買ってでた。興奮したように、罠に気をつけろと叫ぶ。ライオンの巣に一人で乗りこんではならない。ゴードンともう一人そこにいたフランス人弟子が、誘拐を阻止するためにいっしょに行くことになった。

翌日、ムッシュー・バルテルミーは、カリオストロの隣にスコットランドの大刀をたずさえたゴードンがいるのを見て狼狽した。これが会合のムードを決めた。会合はめちゃめちゃになった。宰相の手紙を読み上げたあとで、バルテルミーは手紙を渡すのを拒んだ。煽動するゴードンがいるからだという。カリオストロはカリオストロで緊張して警戒していた。宰相にすぎないド・ブルトゥイユ男爵に、国王が署名した封印状に反する命令を出す権限があるのか？　フランスに戻る許可状には王の署名が必要なはずだ。署名がなければ、これが罠でないという証拠がない。ゴードンが興奮して口を出し、腕を振り回して無礼を上積みした。代理大使は怒って会見を打ち切ってしまった。

助言役はたしかにパラノイアじみていたが、カリオストロが疑うのも無理はなかった。イギリスとフランスの新聞は、最近ブルボン体制が糸を引いてニコラ・ラ・モットを誘拐しようとしたことを報じていた。警察の保管文書には、一七八五年の夏に、フランスの警察をひそかに派遣して裁判のためにラ・モットを連れ戻す計画にルイ十六世が承認を与えたことが記録されている。計画では、ラ・モットをニューカッスル近くの人里離れた家に連れこんで、寝ているところをおおぜいで押さえ、毛布にくるんで、借り上げた石炭船に乗せてタインサイドからダンケルクに向かうことになっていた。計画がうまくいかなかったので、ブルボン家はダデマール大使をとおしてラ・モットと交渉することにした。

ブルボン家がカリオストロを拉致しようとしていた可能性は低いが、狂信的なジョージ卿はあとにひかなかった。彼は『パブリック・アドヴァタイザー』に手紙を書き、フランス大使とその部下を侮辱し、それが八月二十二日の紙面に載った。これからは、カリオストロはフランスとの交渉をすべてゴードン卿をとおして行なうとゴードンは宣言した。「王妃の側は、人類の友であるカリオストロに対していまだに暴力を振るおうとしている」と彼は書いた。数日後、新聞に送られた手紙はますます挑発的になっていた。ゴードンは、大使の部下は「フランスのスパイの一味」と手を組み、「王妃のバスティーユ陣営」のためにカリオストロを罠にかけようとしたと断言した。これは「暴虐な政府の憎しみに満ちた復讐、不実な残酷さ」だと言うのである。

ゴードンの援護を受け入れたことで、カリオストロ自身が傷つくことになった。上品な社会から狂った扇動者としてのけ者になっているゴードンと友達だとみなされた結果、カリオストロまで胡散臭く思われ、イギリス政府からも警戒された。新聞は大喜びでスコットランドとアラビアの預言者同士の友情を囃したてた。最初に離れていった支持者には皇太子も含まれていた。ジョージ皇太子は反対派とつきあうことで父親をいらだたせるのが好きだったが、過激派とまではつきあう気がなかった。反逆罪は王子様の繊細な胃には刺激が強すぎた。反対派を気どるシェリダン卿やデヴォンシャー公爵夫人も、以前には自分のサロンにカリオストロを紹介していたが、招待客リストから彼の名を消した。

上流の支持者がどっと離れていったことで、カリオストロはますますゴードンに頼るようになった。ゴードンはスローン・ストリートへの訪問者を極端に警戒していちいち調べたので、ますます訪ねる人が少なくなった。当時出入りを許されていた人間は少なかったが、そのなかにドイツ人作家のゾフィー・フォン・ラロッシュがいた。この女性は一七八六年の春にスイスのサラザン家からの手紙を届けにロンドンにやってきた。以前にカリオストロの「奇跡のような薬」を試したことがあり、バスティーユでの「男らしく、気高く、高潔な」防御申立書に感動して、ゾフィーは大コプトにぜひとも会いたいと思っていたのだ。

ゾフィーは、「アジアの」魔術師と「イギリスの狂信者」とを結び付けている絆がなんなのか知りたくてたまらなかった。二人と二回会ってみて、二人とも自分のことを、人類を変革するために神の啓示を受けた預言者だと思っているのだとわかった。それに、ゴードンの淡いブルーの瞳と優しそうな物腰の陰に過激な気性が隠れていることをすぐに見抜いた。彼女がカトリックだったりしたら、ゴードンに放り出されていただろうとカリオストロが言う。二人とも、カトリックは頑迷に攻撃するのに、ユダヤ教やイスラム教などほかの宗教には寛容だった。ジョージ卿がカリオストロ伯爵夫人といちゃついているところを見て、清教徒なのかどうかよくわからないとゾフィーは思った。以前、レディ・モンタギューが伯爵夫人のことを「神様がお嫌いな娼婦は……バビロンの娼婦だけらしい」と評したことに、ゾフィーは同感だった。

二人のもう一つの絆は、迫害に敏感なことだとゾフィーは気づいた。ジョージ三世のことをきかれるとジョージ卿は骨ばった顔を真っ赤にして罵り文句を連発する。カリオストロもバスティーユでの苦難には同じような恨みをもっているらしい――ひょっとしたらその体験のせいで病的になったのではないかとゾフィーは思った。「もし、あの愛しい妻がいなかったら、ジャングルに行って獣と暮らしたいくらいです。そこでならきっと友達が見つかりますよ」とカリオストロは言った。とりわけ、この地で「新聞記者の姿で待ち受けていた敵」に悩まされているのだとカリオストロは言う。彼は『クーリエ・ド・ルーロープ』でもちあげてもらうために金を払うのを断っていた。そこでクーリエは「毎日毎日くだらないでたらめ」をばら撒きはじめた。

悪評コレクション

もしその敵、新聞記者のテヴノー・ド・モランドがブルボン家の宣伝係だと知っていたらカリオストロはもっと落ち込んでいたに違いない。八月末、フランス政府はカリオストロを攻撃することに決めた。訴訟、予言、ゴードンとの交友はフランスへの脅威となっていた。そろそろブラッドハウンド犬をけしかける時だ。二人の軍人がロンドンに派遣され、ド・モランドに戦略を授け、かなりの金額を支払った。まもなく彼はフランスの外交官から、危険な預言者を手段を選ばず沈黙させろという命令を受けとった。

カリオストロははじめのうちスウィントンが陰謀の一味だとは思わなかった。そのうちに、愛想のいいこの隣人がド・モランドと同盟を結んでいるのではないかと疑いはじめたが、スウィントンがフランス大使館と親密な関係があることを知らなかった。クーリエが一七八六年八月二十二日にカリオストロをペテン師の偽医者と攻撃したとき、彼はまだド・モランドが賄賂を脅しとろうとしているのだと思っていた。だが、もしカリオストロが買収しようとしても、失敗していただろう。九月一日には、不安になるほど詳しい暴露記事が載った。「カリオストロ伯爵がフランスに到着するまでの旅」。続報が約束されていた。

その記事はほとんどをジャンヌ・ラ・モットの防御申立書から借用していて、新しい情報はほとんどなかった。それでも、カリオストロは怒り狂って、反撃しなくてはならないと思った。クーリエは非常に影響力があったからだ。そして、手段もないわけではなかった。ゴードンが『パブリック・アドヴァタイザー』に紙面を確保してくれ、ティロリエがはるかパリから文学的タッチが必要ならどんなことでも手を貸すと申し出てくれた。

いかにもカリオストロらしく、彼は異例な戦いの場を選んだ。ド・モランドは前の記事で、カリオストロが砒素を餌にして育てた動物を生餌にしてライオンを殺すことができると言ったことを馬鹿にしていた。相手が臆病者だと思ったカリオストロは、五年前にエカテリーナ女帝の主治医をやっつけた手をもう一度使うことにした。彼はド・モランドに特殊な決闘を挑んだ。

道化殿、あなたをからかってみよう。物理学と化学では、議論で証明されるものはほとんどなく、冗談ではなにも証明されない。実験がすべてだ。そこで、読者の皆さんに喜んでいただけるちょっとした実験を提案する。笑いものになるのはあなたかそれともわたしかという実験だ。十一月九日、朝九時にあなたを食事にご招待する。あなたがワインその他すべてを用意する。わたしはわたしなりに用意した料理を一皿提供しよう。わたしのやり方で育てた子豚だ。食事の二時間前に、生きて元気なその子豚をあなたにお見せする。その子豚を殺して料理するのはあなたの仕事で、わたしはそれが食卓に載るまで近づかない。あなたはそれを四つに切り分け、お望みの部分をわたしの皿に入れる。食事の翌日、起きる可能性のあることは四通り。我々の両方が死ぬか、どちらも死なないか、わたしが死にあなたは死なないか、あなたが死にわたしは死なないか。この四通りの可能性のうち、あなたには最初の三つを与えよう。そしてわたしは、食事の翌日あなたが死にわたしは生きているという最後の可能性に五千ギニー賭けようではないか。

カリオストロの挑戦は九月五日の『パブリック・アドヴァタイザー』に載り、ド・

モランドの答えはいつになく弱々しかった。彼は決闘を断った。カリオストロが自分のせいで死ぬのは望まないからだという。しかし、砒素の実験が犬か猫で行なわれるなら、試してみたいものだとド・モランドは言う。カリオストロは、すでに臆病と悪評の高い男に一撃を加え、九月九日には嵩《かさ》にかかって攻め込んだ。犬と猫は、ド・モランドのようなけだものの代わりにするにはもったいないし、自分が片づけたいのは代理人ではなく本人なのだと答えた。

しかし、ド・モランドがあの陰気なドクター・ロジャーソンより抜け目がなく金もあったことは、カリオストロにとって不運だった。この男はイタチみたいに狡猾で、ブルボンからもらった金をもっていた。そして、彼のペンから出る毒の解毒剤は、いかにカリオストロといえどももっていなかったのである。カリオストロのからかいに対するド・モランドの最初の反応は、カリオストロを批判する出版物をヨーロッパ中から探し集めることだった。低俗ジャーナリストとして年季が入っているだけに、ド・モランドは、あつかましい嘘の繰り返しは真実に匹敵することを知っていた。もっとも有効な攻撃はカルロ・サーキの嘘をもとにしたものだった。

ド・モランドの証拠はしだいに積み重ねられた。まもなく、ド・モランドはベルリンで出版されたエリザ・フォン・デア・レッケの本の噂を聞いた。カリオストロが黒魔術師で偽者だと書いているという。カリオストロはこの話におおいに傷ついた。エリザは彼がクルランドを出たあと、何度も献身的なファンレターを書いてきていた。しかし、何年もたつうちに、少しずつ敵の陣営に近づいていたのだ。ミタウのメイソンたちが、カリオストロが霊媒を買収していた話を聞かせて彼女の目を覚まさせていた。フォン・ホーヴェン総督は、カリオストロに大金を貸したが返してもらっていないとぶちあげた。エリザは、ロシアとポーランドからもよくない話を聞いた。仕上げとなるのが、一七八〇年代初めに彼女に求愛していたのがドイツの知識人で、フリーメイソンの迷信に対する理性の戦いに彼女を引き込もうとしていた人物だったことだ。カリオストロを攻撃することは、彼女にとって栄光に続く道となっていたのである。

ド・モランドはカリオストロの動いたあとを追いかけ、ロシアからは女帝が彼を詐欺師として追放したという手紙を、ワルシャワからはボウルのすりかえがばれたという手紙を手に入れた。また、法律の知識を生かして、カリオストロが十年前にロンドンに来たときあとに残していった宣誓供述書や反訴の申立書などを見つけだした。こうした文書が一つ、また一つとクーリエに現われた。なかでも、ブランデンブルク軍のジョゼフ・ペレグリーニ大佐という名を使用していたことは悪い印象を与えた。

移民の根城に詳しいド・モランドは、一七七二年にソーホーの安酒場にいたカリオストロを覚えているイタリア・レストランの店主を見つけ出した。カリオストロがバルサモと呼ばれていた頃のことだ。この最初の訪問のことを否定したために、またさらに割れ目が見つかり、ド・モランドはそこにとびついた。クーリエの記事は、しだいにねらいが絞られてきた。三回のロンドン訪問はぜんぶ同じ人間によって行なわれ、バルサモ、ペレグリーニ、カリオストロという三人の身元詐称者は全員同じ人物だという証拠が集められていたのである。

「彼は死んだ」

抜け目のない戦略家だったド・モランドは、メイソン内でのカリオストロの地位を突き崩すには特別なキャンペーンが必要だと気づいていた。とにかく、ロンドンにエジプト派ロッジを開く計画は阻止しなくてはならない。

これはたやすいことではなかった。というのは、一七八六年九月に新しいメイソンの同盟者を勝ちとったという噂が流れるとともに、カリオストロの評判が一気に上昇したからだ。その同盟者とはフィリップ・ジャック・ド・ルーテルブール、アルザス人の芸術家で、ゴードンの評判の悪さをしのぐほどの有名な人物だった。有名な哲学者のディドロはド・ルーテルブールのことを天才と呼んだ。フランス美術アカデミーは一七六七年に彼を最年少の会員に選んでその評価を裏付けた。四年後にパリからロンドンに移住したあとも、演劇界でさらに大きな名声をつかんだ。ドルリー・レイン劇場の俳優兼監督、デイヴィッド・ギャリックは古くさいイギリスの舞台効果を改善するために、かなりの給料を申し出て彼の助力を頼んだ。その後の十四年間で、ド・ルーテルブールは舞台美術の巨匠となり、セットのデザインや照明効果、自動機械、音声技術にすばらしい変革を加えた。

こうした才能に加えて、若い頃に技術者としての教育を受けていたド・ルーテルブールは、イリュージョンの分野でも科学的・芸術的に進歩した舞台をつくった。一七八〇年代のはじめ、「アイドフシコン」と題した小規模の動く映像のショーを完成させ、ロンドンの美術界に旋風を巻き起こした。二×三メートルほどの小さな舞台のなかで、生きているような自動人形と真に迫った照明と音響を使って息を呑むような変化を繰り広げてみせた。もっとも有名な作品はミルトンの『失楽園』からとった「伏魔殿」を戯曲化したものだった。黄泉の国から現われた機械仕掛けの魔王の部下たちを黒く泡立つ溶岩が取り囲み、硫黄のような黄色い煙がたちのぼり、音響効果が不気味さをつのらせる。

幻想的な効果を使ったショーには、一七八七年に「ファンタスマゴリア」という名が与えられることになるが、ド・ルーテルブールはその六年も前にこの形式を生み出した先駆者だった。若い裕福な美術愛好家、ウィリアム・ベックフォードに、「燃えるような想像力を奔放にはばたかせて」田舎の別邸で東洋風のオカルト・ショーを見せてくれと頼まれたときのことだった。ド・ルーテルブールの「黒魔術的な」照明効果、「超自然的な音響」、官能的な香り、ぜんまい仕掛けのからくりにすっかり夢中になったベックフォードは、即座に筆をとって有名な東洋風のロマンス『ヴァテック』を書きはじめた。当人は知る由もないが、彼の想像力は近代映画の先駆者たちによって取り入れられることになる。

新聞は、これほど豊かで才能もある社交界の人気者がなぜカリオストロを友に選んだのかと首をかしげた。おまけに、ゴードンとの交友関係で悪い評判がたったあとのことである。画家自身は、カリオストロとは単なる仕事上の協力関係があるだけだと説明した。彼とカリオストロは将来の仕事をいっしょに進めていこうと合意したのだ——ド・ルーテルブールは絵を売り、カリオストロは薬を売る。

ド・モランドは、二人のあいだにはそれ以上のことがあるのではないかと推測した。まず、ド・ルーテルブールはストラスブールの大学に通っていた。カリオストロがフリーメイソンの治療師として三年間暮らしていた場所である。ド・モランドは、その二人がストラスブールで出会ったのではないかと推測していたようだ。実際、彼らはストラスブールのアミ・レユニ・ロッジで一七八三年に出会っていた。

さらにド・ルーテルブールは、外国生まれの芸術家には多かったのだが、錬金術の謎にとりつかれていた。イギリス一とも言われるほどにオカルト書籍を集め、設備の整った研究室までもっていた。実験室であまり長い時間を過ごすものだから、結婚したばかりの妻、ルーシーが腹立ちまぎれに坩堝をいくつか割ったという噂もあった。これほどの錬金術愛好家なら、カリオストロに惹かれたのも当然だろう。ド・ルーテルブールは一七八六年に、カリオストロが銅貨を銀に変成させ、チズウィックの隣人、エリザベス・ハワードの関節炎を治したのを見たと自慢していた。スウィントンと同じように、この画家も明らかにカリオストロの錬金術の技術を利用したいと思っていたのである。

カリオストロはまた、医学の最新流行を売り出す手伝いもできた。ド・ルーテルブール夫妻と芸術家気どりの友人、リチャードとマリア・コズウェイは大金をはたいて動物磁気《メスメリズム》の講義に通った。講師はジョン・ブノワ・ド・メノーデュック医師、パリで訓練を受けてきた男だ。彼によると、人間の身体には目に見えず測ることもできない液体が流れていて、その流れが阻害されると肉体的・精神的な病気が引き起こされるのだという。彼らが学んだのは、手から出る動物磁気によって流れを阻害している障害を取り除くやり方だった。カリオストロはもちろん自分の医療の才能は誰よりも優れていると思っていて、この流行の科学には詳しいとほのめかしていた。

さらに、ド・ルーテルブールはカリオストロの神秘的メイソンの計画にも心を躍らせていた。彼は社交的な理由でロンドンの大きなロッジに加入していたが、ひそかにイギリスと大陸のもっと非正統的なロッジや結社にいくつも加入していた。ド・ルーテルブールのような神智論者のグループにとっては、カリオストロはこの国を訪ねた最大のスターだったのだ。それに、カリオストロの訪問はタイミングが最高だった。一人の友人の力を借りて、彼はフォークとスウェーデンボリの後継者だと自分を売り込んだのだ。二人はどちらも数年前に死んだばかりで、指導者を失って途方にくれる弟子たちをあちこちに残していった。

もちろん、ド・モランドは、カリオストロ伯爵がド・ルーテルブールのような著名人と仲良くなりたい理由ははっきりしていると考えた。最新のチラシ、『ワルシャワで正体がばれたカリオストロ』は、一七八〇年にヴォラで錬金術の変成を演じようとして失敗したことを笑いものにしていた。著者（モチンスキ伯爵）は、カリオストロも「もうちょっと……視覚、聴覚、機械仕掛けの芸術と、一般的な物理学と、コーマスやフィラデルフィアのような手品師の技を学んでおけば、もっとうまくやれただろうに」とからかっていた。カリオストロは明らかにそのチラシの助言を心に刻みこんだらしい。なにしろ、当代最高のイリュージョン仕掛け人と手を組んだのだから。

ド・モランドはクーリエの読者に、カリオストロはすぐにロンドンの弟子たちをたぶらかすためにイリュージョンのトリックを使いはじめるだろうと警告した。ライプツィヒの欺瞞的なメイソンで、のちに欺瞞が見破られて脳みそを吹き飛ばしたヨハン・ゲオルグ・シュローパーが使ったような、幻覚性のテクニックである。つまり隠したランタンと拡大レンズで、ぼやけた群集に取り囲まれた死者の亡霊のような透きとおった映像を動かしてみせるのだ。巨匠ド・ルーテルブールならそのような不気味な効果をつくりだすのはたやすいとド・モランドは主張した。

ド・モランドは今度ばかりは間違っていた。実は、カリオストロがエジプト派メイソン運動を推進するために利用したかったのは、パートナーのもっと伝統的な才能だった。一七八六年秋、彼はド・ルーテルブールに頼んで、ロンドンに新しくできるはずの養女ロッジで入会儀式の部屋にかけるために、一連の絵を描いてもらったのである。

カリオストロの細かい指示に従って、ド・ルーテルブールはフリーメイソンを主題にした八枚の水彩画を描いた。イシスの秘儀を伝授される者がエジプト派メイソンに達するまでに乗り越えなくてはならない試練を、抽象的に示した絵である。入会希望者がロッジに入ると、最初の絵に出会う。それは目標と同時に、前途に横たわる苦難を描いていた。白いドレスに青い帯を結んだ美しい若い女性——セラフィーナの理想化された姿——が、雲のなかにそびえる聖なる町を憧れをこめて見つめ、行く手には緑色の蛇が怒って鎌首をもたげている。

第二の絵では、入会希望者が、床に財宝の散らばった古代寺院の廃墟によって象徴される次の位階に進んでいる。女性は右手に剣をもち、悪魔的な蛇の頭を切り落としたところだ。左手は胸におしあてられている。

第三の絵は、その女性が新しい挑戦について考えているところ。グランド・メートレス（グランド・マスターの女性形。ここではミストレスでなくフランス語のメートレス）の前で目を伏せて立っている。グランド・メートレスはパラス・アテネのようにフクロウのついた兜をかぶり、小道に待ち構える両性具有の魔法使いたちを指さしている。これは性的誘惑と堕落の怪物を表わしている。

第四の絵になると、入会希望者は寺院のふもとまで到達している。寺院は鮮やかな虹のかかったエジプトのピラミッドだ。絶望に屈しそうになる瞬間である。疲れ果て、打ちの

カリオストロのエジプト派メイソン・ロッジのために描かれたメイソンの八つの試練、ド・ルーテルブール作（トール修道院、トーキー、イギリス）

①

②

めされ、折れた剣を足もとに投げ出して岩に腰かけている。行く手では、乳房が垂れ下がり性器から蛇をぶら下げた魔女が踊りまわっている。魔女たちは火のついた松明と蛇を差し上げている。しかし、向こうには大コプトその人が立ち、片手に剣、片手に冠をもって、聖なる奥義を受けるために寺院の前に進み出ろと促している。

次の絵は、入会者に人間最大の試練を課している——死そのものである。寺院の下に洞窟があり、その前に「時の翁」の筋肉隆々たる姿が立っている。翼をもち、ひげがあり、頭に漏刻《ろうこく》を載せ、左手に死の大鎌をもっている。彼の意図は明らかだ。

③

④

⑤

⑥

霊的上昇を果たすのが難しくなったそのとき、大コプトが助けに来る。スリム版のカリオストロで、赤い帯を結んでいる。大コプトは時の翁の翼をつかみ、両刃の剣で羽根を切りとろうとしている。その手前には漏刻がひっくりかえっていて、大コプトの背後では燃え上がる薪の山から不死鳥が勝ち誇ったように飛び立とうとしている。人間の敵、時は征服された。

しかしコプトはもう一つの敵も倒さなくてはならない――踵に羽のついたヘルメス（マーキュリー）である。おそらくこれはエジプト派メイソンの起源であるヘルメス・トリスメギストスではなく、正当派メイソンが従っている偽のマーキュリーだろう。二人は格闘し、カリオストロが剣で

⑦

⑧

マーキュリーの心臓を突き刺す。

最後に、ド・ルーテルブールは勇敢な巡礼者に苦難に対する究極の報酬を与える。彼女はエジプト寺院の石段に到達し、秘儀伝授は目前だ。コプトは手招きして、残されたわずかな階段を剣で指し示す。戸口の柔らかなブルーの覆いのあいだからまぶしい光が差してくる。石の壁に掲げられた言葉の断片が深遠な謎を暗示している――偉大なる奥義、ゲマトリア、秘密。女性の右には打ち負かされた偽のマーキュリーがうつぶせに――死んで、あるいは意識を失って――横たわっている。マーキュリーがもたれかかっているかなめ石には「獣の石」という文字が刻まれ、カリオストロの敵の物質的な欲望を表わしている。

ド・モランドがこの絵を目にしなかったとは思えないが、見なかったとしてもカリオストロの意図を探りだしたはずだ。政治を分析する目は鋭かったから、カリオストロがイギリスの神秘主義メイソン運動の指導者になろうと野心を燃やしていることは言われるまでもなくわかっていた。自分自身、まともな近代派のメイソンだったので、指導者を自称する危険な外国人を拒否するようにと同胞に呼びかけるやり方は心得ていた。彼は、カリオストロのエジプト派にいくつもの方面から攻撃をしかけた。まず、十年前のキングズ・ヘッドでの入会儀式を戯画化してカリオストロを笑いものにした。ふとっちょのイタリア人が天井から落ちて酒場の固い床に叩きつけられ、弾の入っていないピストルをこめかみに突きつけられて引きつった顔で泣いているという描写に、海峡の両側から笑い声があがった。

ド・モランドはまた、ロンドンのスウェーデンボリ信奉者に働きかける必要があると気づいていた。カリオストロの使命をいちばん受け入れそうな人たちだからだ。そこでクーリエは次の話をでっちあげて伝説として広めようとした。カリオストロが、あるスウェーデンボリ信奉者のグループに天使の精霊を呼びだす秘儀を使用する許可を与えた。しかし、「期待していた青と白の衣装をつけたセラフィム天使のかわりに、歯をむき出し、口汚く罵り、ふしだらに乱交するオランウータンの群れが現われた……高潔な理想主義者たちは一晩中その苦難に耐えなくてはならなかった」。ド・モランドの読者たちは、高尚なスウェーデンボリ信奉者の降霊会がいやらしい霊長類の群れによって混乱に陥った様子を思い描いて大喜びした。イギリス・スウェーデンボリ協会の指導者、シャスタニエ博士は、会員たちにエジプト派フリーメイソンを避けるようにと警告した。

カリオストロの使命は、十一月の初めにまたもや惨憺たる後退を余儀なくされた。カリオストロと身近な弟子たちは、ブルームズベリーのキング・ストリートにあるカツラ師バーカーの家で開かれた第二アンティキティ・ロッジの会合に招待された。ド・モランドによれば、カリオストロは乗っとりをたくらんだが、開会の儀式はドタバタ喜劇になってしまったという。歓迎の儀式を執り行なうはずの「マッシュ同志」が、カリオストロを屋外市の偽医者に見立てた酒場風の茶番劇を演じたのだ。

幸先の悪い出だしだったが、カリオストロは指導者の地位を手に入れる意図を正式に宣言した。十一月二日付の『モーニング・ヘラルド』に、「真のメイソンのみなさん」そしてスウェーデンボリの信奉者にも、イギリスのフリーメイソンを再生させようと呼びかける広告を載せたのである。入会者に愛用されている神秘的な数字暗号を使って、その広告は「ニュー・エルサレムの寺院建設を三、八、二〇、一七、八」始めなくてはならないと要請していた。十一月三日、グレート・クイーン・ストリートのオレイリー酒場での大集会に集まれと呼びかけている。その場で新しいロッジの礎石が築かれることになる。しかし、同じ日のクーリエでド・モランドがブルームズベリーでの茶番劇を報じ、カリオストロの訴えは誰の耳にも届かなかった。

それから一週間ほどたったとき、カリオストロはまたも侮辱されることになった。マッシュ同志による茶番劇を戯画にしたものがロンドンの街に出まわったのである。天才的な諷刺画家で、当時イギリス政府から一時的に雇われていたジェームズ・ギルレーの版画だった。「アラビアの伯爵の回想録からの抜粋」と題されたその版画は、メイソンの盛装をしたずんぐりしたカリオストロが水薬を売りつけようとしていて、イギリスの同志は不信を表わして、偽医者と取り巻きの気どった外国人弟子たちをやじっている場面を描いていた。話を説明する辛らつな韻文がついている。

誰も知らないところで生まれて育ち、
先祖が誰かは――よくわからない。
クロップ卿は大親友、
必死に彼を褒め上げる。
自己授爵したこの伯爵、
拝借した名前でメイソンの仲間入り。
溝小路《どぶのこうじ》みたいな名がいろいろ、

ロンドンにエジプト派のメイソン・ロッジをつくろうとするカリオストロ伯爵を諷刺したギルレーの戯画（ロンドン、大英博物館）

プロテウスのように変幻自在。
「見よ我は母なる自然の子（とおっしゃる）、
善意の魂、中庸の振る舞い、
見よ罪なきアチャラトを、
黄金変成の謎を知る者。
我は誇る、熱き心と汚れなき良心、
我は誇る、万病にバルサム膏、
万病を癒す丸薬に粉薬、
若さ回復、身体頑健」
いかさま師は呼びかけて、
お人よしを惹きつける。
だが今や、経歴は明らか、
途方もない偽善者、悪党の登場。
最初はバルサモで絵を描いてみる、
ちょっと塗っただけでやめてしまう。
いかさま師として外国をうろうろ。
死のブラックリストに載る名は数知れず。

イギリス上陸は三回目、
くるたびに名乗る違った名前。
エジプトの秘儀を吹き込んで、
アルザス人を丸め込む。
ボルドーでやったのと同じトリック、
ストラスブールもリヨンもパリも同じやり方。
いかさま師の仮面をはぐのは、
マッシュ同志の仕事。
すべてのメイソンはごらんあれ!
笑っていかさま師を片づけろ。

カザノヴァが同年ワルシャワでカリオストロへの攻撃を出版し、そのなかで書いたように、偽医師兼魔術師は笑いものにされることだけには手の打ちようがなかった。カリオストロは最善を尽くした。法的助言のために再びロンドンに来ていたティロリエの助けを借りて、『イギリス国民への手紙』を出版してド・モランドのからかいに反撃しようとした。一七七六年から一七七七年にかけてこの国を訪れたことは否定しようもなく、スウィントンやド・モランドと同じような詐欺師の餌食になったのだと説明した。どちらも汚いゆすり屋で、彼が要求に屈しないものだから攻撃を始めたのだと主張した。

その主張を裏付けるため、カリオストロはド・モランドの悪名高い過去の恐喝事件を並べてみせた。このフランス人の悪党は、フランス政府から金をもらって偽証した。名高い腰抜けで、被害者から決闘を申し込まれてもすべて逃げ、友達を次から次へと裏切ってきた。『イギリス国民への手紙』は、カリオストロをフランスの圧政から守ったイギリス人の自由主義と寛容さを褒め称え、いつものように、これまで彼に逆らった人すべてに降りかかった恐ろしい運命を思い出させて締めくくられていた。

しかし、ド・モランドが利用できる毒はインクだけではなかった。彼の背後には英仏両政府が行使する法の権力があった。一七八七年冬、カリオストロの友人、ジョージ・ゴードン卿が次々と訴追されると、ド・モランドは勝ち誇ったようにそれを報じた。一七八七年一月二十七日、英仏両政府から放火の罪で告発され、イギリス司法当局とフランス王妃からはそれぞれ別に誹毀《ひき》罪で訴えられた。まもなくゴードン卿は姿を隠してしまった。

元弁護士のド・モランドは、反革命のためにイギリスの法律をうまく利用することができた。カリオストロを誹毀罪で訴えることはできなくても、ニューゲイト監獄の債務部門に放り込むことはできる。ド・モランドは五、六人の債権者を唆して、カリオストロが新・旧の借金を返さないと訴えさせた。スウィントンの屋敷には執行吏が潜み、伯爵の身柄を押さえようとした。カリオストロは運良く警告を受け、保釈金を供託してこうした合法的な誘拐を逃れることができた。ド・モランドはそれにもめげず、ストラスブールの薬剤師、カルロ・サーキを旅費を払って呼び寄せ、百五十ポンドの賃金未払いでカリオストロを訴えさせた。

次に、彼はスペインのカディスからシルベストレ氏を呼び寄せる手配をしていると宣言した。装飾入りの銀のステッキの代金を払わせようと、何年もカリオストロを追っていた人物である。サンクトペテルブルグでも同じ告発のせいで厄介なことになったが、七年たって、これがとどめの一撃となった。わが身の自由と、ナイツブリッジの高価な家財が危機に瀕していると気づいたカリオストロは、レパートリーのなかで最後に残された魔術を使った。一七八七年四月、彼を攻撃する者には死が迫っているという予言を残して、スイスに逃げたのである。

テヴノー・ド・モランドは熱弁を振るってそれに応えた。一七八七年四月六日付『クーリエ・ド・ルーロープ』の見出しは簡潔だった。「彼は死んだ」——カリオストロのヨーロッパでの評判が死に絶えたというだけではなく、イギリスにいるメイソンの弟子たちが預言者を見捨てたことも宣言していたのである。

6
回春剤

Rejuvenator

回春
若返らせること。ふたたび若く生き生きとさせること。

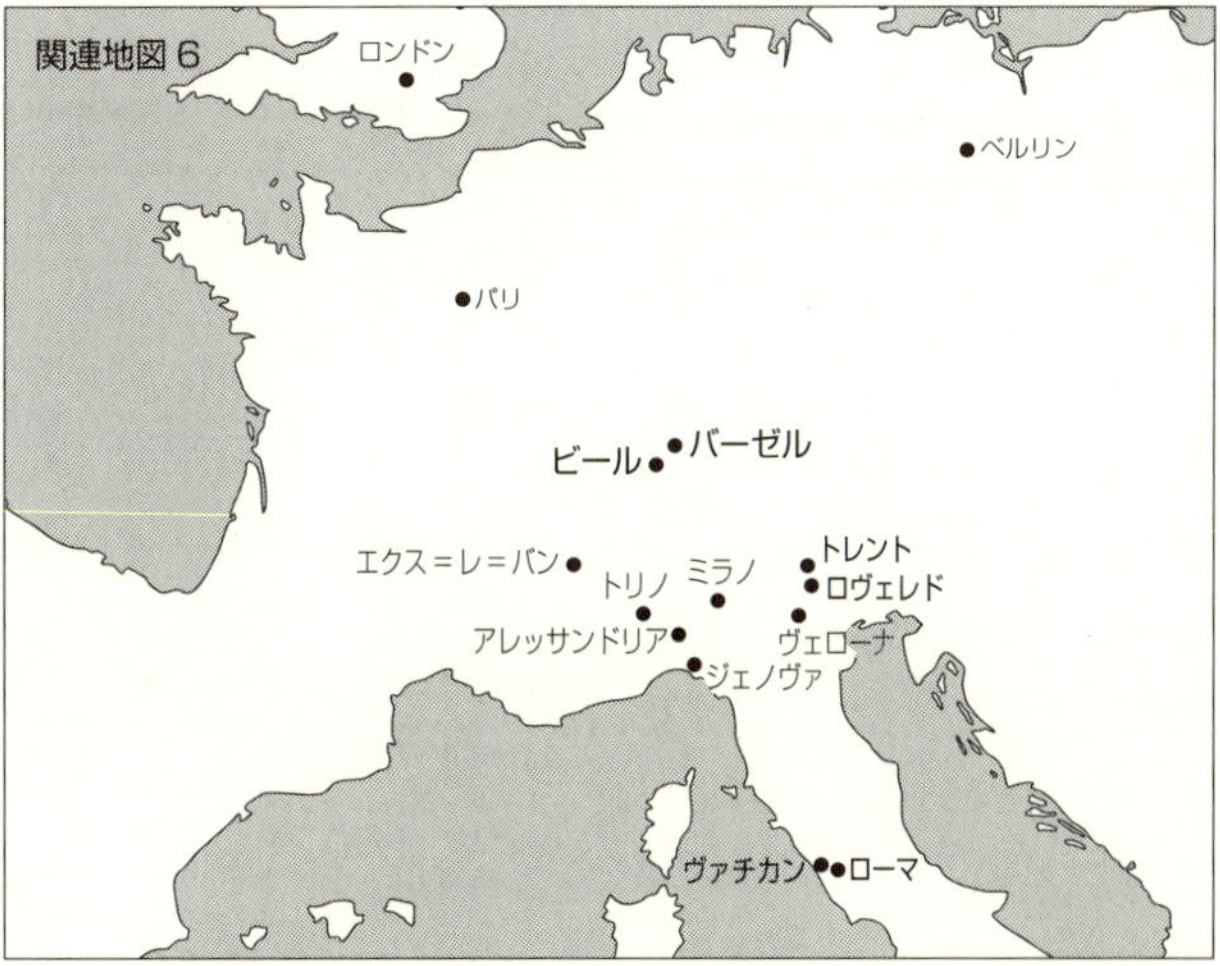

一七八七年六月十七日、ぎっしりと荷を積んだイギリスの馬車がドイツとフランスの国境を越えてスイスのバーゼルに入った。サラザン兄弟――絹商人、銀行家、織物製造業者――の邸宅が二つ並ぶ丘の急な坂道を登る馬車に乗っていたのは、セラフィーナ・カリオストロ、フィリップとルーシーのド・ルーテルブール夫妻。彼らは期待に胸を弾ませていた。馬車の左側、下のほうに見えるのは緩やかにうねるライン川。そのオリーブグリーンの水はリボンや絹やキャラコを満載してヨーロッパの貿易港やレヴァント、インド諸国に向かう船を運んでいた。

十七世紀の新教徒排斥によって、サラザン家のようなユグノー（フランスの新教徒。迫害を受け国を出た）の熟練した絹織物製造業者たちはこの静かな都市国家に安住の地を求めてやってきた。それから一世紀が過ぎて、彼らは事業家としてのエネルギーを発揮し、賢明な結婚で地盤を築き、住民一万五千人のバーゼルを、少数の商人と銀行家が実権を握る繁栄した町に育てあげた。広い街路、立ち並ぶ家々、とがり屋根の教会は、繁栄と秩序とプロテスタントの抑制された信仰を反映していた。

馬車はジャック・サラザンと妻のゲルトルードが住む家に向かっていた。ゲルトルードは六年前ストラスブールにいたカリオストロに生命を救われた女性である。道は河に沿ってうねり、マルティンガッセと呼ばれる急な坂道を登り、ネオクラシック様式のファサードをもつルーカス・サラザンの「ブルー・ハウス」を通り過ぎて、目的地、「ホワイト・ハウス」に到着した。この二軒は双子のようにまったく同じつくりで、建築費にそれぞれ二十万ギルダーが費やされ、一軒で一区画全体を占領していた。ホワイト・ハウスはつややかに光る象牙の宮殿のように見え、赤褐色の屋根瓦が美しい建物だった。飾り鋲のついた玄関ドアの上には、石膏のサテュロス像が二つ並び、訪れる人をそれぞれに歓迎している。一つは挑発的にニヤリと笑い、一つは怒りに顔をゆがめ、歯をむき出している。

馬車のなかでは、もうすぐもっとも親しい昔からの友人、サラザン夫妻に会えるところだというのに、セラフィーナ・カリオストロが不安をつのらせていた――サラザン夫妻の客、つまり彼女の夫、カリオストロ伯爵の存在に気をもんでいたのだ。馬車が丸石を敷いた中庭に入っていくと、人の姿が見えた。ジャック・サラザン、どっしりしたスイス人らしい体つきといかめしい物腰を、二重顎が和らげている。ゲルトルードは、妊娠してふっくらとなり、血色がよい。しかし、二人は微笑んでいるだろうか？　それとも、顔をしかめている？　しかし、もっと大事なのは、彼らの隣に立っている移り気な人物からどんな歓迎を受けるかということだった。

セラフィーナには気をもむだけの理由があった。ロンドンでカリオストロと別れてからの三カ月のあいだに、夫を裏切ってしまったのだ。夫の危険な敵、テヴノー・ド・モランドに、夫婦のあいだの大切な秘密をうっかり漏らしてしまったのである。そんなつもりはなかった。だが、セラフィーナは心底夫にうんざりしていた。夫は彼女を猫かわいがりしている。それを否定するつもりはない。金が入るといくらでも贈り物をしてくれるし、離れていると悲しんでくれる。しかし気分が変わりやすく、むっつりふさぎ込んだり、かと思うと手のつけられないほど怒ったりする。物事がうまく運んでいないときはとくにそうで、それに、ここのところはうまくいかないことが多かった。

セラフィーナはとつぜん、これまでの生き方がなにもかも嫌になった。財政的な浮き沈みの激しさが嫌だった。召使に暇をやり、宝石を質に入れなくてはならないときはとくに。引っ越しにもうんざりしていた。愛人や友達と別れなくてはならない。それに、警察や執行吏や看守から侮辱されるという問題もあった。なかでも嫌だったのは、イギリスでの暮らしだ。言葉は通じないし、宗教は夢中になれないし、天候は気分を滅入らせた。イタリアの暖かさ、フランスの格好のよさ、カトリックの慰めが恋しくてならなかった。

一年前、夫はサラザンの友達に、アフリカのジャングルに行って獣と暮らさないのは、妻への愛があるからだと言った。だが、翌年になったら獣のなかに妻を残してスイスに逃げ出してしまったではないか。債権者たちは家具を差し押さえようとする。召使たちは給料の未払いで訴訟を起こす。フランスから来たメイソンたちは質問攻めにする。カリオストロ伯爵は、ほんとうにシチリア人の悪党、ジュゼッペ・バルサモなのか？　エジプト派ロッジのネットワークは現実に存在するのか？　それに、カリオストロがスイスに逃げ出す直前、理想主義の若い秘書が実験のでっちあげを知り、

セラフィーナ
（パリ、フランス国立図書館）

セラフィーナはその怒りの矢面に立たなくてはならなかった。その若者は、偽医者のもとで一年近くも人生を無駄にしたことに腹が立つのだと言い、あんまり落ち込んでいるので、セラフィーナは性的な慰めを提供したのだった。いいではないか。セラフィーナは一人で寂しかったし、彼は熱烈だった。

驚いたのは、例の新聞記者、テヴノー・

ド・モランドも同じくらい魅力的だったことだ。評判は最悪だったが。カリオストロの出発を聞きつけて、さっそく彼女を訪ね、援助を申し出てくれた。それほど気を許して話すつもりはなかった、それはほんとうだ。しかし、彼に逆らうのは難しかった。彼はカリオストロが押しつけた放浪生活の寂しさと不満に同情してくれた。彼女の、宗教を渇望する気持ちと、夫の不信心への嫌悪を理解してくれるようだった。以前にフランスの修道院に放り込まれたときのことまで知っていた。彼女の話すことなどみんな最初から知っていたみたいだった。彼女はただ、夫の若い頃のことについて彼が推測したことを確認しただけにすぎない。

それに、その気ならもっと重大な裏切りだってできたのだ。ロンドンにいるフランスの役人が、もしド・ローネーとシェノンに対する夫の訴えに根拠がないと宣誓証言すれば、ルイ十六世がかなりの年金を出すと言ってきた。もちろん、グラッときた。でも、警戒もした――罠かもしれない。ブルボン家が信頼できないのは誰でも知っている。結局、滞在していた家の主、ド・ルーテルブール夫妻に説得されてその考えを捨てた。二人はセラフィーナをスイスの夫のところに連れて行ってくれると約束した。ド・ルーテルブールはスイスでカリオストロとの共同の仕事を続けるつもりだった。二人は、彼女が新聞記者に甘い言葉でだまされたことを夫に説明するのに、助けになってくれるだろう。

セラフィーナは心配する必要がなかった。カリオストロは人目もはばからずに喜びを表わした。力強く抱きしめ、いつもの愛の言葉をささやいた——可愛い子《カーラ・フィッリア》。小さな伯爵夫人がどれほど恋しかったか。それから、ド・ルーテルブール夫妻を抱擁した。愛しい妻を連れてきてくれて、この親切はけっして忘れない。あてにしてくれ、カリオストロ伯爵はたっぷりと御礼をするから。

実際、これほど機嫌のいい夫を見るのは何年かぶりだった。それから数週間、彼は温かさと活気に満ちていた。セラフィーナは自分の裏切りを釈明する必要さえなかった。カリオストロは、彼女が弟子たちにだまされたと信じ込んでいたからだ。愛し、信頼していた弟子たちに。弟子たちはブルボン家に買収されたのだ、とカリオストロは言う。フランス国王と王妃は彼のことを誰よりも恐れているからだ、と。それは正しかった。

愛しいセラフィーナは、その可愛いおつむを悩ませなくていいんだよ、とカリオストロは愛しそうにささやいた。あの盗賊どもがおまえをいじめたのはわかっているから。彼はまた、セラフィーナが家具や宝石や召使をなくしたとき、どれほど悲しむかを知っていた。もうなにもかもだいじょうぶ。セラフィーナはただ、スパイとゴシップ屋たちが無理やりに夫について嘘を言わせたことを説明する宣誓供述書を書けばいいだけだ。地元の裁判官の前で宣言すればいい。そうすればスイスや世界中にいる真の弟子たちを喜ばせることができる。

セラフィーナはほっとして夫の依頼に応じ、これまでと同じように、残っていた疑いも夫の雄弁の前に跡形もなくなった。イギリスに行ったのは間違いだったとカリオストロは言った。偏狭で金にとりつかれた国で、あの国のフリーメイソンには霊的なところが欠けている。ロンドンには人を食い物にする連中やスパイがうろうろしている。あそこに行くたびにまずいことになる。わかっていてもいいはずだった。

今にして思えば、もっと前にスイスに来るべきだった。一七八一年から八二年にかけてゲルトルード・サラザンを治したあとで初めてバーゼルに来たとき、この町に魅きつけられた。そのままとどまっていればよかったのだ。そのときジャックは感謝の気持ちを示したくて、カリオストロのためにバーゼルのすぐ近くにあるリーヘンという村に、美しい中国風の別邸を建てると言い張った――これこそ真の弟子というものではないか！　その別邸はカリオストロの詳細な仕様に従って設計された。彼がエジプト派メイソンの困難な目標に到達することができるようにするためだ。その目標とは、肉体の若返りである。カリオストロがこうして来てくれたのでジャックの出費は無駄にならなかった。いくらか修復しなくてはならないだろうが、すぐにできるとジャックは約束した。その建物には精妙にできた小さな塔があり、てっぺんに黄金の風見がついている。金メッキの舌がついた鐘が瓦屋根の四隅から下がっている。豪奢な瞑想室、撞球室《どうきゅう》、自然を吸収するためのフランス風庭園。これが建てられた頃、カリオストロはストラスブールの治療所にかかりきりだったので、これほどのすばらしい贈り物を正しく理解することができなかったのだ。

彼はセラフィーナに約束した。今度こそすべてが変わる。若返りのシステムを完成させる時間がとうとうもてるのだ。これが新しい使命となる。貧民のための無料治療所を運営するのはやめることにした――医者の嫉妬を招くだけだ。それに、正統派フリーメイソンの腐敗を改革しようなどという望みのない仕事で時間を浪費することもやめる。スイスではその必要はない。ここバーゼルで、彼はすばらしい崇拝者やサラザンの友人や家族に囲まれ、帰ってきた神のような扱いを受けている。ハーゼンバックク家、ビショフ家、フランス人牧師のトゥション、ドイツ人牧師のシュミット、ハース教授やブライトリンガー教授、ジャック・サラザンの義弟ド・ジャンジャン、裕福で知的な商人のジェイコブ・バークハーツ、アイザック・アイセリン、有名な盲目の詩人フェッフェル、その他おおぜいの崇拝者がいる。

ことに感銘を受けるのは、この人々の霊的レベルの高さだとカリオストロは妻に語った。そこで、このグループをエジプト派メイソンのスイスにおける親ロッジとすることに決めた。このロッジはスイス中に彼の儀礼を広めるための中核となるだろう。グループは定期的にホワイト・ハウスの一室に集まった。パリのロッジのようにごたごたと飾り立ててはいない。こういうのがスイス人の簡素で自然な信仰心の表われなのだ。霊的超越の状態に達するためには、カリオストロの胸像を見つめるだけでいい。

今度は、親友のジャックとゲルトルードのことだけを気にかけることにするとカリオストロは妻に保証した。サラザン夫妻に時間があるときに、彼らが完全に無垢な状態になるまで原罪を清めるために、四十日間の瞑想と道徳的教えの集中講話を行なうつもりだという。そのあとで、肉体の若返りのために最後の試練にとりかかれるよう準備を整えてやる。最後の試練では、さらに四十日間人と会わずに断食しなくてはならない。彼が特別に精製した水と下剤作用のある薬草を使って身体から穢《けが》れを取り除き、放血して、腐敗した体液を外に出さなくてはならない。さらに、秘密の調合法による万能薬を摂ったあと、古い腐った肉体をおさめていた皮膚をはぎ落とす。最後に、不死の人として生まれ変わるのである。

ゲルトルードには、近づいている出産という試練に必要な指示も含めて、秘密の処方を伝えてある。サラザン夫妻にはそれが将来の変身に備える第一歩となるのだとカリオストロは語った。ゲルトルードは豊満で健康そうに見えるが、一七八一年から八二年にかけての熱病がいつ再発するかわからないと、屋敷の者たちは心配していた。

しかし、もうカリオストロの処方のおかげで、ジャックと彼女は「出産のための霊薬《エリクシール》」、「食欲を増進する粉薬」、「ヒステリーを抑える油」、「子宮が体外に出たときのための霊薬《エリクシール》」、

「薬草茶」、「生命の水」をつくることができる。もちろん、ゲルトルードは、皮膚と歯と目と、髪、手、足、唇、鼻を若返らせるオイルとパウダーを手に入れたことで興奮していた。彼は有名な「天国のペースト」と「エジプトワイン」のつくり方まで二人に教えていた。出産後に正常な性欲を取り戻すためである。

　ジャックはお返しに二人が住む場所を見つけてくれたと、カリオストロはセラフィーナに語った。近くのビールという小さな町で、定期的にバーゼルを訪れるのに都合がよい。バーゼルには厳しい移民法があって、外国人が定住することができないからだ。なんといってもビールは気候がいい。アルプスの見える澄んだ湖のほとりにつくられた町で、氷河の影響がなく、ひどい西風から守られている。

　さらに、サラザン家の友人でヴィルダーメットという大家族が町の実権を握っていた。ジギスムント・ヴィルダーメットが完璧な家を見つけてくれた。ヴィルダーメットは、「ヨーロッパのどこの国よりも安全で静かな」暮らしができると保証した。フリーメイソンは温かく受け入れられていて、すでにいくつかのロッジがあって活動していた。ジギスムントの弟、アレクサンダーはビールの市長で、カリオストロのような著名人を迎えて光栄だと喜びを表明する手紙をよこした。奇跡の治療師というカリオストロの評判のおかげで、ヨーロッパ中から裕福な人が訪れて町のホテルがいっぱいになるだろうと市長は信じていた。

カリオストロは、セラフィーナはきっと新しい家が気に入るはずだと言った。家の名前はロックハルト。とがった赤い屋根と、簡素な十字飾りがついた白塗りの塔のおかげで、田舎の城のように見えた。家は町はずれのパスカート通りにあった。二人が暮らすことになる主屋にはベッドが八つあり、ド・ルーテルブール夫妻が住む離れにはさらに四つあった。賃貸料はジャック・サラザンが支払い、必要なものはなんでも届けさせると申し出た。気前がいいのはジャックだけではなかった。ロックハルトはきれいに掃除され、ペンキを塗りなおされたがその費用はぜんぶヴィルダーメットがもってくれた。家具はそろっていたし、リネン類、磁器、食卓用のナイフやフォークまでそろっていた。セラフィーナは室内装飾を楽しむことができるだろう。

ロックハルトの敷地は家そのものと同じくらい魅力的だった。カリオストロは高揚した調子でそれを記録している。乳牛のいる木造の牛小屋、流れの速い河に向かって段丘になっている土地、葡萄が植えられている花盛りの果樹園、まわりは新しい垣根で囲まれている。親切なヴィルダーメットは彼らの必要を考えて、庭師と料理番と、セラフィーナの世話をするための美容師を雇い、カリオストロの薬を処方するために地元の有能な化学者を雇った。

ビールの社交界が活発なことにセラフィーナはきっと驚くだろうとカリオストロは言う。ヴィルダーメットは町の社交生活を「素朴で陽気」と描写した。それにもちろん、魅力的なド・ルーテルブール夫妻が愉快な仲間になるだろう。カリオストロはセラフィーナを驚かせるものを用意していた。ブランコーニ侯爵夫人、ブランズウィック公の元愛人で、七年前ストラスブールでセラフィーナにけんつくを食らわせた女性が、もう一度紹介してくれと頼みこんでいるのだという。カリオストロは寛大にそれを受け入れた。ただし、ほかの人の家で紹介されるのなら。彼は、有名な侯爵夫人がセラフィーナのいい遊び友達になるだろうと思っていた。

彼らが六月の末にとうとうビールに越してきたときには、ヴィルダーメットが地元の名士を招いて豪華な歓迎パーティを開いてくれた。ブランコーニ侯爵夫人はいがみあう二人の愛人を引き連れていた。前回はひどく横柄だったのが、今回はひどく愛想がよかった。カリオストロは、長いあいだ探し求めていた平和をとうとう見つけたと言って地元の人たちを嬉しがらせた。ゲルトルード・サラザンにも言ったが、彼は「世間の喧騒とは相容れず、哲学的な静けさのなかで暮らしたい」と常々思っていたのだ。ド・ルーテルブール夫妻もいい印象を与えた。「ダイヤモンドで輝くばかりの」セラフィーナは、この場でいちばんの美人だと言われて気をよくした。言うまでもなくカリオストロは、彼の美容薬と神経の治療を求める夫人たちからもてはやされた。

押し寄せる敵意

しかし、たった数週間で、カリオストロの気分は沈みはじめた。ビールという離れた場所にいても、全ヨーロッパの知り合いたちが獰猛なマスティフ犬のように彼を追って吠え立てているというニュースが少しずつ伝わってきたからだ。ダイヤの首飾り事件に加えてド・モランドの攻撃が、カリオストロ追及の気運をつくりだしていた。ド・モランドがパリ警察の文書保管庫からバルサモとカリオストロが同一人物だと証明する筆跡見本を見つけ出したと主張したので、攻撃はなおさら激しくなった。コプト狩りの狩猟シーズンが始まった。

敵意のある回想録のなかに、一七八六年にワルシャワで発行された『ある思索家の独白』という小冊子がある。明らかにカザノヴァの手になるものだった。一七八一年、異端審問所がとうとう痺れを切らして彼を首にしたあと、カザノヴァはヴェネツィアを出て、ボヘミアのとある城で図書館司書の地位を手に入れた。彼はジュゼッペ・バルサモとの出会いに虚飾をほどこして、魔術治療師を求めるヨーロッパの流行に「哲学的な」攻撃を加えることで後援者をつかもうとした。

『独白』は、エリザ・フォン・デア・レッケとの偶然の出会いからも恩恵を受けていた。一七八五年から八六年にかけての冬、オーストリアの温泉保養地テプリッツェで、カザノヴァは彼女と晩餐を共にした。エリザは有名な水を飲みに、カザノヴァは城の退屈から逃れてきていた。年老いた放蕩者と真面目な信心家はたがいに惹かれあった。彼は美しい女性が好きだったし、彼女は年上の男性が好きだったからだ。カザノヴァはおそらく化粧をして染みを隠していただろうが、女たらしの魅力は健在だった。エリザは彼が征服した最後の女性となった。だが、昔の火山のような欲望は、もう華麗な手紙を書くことにしか向けられていなかった。そしてもちろん、エリザとカザノヴァには共通の計画があった。

エリザの、『一七七九年ミタウ、高名なCについての報告』は一七八六年にベルリンで出版され、カザノヴァの小冊子よりもはるかに大きな衝撃を与えた。書いたのが嫉妬深いライバルではなく、以前の弟子だったからである。興奮を露わにした一七七九年の日記に、カリオストロがどのようにして彼女をたぶらかしたかという説明を注釈として加えたものだ。このとりあわせは大きな成功をおさめた。誰もがこぞって読みたがった。エリザは作品について個人的にドイツの有名な知識人たち——哲学者のイマニュエル・カント、音楽家のカール・フィリップ・エマニュエル・バッハ、詩人のフリードリヒ・クロプシュトック、作家のヨハン・ヴォルフガング・フォン・ゲーテ、思想家のヨハン・ゲオルグ・ハーマン——と話し合った。『報告』のニュースがビールのような僻地まで届いたのも不思議はなかった。カリオストロ夫妻が町に越してたった二、三週間しかたたないうちに、ジギスムント・ヴィルダーメットができるだけ如才なく、エリザの回想録のせいでドイツのすべての公国や王国が反カリオストロに回りつつあることを告げた。

カリオストロはまた、さらに東方からの攻撃にも対処しなくてはならなかった。一七八六年に出たモチンスキ伯爵の記事はカリオストロの錬金術でのへまを暴露していて、それだけでも打撃は大きかったのに、もっと深刻だったのは、ロシア女帝が個人的な反カリオストロキャンペーンを繰り広げているというニュースだった。カリオストロのサンクトペテルブルグ訪問が女帝のフリーメイソンへの態度を変化させ、一七八四年にバヴァリアの啓明会が革命的な無神論の地下活動を行なっているとして非合法化されてから、その態度はますます硬化した。カリオストロのロシア訪問への漠然とした疑いが、鋼鉄のような確信に変わったのである。

一七八五年、エカテリーナはもっとも信頼する顧問の一人に、カリオストロを標的としてヨーロッパ全体に反フリーメイソンの動きを起こす計画を書き送った。

霊感が浮かびました……わが臣民に外国の発明物、メイソンのロッジに誘惑されないよう警戒させる声明書を発したいのです……彼らはキリスト教の正統性とすべての政府を破壊します。彼らの生じた場所から、自然には存在しない平等という衣をかぶって無秩序がやってきます。同時に彼らは、世界文明に備わっている人間と神の法に反するあらゆる犯罪を煽動し、異教の儀式を復活させ、霊を呼びだし、黄金や万能薬を探し求めるのです。

この計画の最初の果実は、二つの諷刺劇だった。エカテリーナが一七八五年に続けて書いた『だます人』と『だまされる人』である。エカテリーナは非公式の外国人スパイ、ドイツに住むスイス人のインテリ、ドクター・ヨハン・ツィンマーマンに、その芝居は「カリオストロの性質と……彼のカモ」を表わしていると言った。最初の『だます人』では、カリオストロを表わす尊大な詐欺師、カリフォーク・ガーストンが真珠とダイヤモンドを大きくしてやると言ってお人よしたちをだます。次の芝居、『だまされる人』では、似たような物語がカモのラドトフの視点から描かれている。ラドトフはメイソンに入会するとわけのわからない言葉を口走りはじめ、聖霊と話ができると思いこんで、金属を黄金に変えようとする。妻と姪が助け出したときには、すっかり頭がおかしくなっている。

どちらの劇も一七八六年の一月と二月にエルミタージュのエカテリーナの劇場で上演され、その後すぐにサンクトペテルブルグとモスクワの国立劇場で演じられた。エカテリーナはまた、感染の源と思われる相手――ドイツとフランス――とも戦いを始めた。六百ルーブルをかけて、ハンブルクとパリで二つの芝居を上演しようとしたのである。ツィンマーマンはドイツ語に翻訳された戯曲をゲッチンゲンの教授に送り、教授がいろいろな地方紙にそれを載せた。

エカテリーナはカリオストロがまだロンドンにいるあいだに、エジプト派メイソンに対してもっとも大がかりな攻撃をかけた。『シベリアのシャーマン』を書いたのである。この戯曲は前の諷刺劇よりずっと力が入っていた。というのも、エリザ・フォン・デア・レッケの『報告』を読んだばかりで、感銘を受けたあまりにロシア語の翻訳をつくらせ、領内に流布させていたからだ。彼女は劇の重要人物をエリザをモデルにして書いた。若い女性、プレレスタは未知の神経症にかかり、だまされやすい父親が有名なメイソンのシャーマン、アンバン＝ライを呼び寄せて治療を頼む（観客は、プレレスタの病気は婚約者と喧嘩して失恋したことに原因があるとわかっている）。アンバン＝ライは諷刺劇に出てくるカリオストロよりもずっと邪悪でずっと真面目である。エリザの本を読んだことで、エカテリーナはカリオストロをロシア教会にいた狂信的な神秘主義者の現代版と考えるようになった。エカテリーナの目に映るカリオストロの人物像は、反体制的な、すべての「学問と風習」を改革しようという間違った夢にとらわれた人物となっていた。彼は「意味への疑いと沈黙の擁護者、哲学と理性を損なう者」で、「民衆の教育と、発見と研究の精神とを嫌悪し、もしも政府が許しておけば、すべてを野蛮な昔に押し戻そうとしている」のである。

ビールでは、ダイヤの首飾り事件への興味が新たに燃え上がり、カリオストロはそれに対処しなくてはならなくなった。一七八七年八月、ヨーロッパ中の新聞がジャンヌ・ラ・モットの大胆な脱獄事件を書きたてた。ジャンヌは男に変装してサルペトリエール女囚刑務所を逃げ出し、ロンドンに亡命した。彼女はどうも新しい中傷文書を用意して、カリオストロとロアンとフランス王妃を詐欺の共犯で告発しようとしているらしかった。フランスとイギリスの新聞はジャンヌの新たな告発を大きくとりあげていた。

同じ月、また新たな爆弾がフランスからスイスの小さな町に投げ込まれた。パリでカリオストロが起こしていた裁判が厄介な事情で敗訴になったと新聞に報じられた。被告から搾取する目的で些細な嫌がらせの訴えをして法廷の時間を無駄にさせているとして、国王が伯爵の弁護士たちを攻撃したというのである。これがなんといってもいちばんの屈辱だった。ド・ルーテルブールはヴィルダーメットに手紙を書いて、打ちのめされているカリオストロを慰めてやってくれと頼んだ。ロックハルトにいる一同は、今度はパリのろくでなしたちが調子に乗ってカリオストロを損害賠償で訴えるのではないかと恐れていると、ド・ルーテルブールは書いた。

孤立する魔術師

皮肉なことに、実際にろくでなしだとわかったのはド・ルーテルブールだった。画家とその妻は悪名高い守銭奴だった。スイスに着いたとたんに、ロンドンでカリオストロに貸した金のことでぐだぐだ言いはじめた。数週間たつと、召使たちはセラフィーナに、ド・ルーテルブールは貸した金のことで怒っていて、カリオストロが約束の若返りプログラムをいつまでも始めないことにも腹を立てていると告げ口した。カリオストロは夜の時間を頭の軽い妻の相手をして過ごすのではなく、弟子たちに錬金術や治療やエジプト派メイソンの教えを与えることにもっと時間をかけるべきだと言っているらしい。

ほんとうの問題は嫉妬なのだとほのめかす友人もいた。ほとんどすることもなく小さなロックハルトの城に閉じ込められて、二組のカップルと召使たちのあいだには性的な緊張が高まっていた。ド・ルーテルブールは、短い首と噛みつくような口をもった灰色の太ったカメにそっくりだったが、自分ではまだプレイボーイの名残があると思っていた。彼は、セラフィーナがロンドンのド・ルーテルブール家に滞在しているうちから性的な興味をつのらせていたが、セラフィーナはカリオストロの若い元気な秘書のほうがよくてド・ルーテルブールを相手にしなかった。うぬぼれに不足はないド・ルーテルブールは、セラフィーナに対して保護者ぶった態度で不機嫌さを表わした。こうしてはねつけられたことで、カリオストロの有名な若返り療法への執着がますます強くなった。美しい妻のルーシーのためにも、どうしても若返る必要があったのだ。

　夫人のほうはといえば、セラフィーナは友人たちに、その女性が会う男会う男に色目を使うと言っていた。召使はセラフィーナに、ド・ルーテルブール夫人がカリオストロを誘惑しようとしていたと告げ口した。神経症にかかっているという口実で、ルーシーは何時間もカリオストロを独占した。ルーシーのあつかましさもさることながら、その夫の嫉妬にもうんざりして、セラフィーナはド・ルーテルブールにルーシーの振る舞いについて注意した。ド・ルーテルブールは感謝するどころか、乱暴にはねつけた。

フィリップ・ジャック・ド・ルーテルブール
（W・R・H・トローブリッジ『カリオストロ偉大な魔術師の栄光と悲惨』ニューヨーク：ダットン、1910年より）

　こうした緊張に加えて、セラフィーナとカリオストロはイギリス人カップルの社交のやり方にもいらだちを強めていた。ド・ルーテルブール夫妻が町にライバルのサロンをつくろうとしていることが明らかだった。ヴィルダーメットがカリオストロ夫妻を崇拝している様子を見て、イギリス人カップルはその弟のアレクサンダー・ヴィルダーメットにすり寄った。市長が「ペチコート」に弱いのは有名だった。「雌ギツネ」ルーシーにかかっては骨抜きになるのに時間はかからない。

この競合関係が爆発したのはイギリスからエドワード公がこの町を訪問したときだった。公式レセプションでカリオストロが話をして聴衆を惹きつけ、エドワード公の、「善良な人間」としての母親と父親に乾杯をささげると、ド・ルーテルブールはその挨拶が下品だという考えをエドワードに吹きこんだ。その結果、プリンスはのちにロックハルトのド・ルーテルブールを訪ねたとき、カリオストロ夫妻に会おうとはしなかった。カリオストロは爆発した。社会的に軽んじられることほど我慢のならないものはなかった。セラフィーナも夫をけしかけた。画家とその妻を罵る言葉が通廊に響き渡った。

一週間後、ド・ルーテルブール夫妻はロックハルトを離れ、市長の家に移った。同時に、百七十ルイの負債でカリオストロを訴え、市議会をとおして令状を発行させた。カリオストロは即座に反訴した。穏やかに暮らしていたビール市民たちは、このセンセーショナルな出来事に当惑した。ヴィルダーメットはサラザンに、このように同じ考えをもつ高名な人同士が争わなくてはならないのは悲しいことだと書き送った——二組のカップルの住まいが近すぎるからではないか、と。

ド・ルーテルブールは、カリオストロへの悪口や「彼の哀れな病気の妻が不機嫌にあたりちらす」という泣き言を並べ立てた手紙を送ってサラザン夫妻を味方につけようとした。だが、どんな手紙もジャックとゲルトルードには効き目がなかった。セラフィーナは、サラザン夫妻が実際はこの仲たがいを喜んでいるのではないかと推測した。彼らは、イギリス人カップルがどんな手を使っても若返り治療の先頭に並ぼうとしていることを不快に思っていたのだ。セラフィーナは自分でも手紙を書いた。たいへんな仕事だった。というのは、セラフィーナが読み書きを覚えたのはたった二年前、バスティーユに入っていたときだったからだ。単純さが好感を与える文章で、友人たちに下手な文章を詫び、ド・ルーテルブール夫妻の卑しい行動を悲しく思っていると書き、ジャックとゲルトルードに心からの愛情を伝えている。

ジャックは、ド・ルーテルブールが「我らのマスター」を裏切ったことに腹を立て、これまでのもっともらしい行動の陰にずっとカリオストロを破滅させようという意図を隠していたのではないかと思った。ここでとうとう悪辣さが明らかになったというわけだ。実際、ド・ルーテルブールは正気を失ったような振る舞いを始め、カリオストロに決闘を申し込もうとまでした。カリオストロはさげすむように笑い、決闘なら砒素でやろうと答えた。しかし、召使の話によると、ド・ルーテルブールは火薬と弾丸を買いにやらせて、カリオストロを町なかで犬のように撃ち殺してやると言ったらしい。カリオストロは警察に保護を要求し、ド・ルーテルブールを町から追放するように頼んだ。

カリオストロはそこでやめておけばよかったのだ。そのときならまだ彼の側に同情が集まっていたのだから。ところがシチリア人の血が騒いだ。セラフィーナの忠告に背いて、めったやたらにみんなを非難しはじめた――ルーシー・ド・ルーテルブールが彼を毒殺者と呼んだとか、市長が彼を殺す陰謀に加わっているとか、最悪なのは、スイス人はみんな生まれつき卑劣で裏切り者だと言ったことだった。事件が大スキャンダルに発展し、ほうっておけば町の評判も損なわれると思ったヴィルダーメットはサラザンに助力を頼んだ。サラザンは一七八八年一月十日にビールにかけつけ、「我らがマスターを敵の爪から」助け出すことにした。四日にわたって困難な交渉を続け、ようやく合意をとりつけることができた。カリオストロには精神的な優位を与え、画家のほうには最小限の和解金を与える。ジャック自身もド・ルーテルブールにいくらかの金を渡すことにした。ジャックはカリオストロの役に立つことができたと考えた。サラザンはビールの緊張した雰囲気からカリオストロ夫妻を救い出して家に連れ帰り、一、二週間は以前の平和な生活が戻ったかに見えた。セラフィーナは子どもたちや召使からちやほやされ、カリオストロも地元のメイソンへの講義を再開した。ところが、サラザンの末の息子フェリックスを霊媒として降霊会を開くという決定で、事態は不快な様相を呈しはじめる。大コプトが少年に預言者として秘儀を与え、いつものように善良な霊を呼びだすと、フェリックスはとつぜんありがたくない幽霊の訪問者を降霊会に招き入れた。

「ぼく、暗い部屋にいるよ。金色の剣が頭の上にぶら下がっている」と少年は言った。「あ、ルーテルブールが来た。胸を開いて、心臓についた傷を見せている。短剣をこっちに向けている」

ゲルトルードとセラフィーナはひどく動揺して、あとでカリオストロに詰め寄った。むごたらしい霊の出現でフェリックスに悪い影響があるのではないかと心配したのだ──悪魔的な幻視だったに違いないわね？　神が見せてくださったにしては気味が悪すぎるもの。カリオストロは、これは大天使が裏切り者の運命を見せてくれたにすぎないと答えた。ド・ルーテルブールは、カリオストロがこれまでに何度も予言してきたとおり、気が狂うか死ぬかのどちらかだろう、とカリオストロは言う。誰よりもカリオストロの気分に通じていたセラフィーナは、ド・ルーテルブールへの彼の憎悪がますます強くなっているのがわかった。それからとつぜん、奇妙な気まぐれで、カリオストロはサラザンを非難しはじめた。ジャックが悪党を簡単に許しすぎたというのだ。カリオストロを心から愛していない証拠だと言う。

二、三週間たってカリオストロがロックハルトに戻ったときには、セラフィーナはもうスイスにうんざりしていて、ばかげた事件の結果を心配していた。もっと暖かいところに行きたくてたまらなかった。山から吹いてくる凍るような風がますます嫌になった。川の水が凍り、ロックハルトのテラスの雪が厚みを増すにつれて、カリオストロまでが寒さのせいで体調が悪く瀉血《しゃけつ》や洗浄（浣腸のこと）で自分を手当てしなくてはならなかった。熱っぽい感じで、セラフィーナが初めて見るような上の空の状態が続いた。当然ながら、カリオストロは自分が死にかけていると宣言した。

その頃、悪賢いド・ルーテルブールは新しい武器を用意していた。印刷屋の力を借りて、小さな諷刺版画を二つ町に流布させた。カリオストロがカッと熱くなったのは熱のせいではない。カリオストロがヒステリーの患者に吐剤を処方するのを知っていたド・ルーテルブールは、ロックハルトを訪れた客がカリオストロの有名な「ミネラル水」を飲んで吐いている場面を描いたのである。

二枚目の版画はもっとひどかった。ずんぐりしたカリオストロが野外市の香具師《やし》のような服を着て、有名な七人の精霊を呼びだしている場面を描いている。霊は天使というより修道士の亡霊のようで、それぞれがカリオストロの最新の獲物を運んでいる。騙《かた》りとった宝石、エジプト派メイソンからの略奪品、サラザンの銀行からの金、偽の

ド・ルーテルブールがビールで描いたカリオストロを諷刺する戯画
「カリオストロのミネラル水の効果」（バーゼル大学）

訴状、消えうせる評判などと説明がついている。背景にはセラフィーナ伯爵夫人、ブランコーニ侯爵夫人、マダム・ヴィルダーメットが集まって噂話をしている。流行のカールには、道化師の飾り鐘が編みこまれている。藪の陰に死神がいることに誰も気づいていない。

一七八八年五月二十三日、ド・ルーテルブールがとつぜんサラザンの調停案を拒否し、再び法に訴え、ビールの大評議会がド・ルーテルブールに有利な裁定を下した。カリオストロは屈辱を感じ、もう味方などほとんど残っていないというのに、弁護士と支援者たちを途方もない犯罪で告発して「ひど

ド・ルーテルブールがビールで描いたカリオストロを諷刺する戯画
「いんちき薬を売るカリオストロ」(バーゼル大学)

い騒ぎを起こした」。彼は一月かそこら前に、ジャック・サラザンと公然と対決していた。もっとも献身的な弟子であり保護者であるサラザンを、調停のときに利益を得ようとしたと言って非難したのだった。サラザンにとってこれほど傷つく言葉はなかった。

しまいには、ビールでのいちばん忠実な味方、ジギスムント・ヴィルダーメットまで非難しはじめた。セラフィーナはカリオストロの自己破壊的な怒りに呆然とするばかりだった。夫はどうなってしまったのだろう？　病気が脳に達してしまったのではないだろうか？　あわれなヴィルダーメットは好意的な説明を探そうとして、サラザンに手紙を書いた。
「彼［カリオストロ］の教育はヨーロッパで暮らすのに向いていないことを理解するべきです。東洋的な原理の名残を抱えていて、それはわたしたちの原理とは非常に違ったものなのです」

セラフィーナは厳しく現実を見つめていた。カリオストロはこの七年間彼ら二人を浮かばせていた救命ボートを沈めてしまったのだ。彼女にとって唯一のなぐさめは、二人をこの惨めな国にしばりつけるものはもうない、ということだった。カリオストロが退屈な景色や殊勝ぶったスイス人の悪口をわめきながら部屋をうろうろしている傍らで、セラフィーナはもっと太陽のあふれた土地に行きたいと責めたてた。七月になってやっとカリオストロはセラフィーナを関節治療のためにサヴォイ公国のエクス＝レ＝バンに連れて行くことにした。そこから、イタリアに行く可能性を探ってみよう。

一七八八年七月二十三日水曜日、カリオストロとセラフィーナは、辛抱強く耐えてきたジギスムント・ヴィルダーメットと最後の晩餐をとり、真夜中過ぎに南に向けて出発した。翌日、この悲しい結末を振り返ってヴィルダーメットは書いている。「心のままにこの男を見れば、これほど善良で感受性の鋭い人間はいない……わたしは彼を……才能にかけても、情熱にかけても、欠点にかけても、それにまた、引き起こすトラブルの点でも、当代無二の男として心にとどめるだろう」

カトリック教会への接近

イタリアはセラフィーナが期待していたようなパラダイスではなかった。しだいに数が増える暴露出版物の声からも、ブルボン家の長い腕からも逃れることはできなかった。カリオストロは一七八八年夏に訪れた先々で――トリノ、ミラノ、アレッサンドリア、ジェノヴァ、ヴェローナ――同じような反応に出会った。有名なカリオストロに治療してもらおうと興奮した民衆が殺到する。その後、遅かれ早かれ、町の統治者が、ブルボン家や嫉妬深い地元医師にせっつかれて追放命令を手に現われる。そして、カリオストロ夫妻を支えるサラザンの無尽蔵の銀行勘定はもうなかった。高価なホテル、立派な馬がひく馬車、毎日着替える下着、お仕着せの召使、うまいワインと食べ物、彼らのたくわえは見る見るうちに消えていった。

オーストリアとイタリアの境界にある美しい町ロヴェレドに着いたのは一七八八年九月二十四日。そこもほかと変わらなかった。町いちばんのホテルの所有者、ジュゼッペ・フェスティとその友人クレメンティーノ・ヴァネッティが二人を歓迎した。ヴァネッティは優れた学者で、並外れた治療師の伝記を書きたがっていた。ヴァネッティはカリオストロが着いたときの様子を記録している。カリオストロはあっという間に、「馬車に乗った病人、椅子に乗せられた、担架に乗せられた病人たちに取り囲まれ、たちまち広場は人でいっぱいになり、家の前に群集が殺到した」。腎臓結石がある男、不治のガンに侵された男、神経を病んだ女、気の狂った女、淋病を治したい兵隊たち、なんといっても多かったのが、コプトの若返り霊薬《エリクシール》と媚薬を求める男女の老人たちだった。

いつものようにセラフィーナは看護婦と美容薬の宣伝係として働いた。カリオストロは妻の年齢をひどく誇張して、薬の効き目を証明してみせた。彼女の美しい肌の色は、「五種類の水薬を上等の化粧水と混ぜて使う。それがミルクのような白さとルビーのような赤い唇をつくるのです」。

しかし、陽気そうな見かけの奥で、セラフィーナはひそかに新しい人生を切り開く計画を立てていた。一七八七年の六月、ある訪問者がひそかに家族の手紙を届けてくれた。そのとき以来彼女は生まれ故郷のローマに恋焦がれていたのだ。父親の優しい言葉に、ヴィッコロ・デッレ・クリプテにいた子ども時代が懐かしく思い出されてセラフィーナは涙を流した。家族はド・モランドの新聞で、カリオストロに見捨てられた彼女がロンドンに取り残されたことを読んで恐怖に震えた。毎日カルミーネの聖母《マドンナ》に祈り、悔い改めた娘を許してくれるよう頼み、地元の司祭に助言を求めた。ジョゼフ・フェリツィアーニはこう書いてきた。「愛する父親としての助言は、悔い改めて帰ってきなさいということだ。わかっているね、愛しい娘、魂は不死で、現世には価値がない。偉い人たちから保証をとってあるから、おまえがローマに来てもちゃんと守ってもらえる。おまえの夫が……おまえがカトリックの信仰に従うのを邪魔するなら、罰せられることになる」

イタリアの町を渡り歩きながら、セラフィーナは自分の魂と愛する家族のことをずっと考えていた。ロヴェレドの町でやっと勇気を奮い起こしてカトリックの司祭と接触した。クレメンティーノ・ヴァネッティはこの瞬間の重要性に気づいている。

カリオストロの妻が司祭といっしょに教会に入ってきて、ひざまずいて熱心にミサに加わった。さらに別の司祭、敬虔な男が、彼女と何度も神の王国と教会について話をした。神の王国の外には救いはないということを。そして司祭は彼女に使徒行伝と預言者の言葉を渡して読むように言った。そして、この女性が信仰を示し、正しいことを口にするのを聞いて喜んだ。というのも、彼女はフランスに蔓延しているいわゆる哲学によって悪が広められていると怒りをこめて語ったからだ。そして彼女は、聖書を熱心に勉強して、現代の科学的な業績を拒否した。

妻がカトリックの信仰に復帰したことに悩まされていたとしても、カリオストロは態度に表わさなかった。ヴァネッティが観察したように、セラフィーナはわざわざ「夫の気に入るようなことを言う」ように努力していた。カリオストロが最新のファンレターを読み上げると、セラフィーナは「解いた髪をうなじに垂らし、家に駆け込んで喜びの叫びを上げた。情熱が炎のように燃え上がり、言葉が波のようにほとばしる」。これほど情愛のこもった彼女は久しぶりだった。

それに、ねたみ深い地元の医師のせいで十一月十一日に近くのトレントの町に越さなくてはならなくなったとき、セラフィーナの信心が役に立った。ロヴェレドの家主が紹介状を書いてくれたおかげで、町の統治者でトレントの司教であるピエール＝ヴィジル・タンから温かい歓迎を受けたのだ。カリオストロとこの司教はたちまちのうちに惹かれあった。ロアン枢機卿と初めて出会ったときの繰り返しだった。タンはロアンと同じように、オカルトが好きだったのだ。

しかし、カリオストロにロアンが七年前に言ったことを思い出させたのは、ローマに帰ることにとりつかれていたセラフィーナだった。枢機卿は、いつか教会はカリオストロのエジプト派フリーメイソンをカトリックの新しい教団の一種として認めることになるだろうかと尋ねたのだ。今、金はどんどんなくなっていくし、どこに行っても敵ばかりだ。いっそのこと試してみてもいいではないか。セラフィーナは興奮して、教皇の力なら二人をブルボン家から守ることができるのではないかと言った。マリー

＝アントワネットでさえヴァチカンの権威にたてつこうとは思わないだろう。それに、考えてもみてよ、とセラフィーナは言う。カリオストロがマルタ騎士団のような教団の設立者となるのだ。

タン司教がその考えを一蹴しなかったのでカリオストロは驚いた。悪名高いフリーメイソンをカトリック教会の懐に復帰させることになったら、すごい手柄になる。枢機卿の地位も夢ではないかもしれない、と司教は考えたのだろう。たとえそうでも、カリオストロがカトリック教徒として生まれ変わるには、まだやらなくてはならないことがあった。教団の創設者となるのだとしたらなおさらだ。彼の話は力強く流暢ではあったが、カトリックの信仰についてほとんど知識がないのが明らかだった。タンはこの無知を矯正するという困難な仕事をサンタ・マッダレーナ教会の現実主義の司祭、ゲッツィにゆだねた。ゲッツィは、この奇妙なアラビア人フリーメイソンがヴァチカンを説得できる可能性は低いと思ったが、カリオストロが誠実に教理問答に取り組み、たしかに罪を悔いていることは認めた。

司教は喜んでいた。彼は思いきってローマの教皇領大臣に強力な推薦状を書いた。とりあえずは彼の野心については触れず、単に、ローマを訪ねても身の安全が保障されるように依頼しただけだった。セラフィーナはローマ生まれの善良で信心深い女性で、八十歳の父が死ぬ前に一目会いたいと望んでいる、と彼は書いた。夫に忠実な妻として、彼女は夫が当局から追及を受けるのを心配している。タンはついでのように、カリオストロも教会と和解したいと心から望んでいて、タンの要求に応えて完全な告解を行なったとつけくわえた。

セラフィーナは夫がほんとうに罪を悔いているとは思わなかったが、それでローマに帰れるのならどうでもよかった。セラフィーナはのちに、カリオストロはゲッツィ司祭との面談から、うまくだましてやったと得意になって帰ってきたと語っている。クレメンティーノ・ヴァネッティも、私的な会話のなかでは、カリオストロには宗教への畏敬の念がないと指摘している。たとえばカリオストロは、梅毒にかかったある司教に、処女にうつせば治ると勧めたという話をするのが好きだった。もちろん、善良な司教はこの困難な治療を、肉欲のためではなく、法衣を着続けるために行なったのだとカリオストロは皮肉につけくわえた。

四月四日、ピエール＝ヴィジル・タンはローマ教皇領枢機卿大臣からの返事を受けとり、一同喜びあった。カリオストロ伯爵は教皇領内に入ることを法的に禁止されてはいない、というものだった。この手紙の文章がわかりにくくあいまいなことを指摘する者はいなかった。二週間後、セラフィーナはもう一ついいニュースを伝えた。父親も、カリオストロ夫妻はローマ・カトリック教会当局からわずらわされることはないと書いてきたのだ。

セラフィーナは、アルプスから吹いてくる刺すような風を嘆いてみせてカリオストロの最後の迷いを消し去った。これが嫌だからスイスから出てきたんじゃないの？　バスティーユやなんかで苦労したせいで損なわれた身体が、こんな、町の真ん中を流れる河がガチガチに凍ってしまうような町でいつまでもつと思うの？　お金だって、ほとんどなくなってしまったじゃないの。惨めな将来が目に見えるようだわ――いつまでもブルボン家から追われる放浪者、でなかったら、野蛮な国でこじきをして歩く。ローマでだったら、平和と安全が手に入る。

五月の半ば、セラフィーナへの援軍がやってきた。タン司教がありがたくないニュースを披露したのだ。オーストリア皇帝でマリー＝アントワネットの兄であるヨーゼフ二世から、詐欺師で啓明会の扇動者として名高い男を支援するとはと、厳しい譴責《けんせき》の手紙が届いたのだという。これで決着がついた。二人はローマに行かなくてはならない。タン司教からヴァチカンの高位の枢機卿にあてた推薦状を携え、伯爵と伯爵夫人は一七八九年五月十七日にトレントの町に別れを告げた。二人はせっせと先を急ぎ、ヴィチェンツァでセラフィーナの宝石を質入れして金をつくり、ヴェネツィアもすばやく通り過ぎて一七八九年五月二十七日、ローマに到着した。

セラフィーナの裏切り

故郷だ、だが完全に到着したわけではない。外国の要人が宿泊するので有名な、スペイン広場にあるスカリナータ・ホテルに着いたとき、セラフィーナは歓迎の渦に巻き込まれてしまった。新しい町に着くたびに繰り返されてきた騒ぎである。いつものように崇拝者が群がった。パリのフリーメイソンの儀式を恋しがっているフランス人亡命者がいた。プリンセス・ランバルティーニやヴィヴァルディ公爵夫人のように退屈しきった貴族の女性たちは、彼の霊薬《エリクシール》とおしゃべりを丸呑みにした。それに、自分の境遇に不満を抱く聖職者までいて、カリオストロが昇進の後押しをしてくれるのではないかと期待していた。嬉しいことに、マルタ騎士団の仲間が覚えていてくれて、ド・ロラス支部長とフランソワ＝ジョゼフ・ド・サン・モーリス司祭がカリオストロをひきたててくれた。ド・ロラスは、カリオストロは「位階を極めたフリーメイソンであり、あらゆる秘密を知る教団の設立者である」と信じ、パリにおいて聖職者による保護の鍵を握るロアン枢機卿に影響力を行使できる人物だと考えていた。

フランソワ＝ジョゼフ・ド・サン・モーリス司祭は、もともとカリオストロを崇拝していた。スイス生まれだが、パリのマレー修道院で教育を受け、フランス哲学と科学的神秘主義に熱中した。一七八五年から八六年にかけて、カリオストロがパレロワイヤルのカフェでホットな話題になっている頃、フランソワ＝ジョゼフはいつの日かローマでカリオストロと会うことになるというカバラの予言に出会ったのだった。カリオストロが今ローマに現われたのはなんという天の配剤なのだろう。なにしろ、彼が仕事上で問題を抱えている時期なのだから。待ち望んだ司教への昇進が、どういうわけか見送られてしまったのだ。大コプトが助けてくれるのではないだろうか？　もちろんお助けしましょうとカリオストロは答え、かわりにフランソワ＝ジョゼフに秘書になってくれと頼んだ。

そのあいだセラフィーナは我慢の限界にきていた。やっとローマに帰ってきた。家族がいて信仰の中心がある故郷に。ところが相変わらずカリオストロにしばりつけられていて、彼は法的な夫として彼女が家族のもとに帰るのを禁じていた。行き詰まりだ。カリオストロは抜け目がなく、フリーメイソンとはおおっぴらに接触していないので、ヴァチカン当局に密告するといってもはっきりした根拠がない。エジプト派メイソンをカトリックの新しい教団に生まれ変わらせるという壮大な計画は、ローマの政治的現実の前に消えうせてしまった――教皇との会見を実現することができずにいたのだ。セラフィーナは欲求不満で逆上して、逃げ出す方法をあれこれ考えていた。ある日破れかぶれになって、部屋の外の階段に石鹸を塗った。夫が滑って転落し、首の骨を折ればいいと思ったのだ。ついていなかった。太ってはいても、ジュゼッペ・

バルサモは町のギャングの敏捷さを失っていなかったのだ。

だんだんやせ細っていく支払能力が、結局はセラフィーナの味方になった。第一に、二人は豪華なスカリナータ・ホテルを出てもっと安い宿に移らなくてはならなくなった。セラフィーナはファルネーゼ広場のカーザ・ディ・コンティを勧めた。ずっと粗末なホテルだったが、カリオストロには選ぶような贅沢はできなかった。これでセラフィーナはトラステヴェレの慣れ親しんだ中庭や小路に戻ることができた。そのうえ、この宿は家族の友人であるフィリッポ・コンティが経営していた。コンティはサン・ジロラマ教区の教会委員をしている。それに、両親の家から百メートルくらいしか離れていなかった。セラフィーナは安く雇える召使を熱心に探し、単純な地元の人間を二人みつけた。小間使いとしてフランチェスカ・マッツォーニを、美容師としてガエタノ・ボッシを雇い、ひそかにスパイとして働くよういいつけた。つまり、陰に隠れて、夫の不敬な行為をメモするのである。

不敬な行為に不足はなかった。セラフィーナはどうやればカリオストロを興奮させて馬鹿なことをさせられるかをよく知っていたからだ――なんといっても、この男と二十年連れ添ってきたのだ。誹謗する人たちは、彼女が愚かだと思っていたが、そうではなかった。伯爵夫人はうまい計画を立てることができたのである。カリオストロを冒瀆の罪で有罪にできれば、婚姻無効を勝ちとって再婚することもできると彼女は考えた。それに、ベッドの頭のところに飾った聖母の絵をこれみよがしに拝めば、夫がカッとなることもよく知っていた。カリオストロがその絵を取りはずせと乱暴に命じたとき、セラフィーナはそのショックをコンティに伝え、コンティはそれをフェリツィアーニ家に伝え、彼らから教区司祭に話が行き、そして異端審問所の耳に入った。

次に、セラフィーナは、あまり字の読めないローマの貧乏人向けに書かれた聖書の小冊子を手に入れた。カリオストロが寝室に入ると、セラフィーナは夢中になって読みふけり、迷信じみた言葉を口にしながら浮かされたように十字を切っていた。カリオストロは予想どおりいらだって、猥褻な悪ふざけをはじめた。部屋中を飛び回りながら自分の尻を指さし、そのばかなパンフレットのなかよりこっちを見たほうが聖人が見つかるぞとからかった。ペニスにリボンを結び、この聖遺物を拝んだらどうだと言った。うっかり部屋に入ってきた小間使いは、カリオストロがペニスにエッグカップをかぶせて、「おまえが崇拝しなくちゃならない司教はこれだよ」と言っているのを目撃した。

セラフィーナはカリオストロに彼女の両親を訪問させ、同じ手口で挑発した。両親の信心深い言葉がカリオストロの不敬な軽口を引き出すことがわかっていたのだ。そのとおりになった。彼はフェリツィアーニ夫妻をイエスのような罪人をあがめているとか、聖母を処女と呼んでいると言ってあざ笑ったのである。地元の子どもたちが聖母をあがめる聖歌を歌っているのを聞いて大笑いした。そして、晩餐の客の一人が、ローマを革命の恐怖から救ってくれと神の助けを願うと、神様にはもっとほかに大事な用事があるさと皮肉を言った。こうした冒瀆の言葉が慎重に書きとめられた。

セラフィーナはたえず金がないことをぐちっていた。それがもっと重大な影響をもたらした。というのは、カリオストロがとうとうフリーメイソンを利用して金をつくろうという気になったからだ。彼は若いメイソンのオギュスタン＝ルイ・ベルとつきあいはじめた。パリから来た画家で、地元のフランス美術院の学生を集めて小さな非公式のロッジを主宰していた。サンセール・アミというそのロッジのメンバーは彼のアトリエに集まって食事をしている。カリオストロは、その画学生のグループと、スカリナータ・ホテルに出入りしていた数人の裕福な友人たちを集めてエジプト派の養女ロッジをつくろうとした。今回の彼の動機は純粋に金目当てだった。ヴィヴァルディ公爵夫人をグランド・メートレスにして、彼女を通じて他の裕福な社交界の女性をおびき寄せようと考えていた。

一七八九年九月のある日、彼はひそかにホテルの部屋に入会希望者を呼び寄せた。彼はエジプト密儀の夢のような約束を読み上げた。みんなカリオストロの声の響きを楽しみはしたが、エジプト密儀の入会証に五十スクージを支払うのは拒否した。彼はなんとか二人だけ入会させることができた。フェリツィアーニ家の友人である建築家、カルロ・アントニーニと、政府の弁護士、マテオ・ベラルディである。次の日曜の午後、二人はホテルの部屋の床にひざまずいて、おごそかにエジプト密儀を授けられた。カリオストロは気づいていなかったが、実はアントニーニはセラフィーナの愛人でスパイだったのだ。彼女はあとでこの男と結婚しようと思っていた。カリオストロは、寝室の外の廊下で召使たちがささやきあっている声にも気がつかなかった。

カリオストロは自分が危険を冒していることにいくらか気づいてはいた。ある友人が、セラフィーナが彼を裏切ろうとしているという噂を知らせてくれたからだ。彼女が家族をとおして教皇庁に「良心を安らげるために」供述したいと申し出ているというのだ。カリオストロは念のためフランソワ＝ジョゼフ司祭に、彼がホテルにいないときは妻を見張っていてくれと頼んでいた。しかし、実のところ本気で心配していたわけではなかった。セラフィーナがこれまでのように彼を愛していないなどと信じることができなかった。妻が絶えず文句を言ったり脅し文句を言ったりすることには慣れていた。質屋からお気に入りの宝石を取り戻してやれば、またすぐに元気になるさ、と彼は思った。

警戒するのは、今度はセラフィーナの番だった。というのは、財政的な圧力のせいでカリオストロがもっと過激な道に踏みこもうとしていたからだ。そうなったら彼女の逃亡計画は粉微塵だ。一七八九年秋の新聞は、パリの改革派の運勢が上向いたというニュースを毎日大量に報じていた。そこでカリオストロは思いついた。フランスにいる彼の敵はとうとう敗北したようだ。王と王妃は囚人だし、ド・ローネー長官はバスティーユが陥落したとき細切れになってしまった。そしてロアン枢機卿は革命国民議会に加わるよう要請された。カリオストロとフランソワ＝ジョゼフは、フランスへの帰還を許可してほしいと請願書を書いた。「フランス国家を崇拝し愛するとともに、その法を尊重する」カリオストロは、「王権の恣意のままに」追放されたその国に戻りたいと心から願っている、と。彼はセラフィーナに、迷信や聖職者の貪欲さがすべて追放された国にまもなく戻ることになると告げた。ロアン枢機卿の手助けがあれば、大コプトは以前の栄光を取り戻せるだろう。彼と枢機卿はエジプト派メイソンの影響力を利用して、懲らしめられた国王と再生した民衆のあいだに調和を再建するのだ。

セラフィーナは、今すぐ行動しなければすべてを失うことになるとわかった。彼女の両親は十一月はじめに、サンタ・カテリーナ・デッラ・ルオタ教会の司祭、ドン・ジュゼッペ・トージから、とうとう教皇庁が彼女の正式供述書をとりたいと言ってきたと伝えてきた。しかし、どうやって司祭のところへ行けばいい？　カリオストロとフランソワ＝ジョゼフは看守のように彼女を見張っていた。彼女は最終兵器を使うことにした。ある日彼女はフランソワ＝ジョゼフ司祭にささやいた。ずっとひそかに慕っていたのだ、と。カリオストロがいなければいっしょに暮らせるだろうに。もしあのおぞましい夫さえ厄介払いできれば――。年とった修道士は興奮した。そのとき以来、セラフィーナの監視はまったく違う意味をもつようになった。彼はホットな想像を繰り広げながら宿のなかをふらふらさまよった。十一月半ばには、セラフィーナはのぼせ上がった修道士からの贈り物を受けとり、彼のほうはセラフィーナのすばらしい指わざを楽しんだ。絶体絶命の状況には絶体絶命の方法が必要なのだ。

十一月二十三日、カリオストロが午前中留守にすることを知って、セラフィーナの召使がドン・ジュゼッペ・トージを中庭に連れ込み、寝室の外に潜ませた。セラフィーナは恐怖に震えていた。トージは窓に向かって質問をどなる。彼女は早口で告発する。そして公式書記がその言葉を書きとめた。カリオストロが帰ってきそうになったので、トージはとつぜん質問を切り上げなくてはならなかったが、教皇庁はその結果に満足した。彼らはセラフィーナの父親といちばん新しいメイソンの入会者からも宣誓証言をとった。クリスマスになると、新しく任命された教皇領大臣、デ・ゼラダ枢機卿は、動けるだけの証拠がそろったと判断した。

十二月二十七日、教皇ピウス六世は聖ヨセフの祝日のミサを終えたあとでデ・ゼラダの家を訪ねた。そこには教皇庁の他のメンバーがそろっていた。これはヴァチカンの戦時内閣だった。教皇領大臣デ・ゼラダ、布教聖省長官アントネッリ枢機卿、評定院院長パロッタ枢機卿、掌璽院《しょうじいん》院長カンパネッリ枢機卿。教皇からの短い言葉を聞いたあと、彼らは全員一致で行動計画の提案を支持した。この件の重要性は、いつもなら部下にゆだねられるはずの仕事をピウス六世自らが手がけたことで明らかになる。ピウスは自分でローマ市の長官にカリオストロ伯爵と秘書を逮捕し、彼らの住居を捜索するよう命令したのである。カリオストロはローマのサンタンジェロ監獄に送られ、フランソワ＝ジョゼフ司祭はカピトーレの大修道院に送られることになった。

トレントのタン司教はこの話をあとになってから聞くことになる。ロッシ連隊の擲《てき》弾兵《だんぺい》小隊がカーザ・ディ・コンティに踏みこんだとき、カリオストロは友人たちと話をしていたという。裏切りを悟ったカリオストロは、充塡したピストルをセラフィーナにむけて引き金を引いた。銃は発火しなかった。怒りと苦痛に大声でどなりながら、カリオストロは引き立てられていった。セラフィーナ自身も近くのサンタ・アポロニア修道院に護送された。セラフィーナは驚いたが、もちろんこれは保護のために決まっている。これからはずっと望んでいたとおり、信仰にささげる時を過ごせるのだ。教皇庁もその望みを知っているはずだ。

終身刑判決

セラフィーナの裏切りはカリオストロを打ちのめした。サンタンジェロの狭く汚い独房にいる彼を見ていた看守と、十五カ月にわたって彼を尋問した異端審問官はのちに、カリオストロの、妻への哀れな執着を証言した。ときおり、彼は苦悶して妻はなぜわたしを捨てたのかと大声で叫ぶ。彼を慰めるのは、妻は無理やり証言させられたのだという結論だけだ。ときどき、妻を同じ房に入れてくれと看守に頼む。さもなければ、せめて妻が彼を訪ねることだけでも許してくれと言う。紙もペンもなかったので、バスティーユで書いたような優しい言葉を書き付けることもできない。審問官は、彼が絶えず妻の支持を求めることに気がついた。まるで彼女が同じ部屋にいるとでもいうように。非情な審問官も、この愛情には心を動かされた。

もちろんセラフィーナは彼らのスター証人だった。裁判所はたくさんのスパイや情報提供者——詮索好きの召使、信心家ぶったフェリツィアーニ一家、エジプト密儀の最新入会者二名、画家のオギュスタン・ベル——の証言を予定していたが、誰一人としてそれほど重要ではなかった。そう、異端審問官はセラフィーナに頼らなくてはならなかった。二十一年間彼とベッドを共にした女、そして彼のいくつもある人生のベールをはぎとることができる唯一の人間である。トージ司祭はサンタ・アポロニア修道院にいる彼女を何度も訪ね、カーザ・ディ・コンティで集めた話に肉付けした。

カリオストロの作戦は単純だった。まず、正統であれ異端であれ、あらゆるフリーメイソンとの関わりを否定した。革命的な啓明会は彼を取り込もうと必死に買収しようとしたが、彼はきっぱりと断った。実のところ、彼はキリスト教徒で、訪れた国々の宗教的慣習を細心に観察してきたのだ。エジプト派のメイソン運動は異端でも反宗教的でもない。それは非常に霊的な——実際、ローマ・カトリックの——運動なのだ。彼が礼拝で使用する聖歌や祈りを見ればいい。彼は、多くのキリスト教預言者と同じように、神秘的な「内部からの衝動に」よって、病人を癒し貧しい人を助けるために残りの人生をささげるよう突き動かされたのだ。神は彼を「喜びに満ちた幻」で満たし、神が「たとえ罪びとであっても神を喜ばせる人間に恵みを与える」ことは誰でも知っている、とカリオストロは言う。

セラフィーナの話とはなんと違っていることか。彼女によれば、ここにいるのは、恥知らずにも若い妻に身を売らせ、犠牲者を誘惑するために足首をちらりと見せ、胸を突き出し、腰を揺らすことを教えた男——それなのに、彼女は罪を犯していないと思わせた男なのだ。妻が信仰するのを許さなかった男、心のなかですべての宗教をあざけり、人前では信心深そうに振る舞いながら神を冒瀆する男なのだ。黒魔術を行ない、キリストの神性を横どりした男。反宗教的な本を読み、フランス国王と王妃への諷刺を収集した男だ。召使や洗濯女を誘惑し、酔って冒瀆的な言葉を吐き、小さな霊媒を買収して降霊会で芝居をさせた、みだらな経歴詐称者なのだ。

セラフィーナはこの証言が自分の墓穴を掘っていることに気づいていなかった。夫を泥沼に引きずり込めば、その沼の撥《は》ねが自分にかかってくるのに。カリオストロは愛しい妻への反訴をするつもりはなかったが、ヴァチカンが弁護人として指名したコンスタンチーニとベルナルディーニにはそんなためらいはなかった。どちらも有能で熱心な弁護士だった。異端審問裁判では弁護の幅が非常に制限されていたので、裁判に勝つ望みはまったくなかったが、彼らは戦い抜く決心をしていた。二人はセラフィーナの信頼性を崩すことに集中した。二十一年も贅沢な生活を楽しんだあとで、愛してくれた夫を裏切るなど、なんという女性なのだろう。それほど虐待されたと言うなら、どうしてもっと早く別れなかったのか？　クルランドではフォン・ホーヴェン伯爵と、ロシアではポチョムキン公と、フランスではムッシュー・デュプレシスと、夢中になって情事を繰り返してきたのはどんな女性なのか？　告発されたフランソワ＝ジョゼフ司祭から贈り物をもらい、何度も彼を手でいかせてやったこの女性が信心深い信頼できる証人だというのか？　夫を不敬の罪で有罪にしようとするこの女のほんとうの動機はなにか？

二人の弁護士もしまいには告発を実証することができなくなった。というのは、カリオストロの有罪は裁判の前から決まっていたからだ。しかし、裁判が進むにつれて一つのことだけは明らかになった。カリオストロの妻は検察側にとっての厄介者となったのである。法廷には来ていなかったが、彼女は、事実上夫のそばにずっと立っていたようなものだ。セラフィーナは知らなかったが、教皇庁はある時点で、彼女はあまりにも信頼できず、また、あまりにも重要なので外には出せないと決定していた。だから、夫が終身刑の最終判決を受けたとき、その場にいないセラフィーナにも影の判決が下されていたのである。

カリオストロは死ぬまでサン・レオ要塞に閉じ込められることになった。セラフィーナはサンタ・アポロニアの修道院に閉じ込められ、あれほど愛した宝石とも贅沢とも切り離されて気が狂うことになる。厳しい独房の夜に、自分を愛した詐称者を裏切ったことを、セラフィーナは一度でも悔やんだだろうか？

7

異端

Heretic

異端
カトリック教会に対立する個人的な意見を広める者。

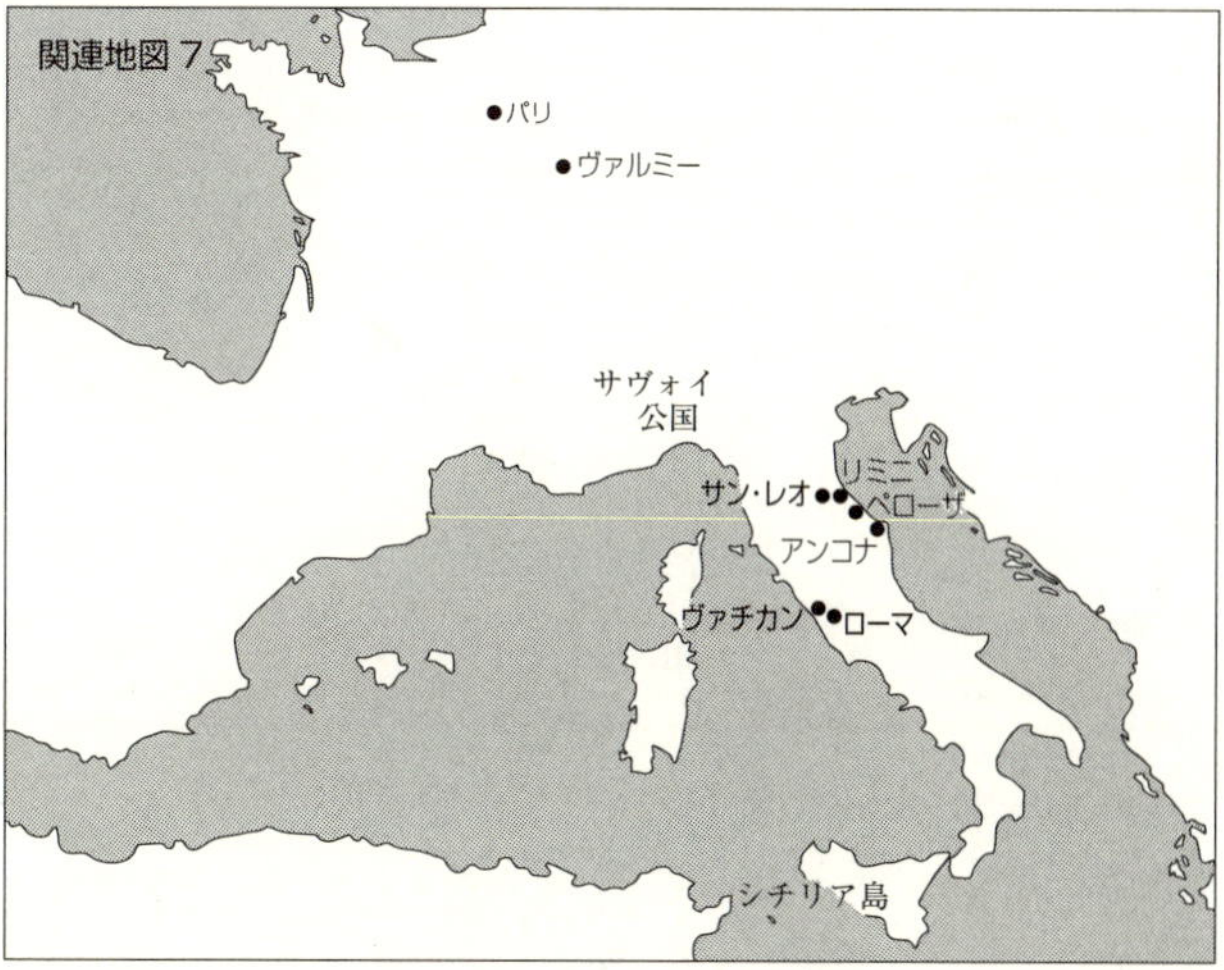

一七九一年四月二十日、ドリア枢機卿はジュゼッペ・バルサモの身柄を預かることになった。それが、この教皇領特使が真のやすらぎを得ることができた最後の日となる。刑務所の馬車は、武装した護送隊に付き添われて四日前にローマを出ていた。バルサモの支持者の襲撃を恐れて、夜間ひそかに出発したのである。ウルビノ教皇領の中心地であるペーザロに着くと、護送隊の副官グリローニは、教皇領の統治者であり、五十キロ離れたサン・レオ監獄の管理者でもあるドリア枢機卿に命令書を渡した。その命令は、ローマにいる教皇領大臣のフランチェスコ・サンドリオ・デ・ゼラダ枢機卿から出ていた。

命令は簡潔で要を得ていた。ウルビノ教皇領特使ドリア枢機卿ならびにサン・レオ監獄長官センプロニオ・センプローニは、教皇ピウス六世の命により、ジュゼッペ・バルサモをサン・レオ監獄に「その生命が尽きるまで、恩赦の可能性なしで、厳格な監禁状態に」閉じ込めておくものとする。バルサモは監獄内外の誰とも口をきくことを許されず、いかなる手段によっても外の世界と連絡をとることは許されていない。

この囚人についてドリアが知っていたことは、新聞から得た大量のゴシップのほかに、ヴァチカン公式書記、イエズス会のマルチェッロ司祭がまとめ、モンシニョール・ジョヴァンニ・バルベリの名で公表されたバルサモの生涯と裁判の公式記録を読みふけって得たものだった。『ジュゼッペ・バルサモの生涯』は教皇庁会計院から発表されたばかりだったが、ドリアのもとには早々と届けられていた。その男の収監を監督する役目に備えるためである。枢機卿は、このずる賢いシチリア人を過小評価したら大きな間違いを犯すことになると心に刻みこんだ。

初めて会ったとき、サンタンジェロ監獄で過ごした二年間がこの男の傲慢さになんの跡も残していないことがわかった。護衛は彼に敬意を表してつけられているとでもいうように振る舞い、グリローニに気安い口をきく。抜け目のない目つき以外には、悪名高いカリオストロ伯爵の風采に見るべきところはなかった。ずんぐりして小太りで浅黒く、頭ははげ上がっていた。しかし、バルサモの教会に対する罪は極悪で、国際的な名声は非常に高かったので、ピウス六世は裁判の行方をずっと見守りつづけ、審問官の尋問にも何度も同席した。さらに、ピウスはドリアがローマの大臣あてに提出することになっている報告書をとおして、バルサモの変化を監視しつづけることになる。

バルサモについて行なわれた捜査が徹底的なことにドリアは感銘を受けた。教皇庁と異端審問所は全力を結集してこの男を追いつめたのだ。パラディージとカバッツィ弁護士と、公式書記レッリ司祭の三人からなるチームは根気強く予備審問を進めた。彼らはデ・ゼラダが率いる特別法廷に報告する。デ・ゼラダを補佐するのは三人の枢機卿（アントネッリ、パロッタ、カンパネッリ）と、ローマ知事のリヌツィィニ、異端審問所の法律専門家ロヴェレッリである。特別公式書記として働く財務部長のバルベリ（マルチェッロ司祭）の助けも受けて、このチームは証拠を入れ替え、罪状をつくりあげ、特定の問題について四人を尋問した。

十五カ月にわたって四十三回の尋問が行なわれた結果、この精鋭チームは、バルサモ（別名カリオストロ伯爵）がヨーロッパ全域にわたって広めたエジプト派メイソンの汚染が大きいことにショックを受けた。神学専門家の顧問は、エジプト派の儀礼と教義を要約した。ミケーリ博士の率いる医学と科学の専門家チームがカリオストロの霊薬《エリクシール》と薬をすべて分析し、彼の病人を治す能力や子どもの霊媒への影響力を解き明かそうとした。彼が活動していた土地に捜査員が派遣され、宗教的・社会的犯罪の証拠を集めた。こうした集団的努力の結果、バルサモを三つの訴因で告発するだけの材料が集まった。フリーメイソンという非合法活動のメンバーであること、いくつかの国の普通法を侵害していること、また、もっとも重要なのが、ローマ・カトリック教会の信念に照らして異端であること、この三つである。

審問官たちは、この粗野な教養のない男のわけのわからない訴えを調べるのに苦労した。この男が人間の心を堕落させる薄気味悪い能力をもっていることは確かだった。プロテスタントや非宗教的な考えで道徳心がすでに掘り崩されている国ではとくに影響がひどかった。「カリオストロ伯爵」は東洋の預言者を装い、生半可な医学知識で医学治療や化学実験に権威づけをした。貧しい人の保護者を自称し、慈善家という世界的な評判を勝ちとり、その評判を金持ちやお人よしから金銭をだましとる目的で利用した――と審問官は主張した。

フリーメイソンの秘密めかした構造には危険な魅力があり、それがバルサモの犯罪を覆い隠す役目を果たしたと審問官は考えた。感情の高まる降霊会では、天使や精霊と話したがっている孤独な女性や想像力のありすぎる子どもが暗示に弱いことを利用した。前もって仕入れておいた情報やただの常識にもとづいて自信ありげに口にした予言が運よく的中した結果、予言者という評判がたった。「聞き手の才能に訴えかける」ことによって、シチリア語とフランス語とアラビア語をごたまぜにした大げさであいまいなお告げを深遠なものに思わせることにも成功した。「比喩的で謎めいた」話し方で、中身の貧困さを覆い隠した。異教徒的な霊性を装い、みだらな者たちに若返りを約束し、貪欲な者には錬金術の黄金を約束して、カトリックの道徳を「前後から」

掘り崩した。

さらに重大なのは、バルサモの反体制活動の証拠が明らかになったことだ。この根無し草のシチリア人は、最初からエジプト派フリーメイソンを正統な政府と宗教を攻撃するために利用していた。彼はバヴァリアの啓明会に入会したことを認めている。ただ、この秘密結社の共和的・無神論的な目的には興味がないふりをしてはいるが。フランス国王ルイ十六世によって詐欺師として投獄され、なんとかしてパリ高等法院を腐敗させて無罪を勝ちとり、その後ブルボン家に対して恐ろしい復讐を誓った。その結果、バルサモは現在フランスに吹き荒れている血に飢えた革命をたくらんだのだ。彼はバスティーユの陥落と王の屈辱、聖職の廃止、カトリック教会からの略奪を予言し、煽動した。

バルベリのまとめを読みながら、この男が訪れたすべての場所で陰謀が熟しはじめていることにドリアは気がついた。革命の嵐がヨーロッパから王座や祭壇を一掃してしまうのを阻止しようとして、ヨーロッパでは大戦争が今にも起こりそうになっている。カリオストロが初期にメイソンを広めに行ったポーランドはすでに革命に倒れ、カリオストロが騒乱の種をまいてきたオランダ諸国も同じだった。ベルギーとサヴォイ公国はフランス軍隊に蹂躙されようとしていたし、軍備の脆弱な教皇領が次に攻められることになるだろう。オーストリアとプロシアだけがなんとか手を組んでそれを食い止めようとしている。

だから、バルサモが一七八九年にローマにやってきたのは貧民と犯罪者を煽動して反乱を起こさせようという意図があったからだと書いてあるのを読んでも、ドリアは驚かなかった。バルサモの書類のなかに、ピウス六世が最後の教皇となるだろうという予言が隠されていたのを捜査員が発見した。フランスに吹き荒れている不信の嵐を見て、教皇は当然、自分の領土にその汚染が広がることを恐れた。十二月にはシニングリア自治区で反乱の報告があり、キアラモンテ枢機卿もドリアの管轄地域のすぐ隣に当たるマルケスで暴動があったことを報告した。ウルビノ教皇領にはまだ広がってはいなかったが、ドリアは反乱の可能性に備えなくてはならなかった。審問官は、バルサモがローマとナポリとヴェネツィアのメイソンたちとひそかに連絡をとっていた証拠を見つけた。彼があちこちにつくったロッジには十八万人のメンバーがいると言われている——数百万人という数字をあげる新聞もあった。カリオストロは審問官に、スイスとオランダとフランスの裕福な銀行家たちがいくらでも金を使ってくれるとさしだしていると自慢した。バルベリは、その金は五千隻の船団をしたてて教皇領を侵略するために使われることになっていたと暗示している。

ローマ当局と異端審問所のすばやい動きがあったからこそ、この反乱は食い止められたのである。教皇庁は一七九一年四月にバルサモの死刑判決を終身刑に減刑し、他の疑わしいメイソンを根こそぎにする仕事にとりかかった。同時にローマ近辺の要所に哨所を増やし、市内での集会を取り締まる一連の法律を通した。彼らは例年の復活祭のカーニヴァルまでとりやめてしまった——酔った群集が騒ぎを起こすことを恐れたのだ。異端審問所のスパイたちは、バルサモが熱狂的な弟子たちにサンタンジェロ監獄を焼き払って自分を解放しろと命じたと報告していた。教皇領の重要な町々で同時蜂起する陰謀があるという噂もヴァチカンに届いていた。

バルサモがローマにとどまるかぎり、いつまでも脱獄や侵入の試みを引き寄せることになる。そこで、刑を宣告した一週間後、教皇庁はドリアに、人里離れて難攻不落、監獄として使われているサン・レオ要塞に、囚人を移送すると通知してきた。こうして、ドリアはとつぜん、ヨーロッパでもっとも悪名高い危険な囚人を預かる身となってしまったのだ。

サン・レオ要塞の囚人

ドリア枢機卿は教育のある野心的な男だった。ジュゼッペ・バルサモを預かることは一生に一度のチャンスだとわかっていた。眠ったような小さな教皇領を統治していた彼が、これからは実力のある大臣デ・ゼラダ枢機卿や卿をとおしてピウス六世ご自身とも密接に連絡をとれるようになる。夢のような話だった。ドリアは囚人の状態について毎週ローマに報告書を書くことになっている。教皇庁の外にいる枢機卿で、教皇に自分の能力や忠誠心を示すことのできる者などほとんどいない。なんとしてもこの大きな幸運を無駄にしてはならないとドリアは思った。前の年、教皇領特使の地位を得てすぐにサン・レオの要塞を視察しておいたことに彼は満足していた。あの訪問はあらゆる意味でぞっとするような経験だった。だが、そのおかげで教皇の命令を達成するための備えができたのである。

第一に、護送隊を無事に要塞まで届けなくてはならなかった。彼はグリローニに、サン・レオまでは五十キロしかないが、これまで以上に困難な道のりだと警告した。地形は険しく、待ち伏せにあったらひとたまりもない。それを考慮に入れて、ドリアはすでに信頼できる親族を派遣して危険の徴候を偵察させ、同時に砦の守備隊に迎え入れの準備をするよう伝えさせておいた。

こうした準備は欠くことができなかった。馬車道は二十キロ先のヴェルッキオで途切れ、そこから先は徒歩と馬に切り替えなくてはならない。護送隊は岩山に刻みこまれた崩れやすい狭い道を歩き、そのあと転げ落ちるように下って、木の生えた玉石のごろごろする谷間の道に至る。谷底まで行くと、雪解け水で増水したマレッキア河がある。水しぶきに濡れながら川沿いの道を歩いたあと、イタリアでもっとも急峻な踏み分け道を登りはじめる。谷から六百九十メートル登ったアペニン山脈の峰の一つにしがみつくように、サン・レオの小さな村はあった。眼の下にはぎざぎざの崖と深く落ち込んだ谷、巨大な岩、そして巨木の林が広がっている。護送隊はようやく古い石造りの村、サン・レオに到着した。村の門をくぐって広場に入り、一二一三年に聖フランチェスコが説教したという楡の木の前をすぎると、前方に要塞がそびえたってた。教皇のもっとも恐るべき監獄はひときわ高い崖の上に建てられ、四方が切り立っている。建物の本体は上のほうにいくにしたがって狭まり、空に突き刺さる背びれのようにそびえ、四つの塔が雲を押し上げているようだった。

イタリアでももっとも大きな軍用施設の一つ、サン・レオ要塞は十五世紀の有名な建築家フランチェスコ・ディ・ジョルジョ・マルティーニによってウルビノ公領の守備隊駐屯地に建設された。ダンテはその恐ろしい姿を『神曲・煉獄篇』でうたい、マキャベリはこれをヨーロッパ最強の要塞と呼んだ。失敗に終わった包囲戦の跡が石の城壁に刻みこまれている。だが、こうした中世の要塞は、一七九一年になってみるとさまざまな欠陥が出てきていた。二メートル以上も厚みのある壁とやぐらこそあったが、大きくなりすぎた範囲を守るのに、ローマは二十人以下の兵士しか派遣できなかった。その規模では、なかにいる八人かそこらの囚人を見張るのにはいいだろうが、外から軍隊に攻められたら守りきることはできない。とくに、要塞の下部が崩れかけて補修を必要とする現在では要塞の役をなしていなかった。今は、平和な時代ではないのだ。

内部の保安もましとは言えない。ほとんどの房は修理されないまま崩れ落ち、バルサモのような高名な囚人を入れておくにはふさわしくも安全でもなかった。そのうえ、要塞内部の配置は囚人同士を隔離しておくようにはつくられておらず、もちろん、看守とも隔離されてはいなかった。だが、この教皇の囚われ人には絶対の隔離が要求されていたのだ。たとえば、監獄の狭い礼拝堂で毎日のミサのときにどうやってバルサモを他の囚人から隠しておけばいいのだろう？　とりあえずは公式の礼拝に加わらせないでおくしかないとドリアは決めた。しかし、これは一時的な措置だ。というのは、モンテフェルトロ司教区の長、テルツィ司教が教皇庁からバルサモの宗教上の要求を世話する役に任じられ、田舎司祭特有の熱心さでその役目を果たそうとするに決まっていたからだ。

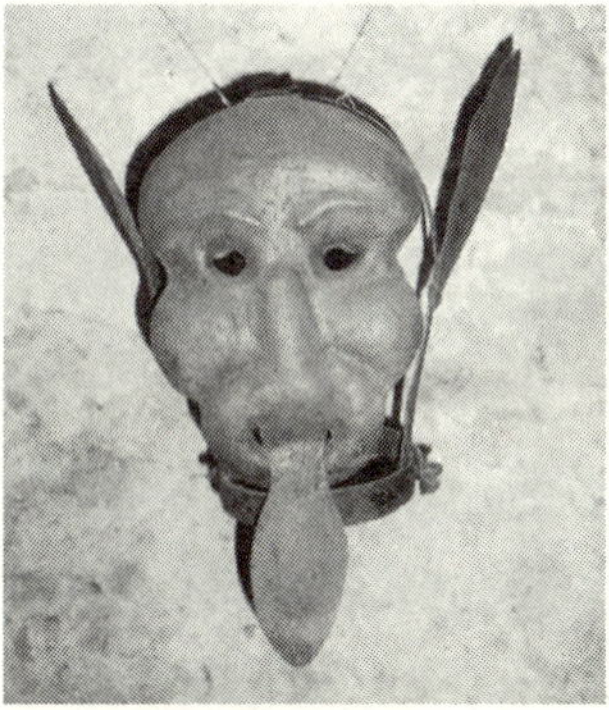

サン・レオの囚人を恐れさせるために使われた鉄仮面（撮影：イアン・マカルマン）

テルツィ司教は今のところ、囚人が「魂から重荷を取り除くために」しばらく一人で反省するのは害にならないだろうということに同意した。だが、最初の日から聴罪司祭をバルサモのもとに行かせたのは熱意が過ぎたのではないかとドリアは思った。しかし、一時は司祭が終油の秘蹟を行なわなくてはならないかのように見えたのも確かだ。たくましいシチリア人は房に入れられたとたんに痙攣を起こし、押さえつけようとした四人の看守は彼が死んでしまうのではないかと心配したのだ。バルベリの報告書を読んでいたドリアは、その発作が偽物ではないかと疑った。ドリアは司教にできるだけ気を使った書き方で、「四人は不信心な男なのでどんな邪悪なこともやりかねない」と注意を促した。のちに礼拝堂を見て、頭の回るドリアはバルサモの礼拝問題を解決する方法を思いついた。監獄の大工のバルディーニに命じて、礼拝堂の隣に小さなブースをつくらせるのだ。こうすれば他の出席者から見られずにミサに参加することができる。

この種の変革を行なうには微妙な問題があった。監獄の経費はすべてローマのしまり屋の会計主任の承認が必要だったし、サン・レオ監獄の長官センプロニオ・センプローニは要塞そのものと同じくらい旧式だった。たしかに忠実で良心的ではある――この監獄を長年なんの問題も起こさずにきりまわしてきた――しかし、在職の長さが引き起こしている問題もあった。ウルビノ教皇領内の近くの町で生まれ育ち、典型的な地元の人間で、親切で、視野が狭く、独りよがりで、娘の結婚のような瑣末なことにしか関心がなかった。そして、高地の厳しい天候のせいで、毎年冬になると三カ月間監獄を離れて里帰りし、副官のピエトロ・ガンディーニ中尉に指揮を預けていく。

これもまた解決しなくてはならない問題だった。この傲慢で移り気な若者は、長官の代理を喜んで務めていた。家が裕福だったため、ガンディーニはわずかな給料でも暮らしていけた。金の心配がないから、上長の権威に従うことを気ままに拒否したりする。ドリアはこの男の更迭をローマに示唆したが、大臣はいつものように経費のことだけを考えた。ガンディーニ中尉は安上がりだ、それが肝心ではないか。ドリアは個人的な代理人を置いてガンディーニの行動を厳しく見張らせることにした。代理人は村と監獄においてドリアの目となり耳となる。

運悪く、バルサモが到着した大事な時に、センプローニは寒さのために要塞を離れていて、ガンディーニが喜んで代理を務めていた。ドリアの指示書は、囚人を「ポッツェット」またの名を「井戸の独房」に閉じ込めるよう命じていた。これまでに有名な異端の囚人を閉じ込めてきた独房だった。おおよそ二・七メートル四方のその部屋は、もともとは山の固い玄武岩をくりぬいて飲料水を貯蔵するために使われていた。三本の鉄棒がはまった小さな窓からは、二人の哨兵が四六時中監視するテラスが見える。下にはサン・レオの教会が見えるが、バルサモのような不信心者が生涯見つめて過ごすには教育的な眺めだろう。ポッツェットにはもう一つ利点があった。ドアがないのだ。人間は、天井についた木と鉄でできた小さな落とし戸を通って入る。看守が囚人の罠にかからずにすむように食べ物をなかに下ろす仕掛けがある。実のところ、ポツェットの囚人は生きながら埋葬されたようなものだ。

啞然とするような傲慢さで、ガンディーニは指示にそむいてバルサモを監獄の反対の端にあるテゾーロ、「宝物庫の独房」に入れた。ガンディーニは手紙で、生意気にもポツェットは大がかりな修繕が必要だと説明し、どっちみちテゾーロも安全な収監場所だと書いてきた。というのは、その房は要塞主建物の最上部にあり、外界とは完全に切り離されているからだ。四本の鉄棒がはまった高い小さな窓は、渦巻く霧の深淵を見下ろすだけだ。要塞の宝物庫だったので、壁の厚さは三・五メートルもあり、どんな爆弾でも破ることができない。それに、とガンディーニは言う。ポツェットとは違って大きな利点がある。バルサモは兵士たちのおしゃべりを聞くことができない。「全員を保証することはわたしにもできませんから」。ガンディーニは自信たっぷりで、ポツェットの修理に来た人間を追い返してしまった。彼はデ・ゼラダに手紙を書いてあつかましさの上塗りをした。ドリアが守備隊に八人の増員が今すぐどうしても必要だと要求したのに反論したのである。ガンディーニによれば、増員は不要だという。「すでに太っているものをさらに太らせ、苦労をいやがる者の顔に笑みを浮かばせるだけだ」というのだ。

ドリアは怒りに震えた。サン・レオという、時代に取り残された場所に住むガンディーニは、バルサモの逮捕にともなう騒ぎに気がついていない。自分のなじんだ世界が今や破滅の危機にあることもわかっていないのだ。ガンディーニが愚かなゲームをやっているあいだに、市民革命の脅威はたゆみなく彼らの教皇領に近づいてきていた。バルサモを逮捕して以来、全ヨーロッパの眼はヴァチカンに向けられている。新聞記者は有名なカリオストロのニュースを求めて叫びたてていた。この国際的圧力のせいで、ピウスはバルサモを「慈悲深く」取り扱うように命じていた。虐待のせいで囚人が自分を害したり死んだりするようなことがあれば、教皇庁に悪影響が降りかかることになる。こうした微妙な時期に、教会が中世の遺物のように見えることがあってはならない。ガンディーニはテゾーロが「厳格な修道院」のようだと自慢したが、まったくの的はずれだ。バルサモは現代的な監獄に入っていなくてはならないのだ。ドリアは、テゾーロが「実におぞましい不健康な独房で、教皇のお考えには添わないと信ずる」と主張した。壁と床は露で湿り、高い窓から凍えるような風が入り、石の床にはナンキンムシやネズミが這いまわる。このような環境では囚人の健康は長くはもたないだろう。

ほかに方法もなく、ドリアは生意気な中尉の決定をすぐに覆すことができなかった。しかし、もっと話のわかる長官がすぐに戻ってくると考えて自分をなぐさめた。そして、センプローニが戻って数週間のうちにポツェットの工事が再開した。バルサモが歩哨と話せないようにするために窓に新しい格子をつける工事も行なわれた。ローマも今度ばかりはケチなことを言わなかった。夏のはじめになると、デ・ゼラダは補修の経費を払い、守備隊増強のためアンコナから六人の兵士を移動することに同意した。この同じ時期に、ドリアは監獄の体制に潜んでいる規律の乱れを根絶しようと熱心に働いた。ガンディーニが囚人たちに自分の食料を買わせていることや、囚人を彼の家の食事に招いたりする習慣もやめさせた。

バルサモの「ずる賢さ」についての警告や秘密保持の必要性が守備隊に浸透しているようなので、ドリアは意を強くした。監獄の長官に、「この囚人に関してはちょっとした見落としが重大な結果を招くことがある」ことを叩きこみ、「どれほど注意してもしすぎることはない」とわからせた。管理体制のどんな些細なことでもよく吟味しなくてはならない。たとえば、囚人には髭剃りの道具を与えてはならない。自分または他人を傷つけるかもしれないからだ。紙や筆記用具を与えてはならない——バルベリの報告書を読めば、この男に宣伝の才があることがわかる。宗教的な要求に応えてもならない。聴罪司祭を誘惑しようとする可能性が高い。監獄の医師との関係も厳しく監視する必要がある。「医学に詳しいと称しているからだ」。到着時の一件を見れば、病気を装う才能があるのは明らかだ。今は、看守の警戒心を弱めようとしてうまく歩けないふりをしている。

ドリアは、どんな理由があろうとけっしてよそ者を要塞に入れるなと繰り返した。この禁止命令はサン・レオの村にまで拡大されなくてはならない。「詮索がましい人間、そこにいる理由のない人間は……排除せよ」とセンプローニに命令した。長官はまた、問題の多い副官をひそかにしっかり監視するようにとも命令された。とはいえ、喧嘩好きなガンディーニがヴァチカンに苦情を言ったりしないように、気づかれないようにやれとドリアは念を押した。

一七九一年夏の初めには、ドリアはようやく満足できた。以前のだれきったでたらめの管理体制をまともなものに叩きなおすことができたのだ。このしっかりした監視体制のもとでは、さすがのバルサモも悔恨の色を見せはじめたように思えた。しかし、ドリアが大臣あての五月十二日付の報告書に書いたように、「彼の改心が真実かどうかは時がたたなければわかりません」。報告書のなかで、ドリアは満足を表明している。「要するに……あらゆることに注意を払っているので、要塞内で事故が起きる可能性のある場所はまったくないと信じています」

カリオストロ奪回作戦

たとえカリオストロと同じ予言能力があったとしても、ドリアはもっと慎重にしておくべきだった。六月二十九日の大臣からの冷たい手紙で彼の自己満足は粉々になった。知らせはスパイをとおしてローマに届いた。近くのリミニに住む何人かの貴族が要塞に入るのを許され、バルサモとしばらく話をしたという。とんでもない話だと大臣は叱りつけた――ドリア枢機卿はピウス六世の明確な重ね重ねの指示を理解していないのか？　教皇はお怒りになっておられる。このあからさまな命令違反は政治的陰謀によるものか、役務怠慢によるものか捜査を始めさせるおつもりだ。ドリアは事態を究明して即刻報告するがよかろう。

ドリアは怒り、屈辱を感じて、もっとも信頼するスパイのクリストフォロ・ベニに国境問題を調査しているという口実で村に潜入するよう命じた。ベニはモンテフェルトロ司教区の事情に詳しい。ベニは、バルサモが外部と連絡をとったのかどうか、とったのだとしたらいかなる手段を用いたのかを調べることになった。とくに重要なのは、リミニの貴族たちがフランス革命の同調者かどうかということだった。村と監獄に陰謀のネットワークが存在するのか？　その男たちはバルサモになにを言い、またバルサモは彼らになにを言ったのか？　ドリアは自己弁護のために、デ・ゼラダには監獄長官と副官を非難する手紙を書いた。あの二人には繰り返しよそ者を要塞内に入れるなと命じてあったのだ、と。

一週間後、ドリアは調査結果を報告した。彼のスパイによれば、リミニの貴族四人はたしかにバルサモと会見することを許され、話もしたらしい。危険な話は出なかったようだが、ベニはさらにもう一つ遺憾な違反を発見した。ペンナの主教とウルビノの司教も囚人に接触することが許された――二人の地位を考えれば容認できるのかもしれないのだが、彼らは家族や友人までも連れてくることを許された。もちろん、いかなる譴責《けんせき》もヴァチカンの職権のうちではあるが、ドリア自身としても長官を厳しく譴責し、「サン・レオの周辺で起きることを委細漏らさず報告せよ」という彼の命令を果たせなかった代理人を解雇することにしたとドリアは書いた。

ドリアの譴責を受けとるとすぐ、センプローニは「軽率な手落ち」を許してくれと泣きついてきた。だが、言い訳にもならない言い訳を見て、この老人は新しい責務の重要性を理解していないし、それに対処することもできないのではないかとドリアは感じた。この男は、バルサモが収監されたことでサン・レオ要塞の重要性が完全に変化したことに気づいていないのだ。彼は今や今世紀でもっとも悪名高い囚人を預かっているのであって、それまでの十年で面倒をみてきたけちな犯罪者とはまったく違う。ドリアはうんざりしながら教皇の命令をもう一度はっきりと繰り返した。「バルサモは……けっして誰とも話さず、誰の姿も見ず、誰からも見られないようにしなくてはならない」。自分が任命される前の綱紀が乱れていた頃に、地元の目立ちたがり屋が金を払えば娯楽のために囚人と話ができるという習慣が根付いていたのではないかとドリアは疑った。

この事件の余燼《よじん》が消えないうちに、新たな火の手があがった。八月五日にアペニン山脈の反対側にあたるマツェラタの知事からドリアに知らせが来た。二、三人のフランス人が先週モロヴァッレの村を通ったが、どうもサン・レオに向かっていたようだという。中肉中背の中年の男たちでとくに変わった様子ではなかったが、話の内容が疑いを抱かせるようなものだった。酒が入ったせいか、自分たちはカリオストロの崇拝者で、彼の投獄に怒っていると口を滑らしたのだ。一人が、伯爵の現在の苦しみはまもなく赤ワインとフランス煙草で楽になるだろうとほのめかした。心配したドリアは、フランス人革命家がバルサモを解放しようとするかもしれないので警戒を怠るなと急いでセンプローニに警告した。

センプローニの返事は、この男がウルビノの外の世界とまったく切り離されていることを明らかに示していた。いたって軽い調子で、そのフランス人がやってきたらなかに入れないだけのことだという。問題はないだろう、「人数が少ないから」というのだ。それにバルサモは手の届かないテゾーロにいるのだから。ドリアは独りよがりなこの男の目を覚まさせてやろうとして、ロンバルディアから届いたばかりの匿名の手紙を転送した。熱気球に乗ったフランス人革命家の襲撃を警告する手紙だった。熱気球なら簡単に要塞の城壁を飛び越えられる。なんといっても、この驚くべき移動手段を発明したのはフランス人なのだと情報提供者は指摘していた。簡単に片づけたフランス人が、空からの攻撃のための偵察だという可能性をセンプローニは考えてみたのだろうか、とドリアは添え書きをつけた。ドリアが、バルサモと彼の弟子たちの何人かが自分たちを気球の専門家だと自称していたことを知っていたら、手紙の調子はもっと強くなっていたことだろう。

哀れなセンプローニはそんな物のことは聞いたことがなかった。彼にとっては、そんな代物は魔法使いの御伽噺だった。それでも、貴族の一件の傷がまだうずいていたセンプローニの返事は、不信と絶望のあいだでためらっていた。「おそらくそんな怪しい人間はここに来ないとは思いますが、もし、ほんとうに気球で襲ってこられたりしたら、どんな壁や軍隊があれば守れるのかわかりません。ですが、そんなことは実行できないと信じているので、要塞をヒッポグリフや空飛ぶ無敵艦隊からどうやって守ればいいのかなど、考えることができません。空を飛ぶものの取り締まり規則などわたしの生きているうちにはできてほしくないものです」。センプローニは必死のあまり、ドリアの皮肉を本気にとってしまった。空から艦隊が現われないかと守備隊は何週間も空を見上げて過ごしたのである。その噂はサン・レオ周辺に広がり、その後少しずつ広い世間に漏れ出していって、センセーションに飢えた新聞記者の耳に届いた。ジャコバン党の気球乗りによるカリオストロ奪回作戦の話は、まもなくパリ、ロンドン、サンクトペテルブルグにまで広がった。戦争間際のヨーロッパで、神話のつくり手はこんなご馳走を丸呑みにして、事実として消化したのである。

監獄のなかでは、空からの襲撃への対応策として、センプローニはバルサモを修理のできあがったポツェットに移した。地面に掘ったこの穴なら、気球乗りの手は届かない。ところが、房を移す準備中にバルサモの衣服を検査すると、また一つ厄介の種が見つかった――囚人は教皇の禁止命令を破り、なんと筆記用具を入手していた。着ている服のなかに小さな暦が見つかったのだ。窓際に丸めてあるマットレスから麦わらをとって先を尖らせ、「床に落ちていた蠟燭の芯を……小便と混ぜ合わせて……インクのようなものをつくっていた」。暦の余白には脅しのような予言が書かれていた。「ピウス六世は王妃の望みをかなえるためにわたしや無実の者を苦しめている。フランスとローマと王妃に従う者たちに災いあれ」

テゾーロを探すと、さらに窓枠に隠された木のペンが見つかり、それといっしょに、血を出すための尖らせた骨もあった。ドリアはデ・ゼラダへの報告書に書いた。「こんな抜け目のない人間を見張るにあたっては、不意をつかれたり騙されたりしたくなければ、どれほど慎重に、細心にならなくてはいけないか」、センプローニもこれでよくわかっただろう。

ドリアは管理運営の手腕を見せて教皇庁に対する失地回復をはかることにした。サン・レオの非効率と腐敗を一掃するために監獄のシステム全体を見直す仕事にとりかかったのである。この古くさく無駄の多い拘禁体制に、新しい合理的精神を導入しなくてはならない。まず、センプローニのシステムの欠陥をつきとめるために、細かい質問を書いて答えを要求した。この情報にもとづいて、ドリアは、教練、防備、軍紀、支払い、歩哨の任務、囚人の監視と更生、食物の経費と管理、それに兵站と食物供給に関するこまごました事柄について新しい手続きを立案した。新体制は「結果として平和と静穏に役立つでしょう」と彼はローマに書き送った。

ドリアはまた、看守のマリーニ伍長を見て、バルサモを肉体的・精神的支配下に置く仕事に理想的な男だと考えた。マリーニはタフで良心的で、絶対的に従順な兵士だったし、預かっている囚人たちに対して健全な嫌悪感を示していた。バルサモでさえこの男を恐れているという話だった。バルサモという異端者を従順に変える第一歩は、マリーニに命じてバルサモ自身と独房の「注意深い抜き打ち検査を頻繁に」行なわせることだった。これまで、房内の検査は毎朝晩の同じ時間に行なわれていたので、バルサモは秘密の道具をいくらでも隠しておけた。ドリアは次の提案をマリーニ伍長が大喜びで採用したので嬉しくなった。それは、ポツェットの落とし戸に秘密ののぞき穴をつけて、いついかなるときでも囚人の動静をスパイすることである。マリーニは喜んで長時間のぞいているらしい。

ドリアの新しい監視システムはまもなくバルサモのずるさと危険さをあばくことに

なった。ポツェットの穴倉に移されて十日もたたないうちに、マリーニは固い石の壁にうがたれた隠し場所を何カ所も発見した。そのなかの一つには、金色をした謎の液体が入った壊れやすい卵の殻が入っていた。ドリアは十月三十日付の報告書で、バルサモの最新のごまかしを書いている。「最近、ベッドの一部から力まかせに板をはぎとり――以前の囚人は一人として試みなかった――太く長い木のだぼを抜きとり、窓の鉄格子が埋めこまれている縁石の割れ目にそれを隠した。それから、気づかれないように巧みにベッドの板を戻した」。マリーニがのぞき穴から見ていると、バルサモは窓の柱でそのだぼを磨《と》いで鋭くした。バルサモのように強い男の手にあれば致命的な武器となる。

　そこで、ポツェットのベッドを、今度は釘を使わずにレンガで壁に取り付けるものに交換するために、バルサモはまたテゾーロに戻された。みつかった隠し場所も新しい石と石灰でふさがなくてはならなかった。こういうことには金がかかる。ドリアはローマから監獄運営に金をかけすぎると毎週のように説教されていた。いらだったドリアは、ベッドのそばの壁にセメントで足かせと鎖を埋め込む工事を注文した。最初はこのような野蛮な刑罰を禁止したはずのローマも、もし、いつまでも脱獄のたくらみを捨てないようなら異端者を鎖につないでもいいと許可を出した。ドリアは、脅しだけで「恐怖心を起こさせ、従順にさせることができるだろう」と期待していた。

重い鉄の鎖と足かせの備えられたポツェットに戻って二カ月もしないうちに、空気穴に隠された手づくりのねじくぎが見つかった。これも、恐ろしいほどに尖らせてあった。もちろんドリアは、このような危険を見落としたことでローマからお叱りを受けた。枢機卿の我慢もここまでだった。次々と長官に怒りの手紙を送り、監視を強め、検査の回数を二倍にしろと命じた。石工は、部屋の隅々まで調べ、必要なら石膏を取り除いてうしろものぞけと命じられた。あらゆる物を検査するのだ。バルサモの体、ベッド、靴、服、空気穴、格子戸、鉄の棒、すべてだ。なんなら空気穴をすべてふさいでしまってもいい。少なくとも、穴に楡の木をつめこむのだ。

バルサモは枢機卿をいらだたせた。そのことは確かである。ドリアのセンプローニへの手紙は偏執的な色合いをおびはじめた。どの手紙にも同じ呪文が繰り返されていた。守備隊はこの憎むべき囚人の「悪意と不実とずる賢さ」を絶対に過小評価してはならない。

獄中の予言

気分が落ち込んだときのドリアは、バルサモは看守とウルビノ当局とさらには教皇ご自身にまで故意に神経戦を仕掛けているのではないかと疑うことがあった。そもそもはじめからバルサモは、自分は信心深いカトリックなのだが熱心なあまりに異端の信念に落ち込んでしまったという態度をとっていた。修道士見習いだったときの経験から、教会が彼の精神的過ちを認めさせ、真剣に悔悟する気持ちにさせなくてはと考えることをよく知っていた。とくに、彼が「宗派分立」者であると公言したからには、教会は正しい道に導く義務を感じるはずだった。もちろん、改心させるというのは賞賛するに足る目的なのはドリアも認める。しかし、バルサモは教会側の哀れみをただ利用して問題を起こしているだけだ。モンテフェルトロの司教と教区司祭のカノン・タルディオーリはこの男の堕落ぶりを過小評価しつづけているとドリアは思った。彼らのだまされやすさを察知して、バルサモは天才的な作戦を考えだしては混乱をつくりだし、宣伝しようとしてきたのだ。

サン・レオに到着したとたんに、バルサモはいかにも惨めそうに後悔している芝居をうってみせたが、それもみな、聴罪司祭と監獄長官に途方もない要求をするためだった。ドリアはセンプローニにこうした策略の可能性を警告していた。「抜け目のない男だから、頻繁に告解を要求して、独房を出る機会を増やそうともくろむかもしれない」。司祭は囚人が霊的な義務を果たして長々と告解することを喜んでいたが、ドリアは「あんまり簡単に信じないほうがいいですよ。相手にしているのは非常にずる賢い男なのですから。不意打ちをしたりだましたりするためにはどんな芝居をすればいいのかをよく知っているんです」と警告することしかできなかった。

そして、カリオストロは芝居をした。センプローニはこの囚人のきりのない要求にしだいに動揺するようになった。お祈り用の特別な木の台を要求する。膝を湿気から守るためだ。ちゃちな紙粘土の十字架ではなく大きな木の十字架がほしいと言う。次には十字架像にあるキリストの顔が気に入らないから取り替えてくれと言う。もっと深く悔悟できるようにするためだという。「あの男の気まぐれなど相手にするな」とドリアは長官に言った。監視を弛めさせるために信心深いふりをしているだけなのは誰が見てもわかるではないか、と。

バルサモは次に断食を始めた。最初はチョコレートや鳩を食べ赤ワインを飲んで、ローマから食費を削れと言われていた男が、今は水だけで生きている。看守たちは、脱獄のために体重を落とすのがほんとうの目的なのではないかと皮肉に見ていた（そうなれば熱気球で運ばれるのに都合がいい）。一方、聴罪司祭は、これはカトリックを深く信仰している人間がほんとうに悔悟しているしるしだと信じた。ドリアはバルサモのほんとうの動機を見抜くことはできなかったが、この男に期待できるのは「本物の偽善」くらいだと警告した。「彼が信心深さを見せれば見せるだけ、こちらは警戒しなくてはならない」。囚人がやせはじめると、テルツィ司教は、彼が飢え死にするかもしれないという困った推測を口にした。

これを心配して、ドリアはドミニコ派の講師で神学者のブッシ修道士に手助けを頼んだ。最初は、事態が好転するように見えた。バルサモは告解をしてハンガーストライキをやめたのだ。ところが一週間後に、ローマから腹だたしい手紙が届いた。バルサモはブッシにマリーニの粗暴さについて苦情を訴える手紙を渡したのだという。上着の裏地を破りとったものに、間に合わせのインクで書いた手紙だった。もちろんブッシはその話をヴァチカン中に触れ回った。怒ったドリアがのぞき穴からの監視をさらに強め、検査をさらに倍増せよと命令すると、今度はバルサモの霊的指導者から扱いがひどすぎるという苦情が出た。ドリアは追いつめられた気持ちだった。彼は歯を食いしばって、囚人は邪悪ではあるが「彼を改心させる努力を怠ってはならない」と看守たちに言わなくてはならなかった。

バルサモのもっとも効果的な戦いの方法は、独房の壁にメイソンや聖書のシンボルを描いたり、予言を書いたりすることだった――このシチリア人は若い頃の才能を再び取り戻したらしい。壁のしっくいは大部分が尿と鉄棒の錆を混ぜた塗料で描いた絵でいっぱいになった。ときには塗料として大便も利用した。ベッドの枠からかじりとった木片で絵筆をつくった。この木片を柄にして、なんとか麦わらと綿を先端につけた。バルサモはその間に合わせの絵筆を恐ろしい速さで使うことができた。あるときなど、のぞき穴をのぞいていなかったのは一時間だけだったのに、バルサモはそのあいだに壁全体を「おぞましい絵」で埋めつくした。

ドリアから見ると、囚人が聴罪司祭を神学的な難問で苦しめて喜んでいるのははっきりしていた。ところが司祭たちはこの男の話をいつまでも真面目に受けとっている。マリーニは、バルサモが教会の法的・道徳的なジレンマをとりあげて得意になっていると報告してきた。バルサモは、ヴァチカンはもし彼を異端だと信じているなら死刑にするべきだし、さもなければ真のキリスト教徒として釈放すべきだと主張した。この恥知らずは、総告解にとてつもなく時間をかけて、時間を無駄にさせて意地悪く喜んでいるのだ。そして、罪の赦しの直前になって、実は教皇と教会の教義に疑いを抱いていると言って司祭たちの望みを粉砕する。敬虔で忍耐強いカノン・タルディオーリ主教でさえ、バルサモは「強情な異端信者」なのではないかと疑いはじめた。同時にバルサモは、地元の司祭が彼を導く任務に適した知性をもっていないのは、彼の魂が軽視されているのだと苦情を言ってモンテフェルトロの司教に嫌がらせをした。実際、彼はふさわしい資格をもった新しい聴罪司祭を二人よこせと要求した。

一七九三年の初め頃に、バルサモは新しい戦略を発見した。予言を繰り出して看守のあいだに不穏な空気をつくりだしたのである。彼は、教皇と世界全体が生き延びるために欠かせない神の秘密に近づくことができると主張した。フランス国王と王妃の衝撃的な処刑と近づく戦争の予感が守備隊の平静を乱していた。バルサモには未来を予言する不気味な力があるという話は広まっていた。ドリアでさえもバルサモがなにを予言しているか訊かずにはいられなかった。しかし、書きとられた言葉を読むと、その謎めいた言葉やわけのわからないシンボルやとりとめのない物語が、はたして狂った男の頭から出たものか、それとも皮肉な心から出たものか判断がつかない。

ドリアはデ・ゼラダに、個人的には「［バルサモの］サル芝居は無視してもいいと確信している」と保証したが、とにかくローマにはその予言を伝えた。一七九三年十一月には、教皇は男装した女性によって寝室で暗殺されると予言した。ドリアはそれを悪意のあるでたらめとして一蹴したが、それもローマに伝えた。囚人がうわごとを言っているのかからかっているのか、誰にもわからなかった。その情景はばかげていたが、不安になる要素もあった。この予言はシャルロット・コルデがフランス人革命家マラーを暗殺した事件から着想を得たものだろうか？ そうだとしたら、バルサモはどうやってその事件のことを知ったのだろう？ 彼はフランス革命の進行に関して常に驚くほど正確な知識をもっているように見えた。墓に入れられているような隔離状態で、いったいどこから、たとえば、彼の敵であるブルボン家の人々が処刑されたことや、フランス革命軍がヨーロッパ全域で革命戦争をやっていることなどを知ったのだろう？

ドリアは、バルサモが看守を買収してそうした知識を得ているのではないかと心配した。この男は人間の弱みを利用する不気味な能力をもっていると、バルベリは警告していたではないか。バルサモがその才能を利用して看守のあいだに不和の種をまいているのではないかとドリアは疑った。隔離されている状態だというのに、彼はマリーニ伍長とガンディーニ中尉のあいだにくすぶっていた敵意にたくみに火をつけたようだ。一七九一年から九二年にかけての冬のあいだに、この不快な対立は何度か人前で争うほどに燃え上がり、守備隊の士気を低下させた。いつもどおり、こうした問題もまたローマに報告された。一七九二年一月の末、デ・ゼラダは不快そうに、サン・レオの囚人たちからマリーニ伍長の残忍さについて苦情が寄せられたと書いてきた――なにが起きているのか？　こうした行為は禁止してあるではないか。この嘆願書は「バルサモの策略以外のなにものでもない」とドリアは大臣を安心させようとした。証明はできなかったが、バルサモがガンディーニを唆して、にっくき伍長への反対運動を組織させたのだとドリアは確信していた。

ガンディーニとバルサモの結びつきに関して、もう一つ心配なことがもちあがった。一七九三年七月、この中尉がミサのときにひそかに妻と子どもをバルサモに会わせていたことがわかった。これはまたしても「重大な違反」である。ドリアはセンプローニをしかりつけた。「三人いる士官のうち誰一人として教皇のご指示を正確に実行することができない」。二カ月後、彼は新しい代理人に、ローマがまたマリーニに関する「前のよりももっとひどい」請願を受けとったのはなぜか探りだしてくれと頼まなくてはならなかった。この内部抗争が要塞の効率的な運営に悪影響を及ぼしているので、ドリアはガンディーニを異動させてくれと新年早々に大臣に依頼の手紙を書いた。「そうすれば二人の不和はなくなり、閣下もこの件で悩まされることがなくなるでしょう」。この要求は無視された。

同じ頃、バルサモは狂人を装う戦略を開始した。ほとんどの看守は、彼がほんとうに狂ったのだと思ったが、ドリアは自分のほうがよくわかっていると考えた。監獄の医師も、この男の精神が崩壊しつつあると考えた——おそらく、何十年も前にスペインで感染したらしい梅毒の影響だろうと言う。しかし、ポツェットの暗く臭い穴で正気を失った囚人はバルサモが初めてではなかった。一七九二年の初め、バルサモは彼の愛するセラフィーナが隣の房に監禁されていると思い込んでいる様子を見せた。そして次の年には、哀れな声で彼女の名を呼び、看守たちに妻を優しく扱ってくれと懇願するようになった。彼の小さな伯爵夫人を、可愛い子《カーラ・フイツリア》を、傷つけないでくれ。花のように愛らしく、花のように傷つきやすいのだから、と。彼は、セラフィーナもまたローマの修道院で気が狂ったと噂されていることを知らなかった。

ときおりバルサモは傷ついた動物のような唸り声をあげた。ポツェットの窓に駆け寄り、鉄の棒をがたがたいわせ、あるいは歯をギリギリいわせて歩哨を罵る。「罪びとジュゼッペ」と呼んでくれと頼み、苦行僧の着るごわごわした毛のシャツをくれと懇願する。ドリアはバルサモの狂気を一瞬たりとも信じなかった。この男が根っからの策略家ぶりを示すもう一つの例にすぎないというのだ。実のところ、ドリア自身にもいくらかおかしな言動が見られはじめた。彼がこの囚人にとりつかれているのは明らかだった。そして、狂っているにせよいないにせよ、バルサモを制御するのはしだいに難しくなった。ある日彼はおまるいっぱいの尿を看守の頭に浴びせかけた。マリーニに嚙みついた。汚れたナプキンを渡されて怒って叫んだ。聴罪司祭の鼻を攻撃しようとして腐った魚を部屋に置いておいた。

この男を黙らせるために、ドリアは昔の異端審問官が懲罰のために利用した野蛮な方法をとらなくてはならなくなった。彼はセンプローニにバルサモをベッドのそばの壁に鎖でつなげと命令した。そしてこれがうまくいかなければバルサモを殴れと命じた。長官は肩をすくめ、命令に従った。彼はまもなく、一人の看守が囚人を殴って効果があったことを報告してきた。次に別の機会には看守が何人もでよってたかってバルサモの頭や身体を警棒で殴りつけた。バルサモはしばらくのあいだショックを受けて行ないがよくなったが、効果的な反撃を始めるまでに時間はかからなかった。センプローニは、殴るぞと脅されたバルサモがポツェットの窓に駆け寄って拷問されるとか殺されると大声で叫ぶようになったと報告してきた。彼の声はよく通り、村は大騒ぎになった。看守たちは叫び声が外から聞こえないテゾーロにバルサモを移した。

フランス革命軍が着々とプロシア、オーストリア、イタリアを勝ち進むにつれ、ドリアは憂鬱の度をしだいに増していった。一七九二年九月、革命軍の砲撃がヴァルミーでプロシア軍を粉々に吹き飛ばした。サヴォイ公国は革命軍の手に落ち、今度は北イタリアが脅かされていた。ドリアは外からの攻撃に備えて要塞を強化するために最善を尽くした。彼はけちな大臣を説得して資金を出させ、建物を強化し、村の入り口に防備を固めた第三の門をつくり、アンコナからさらに六人の兵士を異動させて守備隊を増強した。しかしその兵士たちは厳しい冬の寒さを愚痴り、家に帰りたがった。さらにローマが困っていたのは、ドリアがよけいな監視体制を押しつけているせいで、守備隊の兵士たちが給料の値上げを要求していたことだった。サン・レオの村人たちも、ドリアが門の開閉を厳しく取り締まるようになったことに不満で、ローマに嘆願書を出した。

民主主義の疫病とヨーロッパに広がりつつある戦争はどんな門でも止められないことは、ドリアにはわかっていた。バルサモを預かってまる二年が過ぎた頃、彼は要塞の頼りない防備を増強するという難問に取り組んでいた。サン・レオは見かけこそ恐ろしいが、なにからなにまで不足していた。物資、兵士、武器、弾薬。例のごとく、ドリアの改革への熱意は二つの問題に阻まれた。ヴァチカンの倹約主義と守備隊の無気力さである。バルサモの存在によって、サン・レオはフランス軍の攻撃目標となる可能性が高いとドリアが何度繰り返しても、誰も気にしていないようだった。一七九三年三月には、ドリアは要塞の守りの弱さが心配でたまらず、デ・ゼラダに守備隊を訓練できるベテラン士官を派遣してくれと泣きついた。そのかわりに信頼するマリーニ伍長がいなくなってもやむをえない、と。

天命まで彼に背を向けているようだった。一七九三年六月十七日午後十一時、大きな岩の塊が山から剝がれ落ち、砦の防壁のうち二つと防護柵の一部を破壊した。新しいほうの建物の大部分が攻撃に直接さらされることになった。バルサモはもちろん、この天の御業は自分が願ったのだと主張した。悪魔が愛する息子を助けようと陰謀をたくらんだのだと考えても赦されるのではないだろうかとドリアは思った。

異端者の死

革命軍が近づくにつれ、ドリア枢機卿は疲れがひどくなった。サン・レオが次々と繰り出すこまごまとした問題をつづる彼の手紙は、ヒステリーと絶望のあいだを揺れ動いていた。監獄の合理的運営を目指す彼の包括的計画が教皇の承認を受けたのかどうかはあいまいなままだった。一七九二年の末にはまだ承認されていなかったのがわかる。というのは、うらみがましく「教皇は政府に関するもっと重要な問題でお忙しいのだ」と語っているからだ。いずれにせよ、要点はなにか？　よりよい秩序と規律を浸透させようとする努力はすべて、ずる賢いバルサモによってめちゃめちゃにされるということだ。自身で決めたことかどうかはわからないが、ドリアは一七九四年の春の初めにウルビノの教皇領特使の地位をとつぜん離れている。かわりにその地位についたのは外交の専門家だった。

ドリアがいなくなると、教皇庁も監獄も、ジュゼッペ・バルサモを改心させようという試みが失敗に終わったことを暗黙のうちに認めた。一七九四年五月二十七日、新しい統治者はセンプローニに、「囚人バルサモが頑強に過ちを改めず……以前にも増して横柄な態度を見せていると聞いて……悲しく思います」と書いた。ドリアが改革した規律はあまりに困難だとか、経費がかかりすぎるとか、あるいは単に効果がないからといった理由で一つ一つ廃止された。この頃になると、聴罪司祭までがバルサモの不信心な行為のせいで告解を聞くのを拒否していた。看守たちは、いくら叩いてもこの男の「獰猛な怒り」を抑えることはできず、「外聞の悪い狂乱状態」でサン・レオ中に響く叫びを止めることもできないと知った。壁に絵を描くのをやめさせることもあきらめた。その結果現われた絵が、たとえどれほど「あからさまな異端」や「ひどい反宗教性」を示すものであってもしかたがなかった。彼が狂っていたのかわざとやっていたのか、救いがたいのか正気を失っていたのか、誰にもわからなかった。一つだけは確かだった。バルサモの反教皇の予言は、フランス革命軍がヨーロッパを前進するにつれて、しだいに破滅的になっていったのである。

一七九五年八月二十六日、ある意味で、バルサモはヴァチカンとの戦いに最終的に勝利した。その日早朝、バルサモはとつぜんの発作に見舞われた。司祭たちが彼の魂を救おうと終油の秘蹟を行なうためにそばに集まったが、彼は「彼らの勧めを拒みつづけ、どうしても告解しようとしなかった」。午後四時、再び発作が起きた。ジュゼッペ・バルサモはその夜遅く「悔い改めずに」死んだ。そのとき、彼の外観は心と同じように野性に返っていた。五十二歳の肉体は恐ろしいまでにやせ衰え、衣服は汚れ、ひげはぼうぼうに伸びていた。死んでさえ、彼の遺体はドリアの合理的な計画の失敗をまざまざと表わしていた。自分自身の汚物にまみれて穴倉に横たわる野蛮人のように見えたのである。センプローニ長官は囚人のごまかしを警戒するあまり、火をつけたイグサを足の裏に押しつけ、死んだふりをしているのではないことを確かめた。

悔い改めない異端者として、バルサモは砦の西のはずれ、二つの哨舎のあいだに掘ったなんの印もない穴に埋められた。サン・レオの主席大司祭が公式報告書に書いた言葉を聞いたらバルサモは誇りに思ったに違いない。それはこうだ。「邪悪なことで有名な異端者、エジプト派フリーメイソンという不敬な教義をヨーロッパの国々に広め、巧妙な欺瞞によって無数の改宗者を集め、数知れぬ浮沈を経験したが、抜け目のなさと能力を生かして何事も無事に切り抜けてきた」

ドリアがあれほど恐れていた革命軍はようやく一七九七年にサン・レオの要塞に到達した。ドンブロウスキ将軍が最初にやったのは、有名なカリオストロ伯爵の所在を尋ねることだった。ポーランド連隊の士官に伝わる伝説によれば、カリオストロの死を知ると将軍は遺骸を掘り出させた。白くなった頭蓋骨をとりあげ、それをワインで満たして伯爵の思い出に乾杯したという。

エピローグ

不死

Epilogue : Immortal

不死
1. 死から免れていること。けっして死なないこと。
2. 終わりのないこと。永遠。

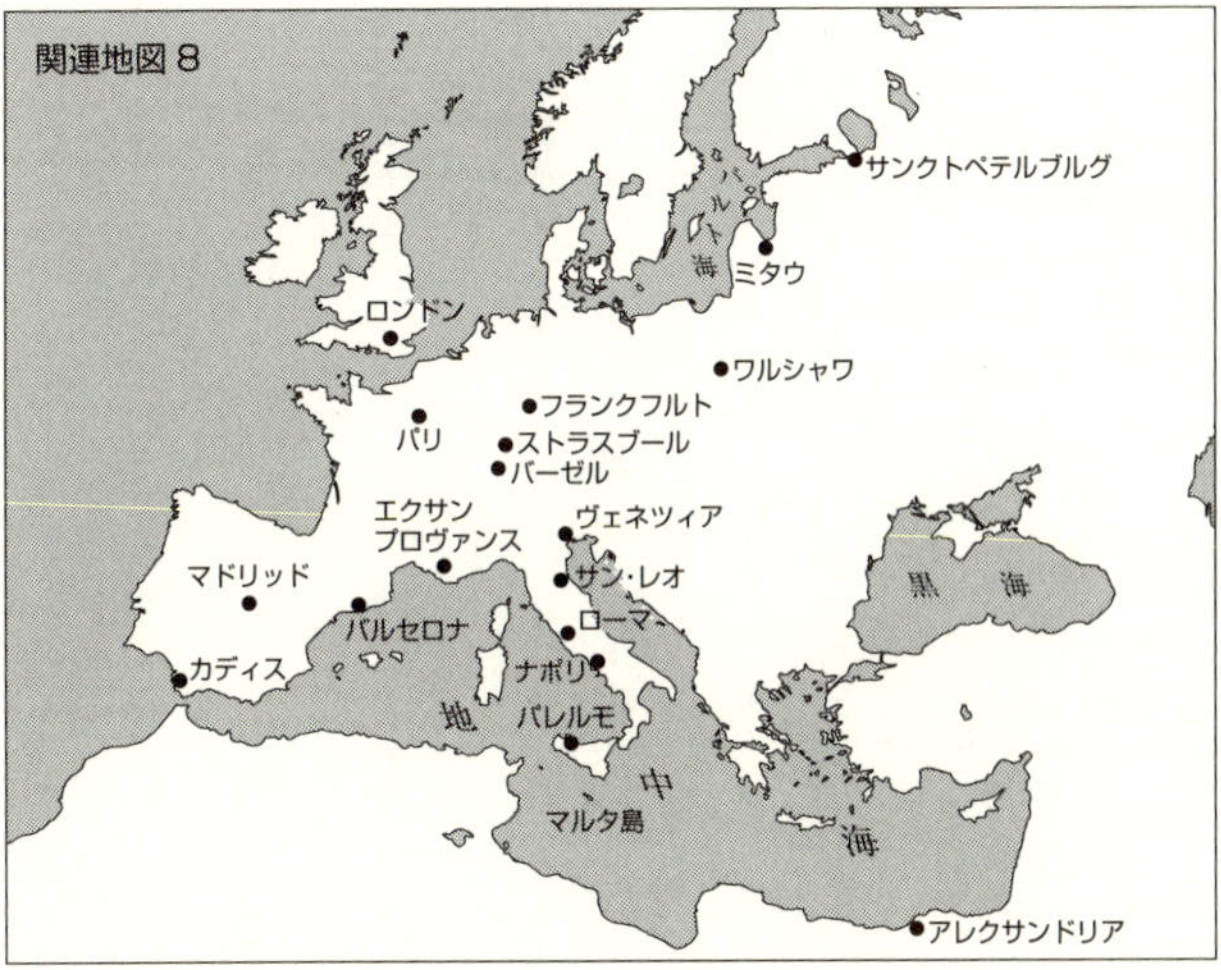

カリオストロが予言したように、死は彼を永遠のものとした。彼は弟子たちに、自分の死を聞いても心配してはならないと語っていた。それは彼がエジプト派メイソンの最高位に到達し、これから永遠に人類の運命を支配する不死の十二人の仲間に入ったことを意味するからだ。聖書の預言者エリヤのように、彼は天使の運ぶ乗り物で天に運ばれる。あるいは不死鳥のように、灰からよみがえるのだ。

この予言を文字どおりに受けとる弟子もいた。どこまでも寛大なジャック・サラザンもその一人だった。カリオストロが死ぬ四年前、サラザンは救出作戦に資金を出すのを断った。カリオストロはそれを望まないだろうからというのが理由だった。彼のマスターはキリストのように、敵を改宗させるために自ら獄につながれたのだ。それと平行して、弟子のあいだにはまったく違った物語も広まっている——カリオストロは聴罪司祭を絞め殺し、司祭の服を着てサン・レオを脱出した。カリオストロは生きていて、まもなく姿を現わすだろう。サン・レオに埋められている男は彼の身代わりだ。なぜなら、教皇庁は復讐の神が自由の身でいることを認める勇気がないからだ。しかし、サン・レオの印のない墓に入ったやせ衰えた身体は間違いなくジュゼッペ・バルサモのものだった――センプローニ長官が確認している。だから、カリオストロは死を逃れたわけではない。そうではなく、死が彼を神聖なものとして、さらに大きな名声と影響力を与えたのである。人生のつまらない細部から自由になって、予言したとおりに自由に、彼は時空を超えた。そのことを典型的に表わしているのは、彼が今でもたくさんのイメージを生み出しているということだ。そのイメージは彼が生きているあいだに生み出したイメージと同じくらい数多い。カザノヴァ、エリザ、エカテリーナ、ジャンヌ、テヴノー、セラフィーナ、ドリア、それぞれが違ったカリオストロを知っている。そしてのちの神話も同じように変幻自在で矛盾に満ちている。死んだあとまでも、カリオストロは一つの執拗な質問から逃れることはできない。彼はほんとうは何者だったのか？　深遠な目的に導かれた霊的な預言者、

美化されたカリオストロ伯爵
（ハンティントン・ライブラリー、サンマリノ、カリフォルニア州）

神秘主義者、治療者だったのか？　それとも、ヨーロッパを舞台にしたいかさま師、日和見主義者、詐欺師だったのだろうか？

とくに根強いカリオストロの伝説は、彼がヨーロッパの旧体制に反対するフリーメイソンの陰謀を率いていたというものだ。カリオストロが革命的であったことは一度もないが、そう見る人は多いだろう。この理論の種をまいたのは、一七八六年に出版されたエリザ・フォン・デア・レッケの『報告』である。導師への幻滅の念から、彼女はカリオストロがプロテスタントを攻撃するために厳修派フリーメイソンを利用した隠れイエズス会士ではないかと疑った。著名人として、またカリオストロの専門家としてあちこち旅した彼女は、この理論をヨーロッパ中に広めることができた。フランス革命の勃発がこの理論をさらに強めた。シュレスヴィヒ公のようなカリオストロを愛した人たちでさえ、彼が「フランス革命のきっかけをつくった。だから、フランス人が彼を救い出すはずだった」と認める傾向があった。

エリザを高く評価していた一人、ロシア女帝エカテリーナも、この陰謀理論を心に抱いていた。一七九五年、彼女はエリザをサンクトペテルブルグに招き、彼女の反カリオストロの行動に報いようとした――その頃には、エカテリーナはすでにロシアでのフリーメイソンの活動を禁じていた。二十年前のカリオストロの東ヨーロッパの旅を振り返って、二人の女性は彼の動機について同意しあった。「カリオストロは、当時禁止されていたイエズス会から派遣されていた。イエズス会は秘密結社を通じて多くの国に腐敗と過ちを広め、それによってフランス革命を起こさせたのだ」

ほかの敵たちが、この邪悪な伝説に枝葉をつけくわえた。もっとも重要なのがジョヴァンニ・バルベリの公式記録だろう。そこでは、カリオストロが革命的で無神論を支持するドイツ啓明会の指導者層に加わっていたと告白したことになっている。この啓明会はフリーメイソンの仮面の陰で活動していた。フランス革命で犠牲になったカトリックの聖職者たちがこの主張を裏付けている。一七九二年、フランス人カトリック司祭のオギュスタン・バリュエルはなんとかロンドンに逃げ、その後の五年間で嘘と、半分真実と、間違いだらけの書類を大量に集め、何巻にもなる大作『ジャコバン主義の歴史回想録』を出版した。

その大量の文書のほかに、陰謀理論へのバリュエル独自の貢献は、その陰謀の起源を一三一二年に聖堂騎士団が弾圧されたことに求めているところだろう。彼は、聖堂騎士団の残党が教会への復讐を誓ってスコットランドでメイソンの地下活動を結成したと主張している。カリオストロ伯爵は彼らの使命を受け継いでいたのだとバリュエルは信じていた。彼の聖堂騎士団のロッジはフランス哲学者の反教権的なサロンやドイツ啓明会という共和派組織と結びついていた。この有毒な調合から生まれたのが世界的なテロ計画で、その最初の成功例がフランス革命だったというのである。

このフリーメイソン陰謀説が中心となり、西欧世界全体でそれが模倣され、拡張された。この考えは無数の手段によって、カリオストロの神話的役割もいっしょに、文学、芸術、文化のなかに広がっていった。何世紀にもわたって、複数の触手をもつ秘密結社――聖堂騎士団であれ、啓明会であれ――の世界的陰謀という考えは、ヨーロッパ人の想像力のなかに根を下ろした。一九八八年のベストセラー『フーコーの振り子』のなかで、イタリアの哲学者にして社会批評家のウンベルト・エーコは、偏執的な傾向のある人々は、内容や目的に全然関係なく、秘密の陰謀という考えに興奮することを示唆した。秘密なのは、秘密が存在しないということである。おぼろげな、謎めいた、ほかの人の知らない前衛運動に関わっているというスリルがあるだけだ。ほかの作品のなかで、エーコは陰謀の古典的な解釈は十九世紀のフランスの小説家アレクサンドル・デュマによって始められたとしている。デュマの大ベストセラー『ジョゼフ・バルサモ』は一八四六年から四八年にかけて出版された十巻もある波瀾万丈の歴史ロマンである。これがカリオストロとその陰謀とされるものを世界的に有名にした。

デュマの物語では、啓明会の七人の首謀者が一七八八年にひそかに会合した。それを指揮していたのはカリオストロで、陰謀の進捗状況を話し合ったのである。その七人はスイス、スウェーデン、アメリカ、ロシア、スペイン、イタリアからやってきた。そこにはのちにフランスで革命を起こすマラーがはいっていた。カリオストロ自身はドイツ、フランス、オランダのメイソン支部を代表していた。首謀者たちはみな、高位のメイソンを示す認印つき指輪をしていた。彼らの当座の目標はフランス王政を倒すことだが、究極の目標は世界革命だった。デュマによれば、バルサモは彼らに身も凍るようなテロリストの誓いを唱えさせている。

十字架に死せる息子の名において、父、母、兄弟姉妹、妻、縁者、友人、女王、王、恩人そして忠誠や服従や感謝や奉仕を約束したあらゆる存在と我とを結ぶあらゆる絆を断ち切ることを誓う。

世界から、自由と真実への敵を死あるいは白痴化をもって、殲滅する手段として、毒と、鉄と、火を我はあがめる。

我は沈黙の掟に従う。いつの日か罰に値することがあれば、いかずちに撃たれるごとく死ぬことに同意し、世界のいかなる場所にも届くだろうナイフを沈黙のなかに待つ。

デュマの筋書きは現代にまで続いている。まずは小説として今日でも読まれ、それから彼の息子、アレクサンドル・デュマ・フィスの非常に人気のある一八七八年作の戯曲として、最後に映画のなかで。映画はとりわけこの筋書きに向いている。カリオストロとド・ルーテルブールは、一般に映画の原型とみなされている魔法のランタンとぜんまい仕掛けの人形を使って、エジプト派メイソンを宣伝しようと話し合っていたくらいなのだから。カリオストロならセルロイド上で不死を獲得するという考えが気に入ったはずだ。デュマ原作のもっともよくできたとは言えないがもっともよく知られた映画版は、グレゴリー・ラトフの一九四九年の作品、『ブラック・マジック』だろう。筋書きはばかげているが、カリオストロに扮したオーソン・ウェルズの幻惑するような演技が作品に力を与えている。フランソワ・リヴィエールの『ジュゼッペ・バルサモ』（フランス版一九七九年、イタリア版一九八〇年）はデュマの物語に近く、フリーメイソンの陰謀を生き生きと描き、フランス国王が革命の勃発する数時間前に死んだために陰謀が失敗すると描かれている。

神話作者たちの行為でカリオストロを非難するのは正当とは言えないが、ウンベルト・エーコは、フリーメイソンの陰謀説がいくつか恐ろしい果実をもたらしたことを示している。二十世紀はじめ、フリーメイソンではなくユダヤ人が主な標的となった。当時ウィーンにいた陰気な若者、アドルフ・ヒトラーの耳にその考えが届いたときには、それは新しい怪物的な姿をとった。聖堂騎士団、啓明会、エジプト派メイソンは、シオンの議定書、イスラエルの十二部族、ユダヤ人の世界的陰謀説にとってかわられたのである。カリオストロがある意味でホロコーストを導く結果になったのだと思うとショックを受ける。

予測がつくことと思うが、カリオストロのフリーメイソン陰謀説は、バリュエル司祭やアドルフ・ヒトラーと対立する政治見解の持ち主によってでも喜んで信じられている。一部の崇拝者にとって、カリオストロは魔術的な地下世界のヒーローとなった。惨めなテゾーロに閉じ込められたカリオストロは、ローマの異端審問所によるプロパガンダが大衆の同情の波を巻き起こしたことを知らずにいた。この皮肉な成り行きを彼は面白がったことだろう。ドリア枢機卿は死に物狂いでその手に負えない囚人が外の世界と連絡するのを阻もうとし、教皇庁はヨーロッパ全体に彼の苦難の様子を広めた。一七九一年にバルベリの公式記録が廉価版となってさまざまなヨーロッパ言語で出版されると、カトリックとメイソンのあいだに熱い議論が繰り広げられた。あるメイソン、ヴォルフガング・アマデウス・モーツァルトは彼の最後のオペラ『魔笛』にエジプト派メイソンのザラストロとしてカリオストロを登場させた。

イギリスではもう一人の一匹狼がカリオストロを芸術に変えた。イギリス人版画家兼詩人のウィリアム・ブレイクは、好戦的な清教徒の自由の伝統のもとで育てられた男だが、カリオストロがサン・レオ監獄に投獄されたことは、反動的な緋色の服の娼婦である教皇制の勝利であると思えた。ブレイクが一七九一年に書いた偉大な予言詩、『フランス革命』は、カリオストロを反体制のレジスタンスとして描いている。

……そして戦慄と名づけられた洞穴は手と足を
鎖でつながれた一人の男を入れていた、首のまわりに鉄の輪をかけられ、
　要害堅固な壁に縛られて。
彼の魂の中に蛇がいて彼の心臓のまわりにとぐろを巻いていた、
　光から隠されて、裂けた岩の中での如く、
そしてその男は予言的書きものの故に閉じ込められていた、
（『ブレイク全著作』梅津濟美訳、名古屋大学出版会、一九八九年）

バルベリの小冊子はもっと当世風の芸術家サークルでも読まれた。フィリップ・ド・ルーテルブールやその仲間が出入りしていたようなサークルである。彼らがカリオストロの性格をどう考えていたとしても、自由主義的なメイソンは、カトリック教会による迫害の犠牲者として彼の苦難に同情せずにはいられなかった。ド・ルーテルブールと彼の友人の神秘主義的芸術家リチャード・コズウェイの書斎には啓明会に好意的

な本、反バスティーユの本、異端審問を批判する本がたくさんそろっていた。カリオストロの地位が悪党から殉教者に変化したことをもっともよく象徴しているのは、世紀の変わり目に描かれたド・ルーテルブールの恐ろしい水彩画でのカリオストロの姿である――鎖につながれた狂人が固い石の床に横たわり、苦しみに満ちた瞳でこちらをにらみつけている。

ド・ルーテルブールも、結局はカリオストロに霊的な使命があったと認めたことで、彼を不死の存在とするのに貢献した。過去の争いにもかかわらず、一七八八年にスイスからイギリスに戻ったド・ルーテルブールは違う人間になっていた。彼は貧民の治療所を開くために絵を捨てると宣言してセンセーションを巻き起こした。フィリップとルーシーのド・ルーテルブール夫妻は、ハマースミスの自宅に数千人の人を迎え、カリオストロと同じような食事と強壮飲料（有名なカリオストロのミネラル水か？）、手による動きと、神の助けを組み合わせた治療をほどこした。結局訪れる人が多くなりすぎて暴動が起き、ド・ルーテルブール夫妻は田舎に越さなくてはならなくなった。ド・ルーテルブールは自分が印刷物や新聞やクラブであしざまに罵られているのを知ってショックを受けた。フランス革命の最初の年に反乱分子と思われることを嫌って、ド・ルーテルブールは治療所を閉鎖し、再び絵を描きはじめた。

しかし、カリオストロ由来の霊的使命を捨てるかわりに、ド・ルーテルブールは今度はそれをロマン派の芸術に向けた。その後十年にわたって、カリオストロの神秘主義的なテーマと理論は彼の芸術作品を支えるものとなった。当時のある人物によると、ド・ルーテルブールと友人たちは仲間内で「わざわざ超自然的な雰囲気を求めて出かけていた」ようだ。「……たとえば、雲が風に流されて夜空を横切っていく星の夜とか」。カリオストロを野外市の香具師として描いたのと同じエンピツで、今度はエジプト派フリーメイソンとして神格化して描くようになった。一七九一年、ド・ルーテルブールが始めた仕事は、百を超える予言的なイラスト画となった。この連作の初期の一枚は、カリオストロが昇天して不死となる場面を描いている。「エリヤの昇天」と題するその絵では、カリオストロに似た人物が戦車に乗って空に昇っていき――車輪の向こうにメイソンの「眼」が輝いている――それを、鷲、雄牛、人間の顔をしたエジプトの精霊が見下ろしている。このメイソン式の昇天はカリオストロ神話が変化した重大な一瞬だった。彼は、魔法にかかっていないこの世において、魔術的な創造力の象徴となったのである。

カリオストロはまたほかの神話とも深く関わりあうようになった。一七八〇年代には、彼は自分が「一四〇〇年も生きているさまよえるユダヤ人」だとほのめかしていた。世界をさまよう旅人、歴史の証人、不死の錬金術師である。カリオストロは、さまよえるユダヤ人の物語にこめられた芸術的な憧れを感じとり、物語を自分のものに

鎖につながれ狂った囚人カリオストロ（ロンドン、大英博物館）

する利点を理解したのだ。アハシュエロスの伝説と自分を重ね合わせることで、彼は文字に書かれた幽霊に生命を吹きこんだ。カリオストロのシラミにくわれた肉体がサン・レオの土に埋められたはるか後になっても、ヨーロッパ中の幾多の詩人、小説家、音楽家が、これと同じ作業を続けてきた。ヨーロッパに広がったロマン主義の波によって、さまよえるユダヤ人の神話がもちあげられるとともに、死んでさえも生きていたときと同じように機敏なカリオストロもその波に乗って浜辺に打ち上げられた。まもなく、フランスのユージェーヌ・シューやイギリスのエドワード・ブルワー＝リットン、ドイツのヨハネス・フォン・グエンターといった大衆小説家がカリオストロとさまよえるユダヤ人を合体させて、当世風にふさぎこんで気難しい、精神の抑圧に立ち向かう反抗者像をつくりだした。

カリオストロを文学、美術、音楽の新しい世界に招き入れた人間はほかにも大勢いた。だが、ほとんどの芸術家は最終的に彼をどう判断していいか確信がないままだった——神のシンボルなのか悪魔のシンボルなのか。フリードリヒ・フォン・シラーの謎めいた未完の小説『幽霊預言者』（一七八九年）、ブルワー＝リットンのフリーメイソン的な小説『ザノーニ』（一八四二年）、デュパティのバレエ『カリオストロあるいは催眠術師』（一八五一年）、ヨハン・シュトラウスのオペレッタ『ウィーンのカリオストロ』（一八七五年）、どれをとっても、カリオストロを悪党として描くのか天才として描くのかのあいだにためらいが見られる。

悪党のジュゼッペ・バルサモと聖人のような治療師アレッサンドロ・カリオストロにある矛盾は大きすぎてとても解消することはできないと考えた人もいる。一つの解決方法は、その二人を別人だと宣言することだった。フリーメイソンの作家、W・R・H・トローブリッジは、スペイン出身の貴族アレッサンドロ・カリオストロは、邪悪なドッペルゲンガーであるパレルモのならず者ジュゼッペ・バルサモと同じ人間ではないと主張した。トローブリッジの面白く書かれた伝記、『カリオストロ　偉大な魔術師の栄光と悲惨』（一九一〇年）は、絶版になったことがほとんどない。善と悪の双子のカリオストロという考えがいまだに力をもっているのは確かだろう。

この考えにはもっと新しい擁護者もいる。才能あるイタリア人美術家、伝記作者、映画製作者のピエロ・カルピである。彼の有名な漫画本『カリオストロ』（一九六七年）と『イル・マエストロ・スコノシュート（知られざる巨匠）』（一九七一年）は、おびただしい同種の漫画のなかで群を抜いている。カルピの『魔術師カリオストロ』という伝記は、同じテーマの映画を生み出した。単純な『カリオストロ』というタイトルのその映画は、カルピのシナリオで二十世紀フォックス社によって一九七四年に製作された。「詐欺師ジュゼッペ・バルサモと取り違えられて、カリオストロは現在まで歴史の虚偽と沈黙に苦しめられてきた……魔術と謎学の専門家、ピエロ・カルピがカリオストロの謎を覆うベールをはがし……人間であると同時に神、自分自身の伝説の父親にして息子である男の魅惑的な素顔を見せる」

カリオストロを不死の存在にするのにおおいに貢献したエリザ・フォン・デア・レッケは、一八三三年四月に死んだ。スコットランド人の歴史家トマス・カーライルが論議の的となる優れた論文を書いたのと同じ年である。論文のタイトルは、「カリオストロ伯爵　二つの飛翔」。これがカリオストロの神話を重要な新しい方向に向けた。

カリオストロの主要な敵――エリザ、カザノヴァ、エカテリーナ、テヴノー、バルベリ、ジャンヌ――が書いたばらばらのカリオストロ像をもとに、カーライルはカリオストロを歴史的な象徴にしたてあげた。カーライルはカリオストロが時代に与えたとてつもない影響が、彼をその時代の象徴とも徴候ともしたことを感じとった。カリオストロの名声は「時代の旗印」であり、背後にある歴史の力の表われとなったのである。

この概念の芽生えはカザノヴァの『ある思索家の独白』(一七八六年)の最後の部分にあった。彼はカリオストロの成功と他の「山師」たちの失敗の謎について思いをめぐらす。カリオストロを天才ともてはやしカザノヴァを無名のままにした歴史の潮流の変化が不思議でならない。カリオストロと彼とは一世代も違ってはいないのに、ライバルのほうは潮流の変化から恩恵をこうむったのだ。カザノヴァは旧体制の文明化された山師だったことに誇りをもっていた――都会的で、洗練され、機知があり、上品だった。カリオストロは庶民の革命の混乱とロマン主義の非合理的な世界に属している。カリオストロのまさに野性の部分を世間は愛したように思える。カザノヴァは書いた。「彼が無知なことを言うと、みな彼を賢いと考える。どんな言葉もまともにしゃべれないから説得力があると言う。けっして自分を説明しないから人々が理解する……話し方や振る舞いが粗野なので高貴だと信じる。どこから見ても嘘つきに見えるから誠実だと思われる」。カザノヴァは一七九七年に死んだ。エリザ・フォン・デア・レッケから食べ物の小包を受けとってまもなくである。彼は最後まで、自分の知っていた世界になにか恐ろしいことが起きたと信じていたが、それがなにかを正確に言うことはできなかった。

トマス・カーライルは、自分にはそれを言うことができると思った。カリオストロについての彼の論文は、カザノヴァの『独白』と同じ謎を出発点にしている――カリオストロの成功の謎である。カーライルは問いかける。啓蒙の時代とされている時代に、知性も美も魅力もない人間が、権力のある貴族、位の高い聖職者、ヨーロッパの一流の思想家たちの大部分をだまし、あるいは眼をくらますことがどうしてできたのだろう？　カリオストロが悪い方面にすばらしい才能を見せたのは確かだ。たとえば、「最高の狡猾さ」、「呆れるほどのあつかましさ」、「だましの天才」、「身を守るときの獰猛さ」、「キツネのような抜け目のなさ」。それに、不思議をあやつる芸術家でもあり、乏しい想像力に火をつけることもできた。手短に言えば、カリオストロは「天才的ないかさま師」そのものだったのである。

こうした才能に加えて、カリオストロを特別な人間にしたものは、彼が時代の要求と憧れにすばらしい声を与えたということだった。バルサモは、社会的退廃が最高潮に達したときに、「道徳的原理が極限まで崩壊した」瞬間に、ヨーロッパに躍り出た。

国家の腐敗がヨーロッパをすさまじい爆発の瀬戸際に追いやっていた。「この近代を装った時代に、ヨーロッパにはだましの種は無限にあり、とりわけ、粗野でみだらな人間がいたるところに存在した」

カリオストロの時代は理性の時代ではなかったとカーライルは主張する。いかさま師と詐称者の時代だったのだ――そしてこのシチリア人は最高の典型だった。「……いかさま師のなかのいかさま師。だましのもっとも驚異的な見本。太って、ずんぐりして、不快な顔。喉に贅肉がつき、鼻は低く、脂ぎって、貪欲さと、好色さと、雄牛のような頑固さがあり、恥を知らぬあつかましい顔だ。それから二つの眼が天に向けられる。思い焦がれるように、神々しい思考と憧れを胸に抱いているかのように。そしてかすかな謎もある。全体として、おそらくは十八世紀が生み出したもっとも完璧ないかさま師の顔になる」。この男が「詐欺師ジャンヌ・ド・サン＝レミ」、嘘つきの女王、最高の長所が「飼いならすことができない」という点にある性の魅惑者と同じチャンスをつかんだのは、当然であり、避けられないことだったのだとカーライルは信じていた。ライバルだったのか同盟者だったのかはわからないが、ジャンヌとジュゼッペはダイヤの首飾り事件で自分の貪欲さを満たした。そしてその過程で彼らは革命を引き起こし、それは世界を永遠に変えることになった。

一八三七年にカーライルが彼の最高傑作、『フランス革命史』を出版したとき、彼は当然のように最後のシーンをカリオストロに与えた。革命を予言し、その結果を体現した男に。「『……人間の住処はすべて破壊される。山ははぎとられ、引き裂かれる。谷は黒く死に絶える。空虚な世界だ！　そこに生まれてくる者たちは哀れだ――王と王妃……は死に、裏切り者のオルレアン公は死に、そなた、冷酷なド・ローネーも、そなたの冷酷なバスティーユとともに。一族ぜんぶが、人々が、五百万の人々が破壊しあう。なぜならこれは詐欺の支配が終わりにきたからだ（暗闇と半透明なメタンガスの世界が）。そして、消すことのできない炎で地上のすべての詐欺が燃え上がる』。この予言は実現しなかっただろうか？　実現しようとしているのではないだろうか？」

　カーライルによる典型的な詐欺師としてのカリオストロの描写はあまりにも印象が強く、すべての神話と同じように、まもなく特定の歴史的な錨を離れて我々の時代まで漂ってきた。彼に匹敵する優れた社会批評家のウンベルト・エーコはそれをつかまえ、新しい停泊地に引き込んだ。エーコにとって、カリオストロは預言者であり、それも、啓蒙時代や産業革命時代の十八世紀の預言者ではなく、我々のポストモダン時代の預言者なのだ。彼はカリオストロを空虚な標識であるとみなす。その透明な平凡さのせいで、彼は現実感覚を失った人々のさまざまなファンタジーを引き寄せる磁石となったのである。現代のカリオストロのような山師はイタリアやフランスには行かない、行くのはカリフォルニアだとエーコは言う。彼らはそこで「ニューエイジ」の預言者、魔術師、治療師という装備を一そろい身につけ、人々の心理的な不安定さとモラルの混乱をカモにする。現代のカリオストロたちは「理性の危機」を主張し、現実世界を「偽物の産業」に置き換えている——超現実的な「魔法の城」、「救済の修道院」、キッチュな大聖堂、複製でいっぱいの安心の墓地。今日のテレビ・シャーマンはカリオストロの模倣である。瞳を上に向け、天からの訪問者を思わせ、悪魔と戦うようにうなり声をあげ、甘い言葉と手の一振りで病人を治療する。エジプト派メイソンの直系の子孫はローマやパリではなくロサンゼルスにいる。三流のニューエイジ導《グ》師《ル》、インターネット予言者、黒魔術のエクソシスト、偽薔薇十字団員、現代の聖堂騎士。

しかし、二十世紀の哲学者ヴァルター・ベンヤミンは、魔術師という役割のせいでカリオストロは西欧文化史の巨人となったのだと信じている。ベンヤミンはカリオストロを反体制のメシアであり、抑圧的な世界で創造的な非合理性を説いた無秩序の天才だとみなした。ドリアのような人間を二十世紀の全体主義のさきがけとみなすベンヤミンにとって、カリオストロは啓蒙という機械に入った健全な砂粒なのである。カリオストロは、フランス革命後は地下におしこめられてしまった科学の魔術的な起源を代弁していた。彼は最後の本物の錬金術師、降霊会の霊のように戻ってきて、理性偏愛につきまとう非合理性の亡霊だったのだ。

カリオストロはまた、現代の魔術の夢を運ぶ人でもある。ルイス・スペンスの『オカルト百科事典』は彼を「史上もっとも偉大な神秘主義者の一人」と呼んでいる。霊媒たちは彼の生まれ変わりだと自称したり、彼が調合した若返り薬を売ったりする。有名なスイスの霊媒で火星にとりつかれた星間旅行者のエレーヌ・スミス（カトリーヌ・エリーズ・ミュレル）は、カリオストロに乗り移られると二重顎になりシチリアなまりで話しはじめたと言われる。また、有名なロシアの神秘主義者マダム・ブラヴァツキー（一八三一―九一年）は、彼女のエジプト神智学の真の創始者はカリオストロだと認めている。近頃では、映画もこうしたカリオストロの生まれ変わりの心霊主義者にとってかわった。神の軍隊を率いて地獄の底から来た黒魔術の怪物と戦う『スポーン』のようなＳＦファンタジーをジュゼッペ・バルサモが見たら、きっと大喜びするに違いない。

カリオストロの文化への浸透ぶりを証明しているのは、彼の名前が「魔術」そのものの同義語となっていることだ。『ウェブスター同義語・反意語辞典』では、スヴェンガリとともにこの名誉を分け合っている。だが、この辞書は「カリオストロ」という言葉が白魔術を表わすのか黒魔術を表わすのか、神の御業を表わすのか悪魔の仕業を表わすのかについてはなんとも言っていない。どちらかにしろ、それとも両方ともにしろ、カリオストロは不死となった。芸術の主題となり、美学の原理となり、大衆的な偶像となることによって、ジュゼッペ・バルサモはみずから約束したとおり、最後には天に昇り、人間の運命を支配する天上の霊に加わったのである。

ジュゼッペ・バルサモ、アレッサンドロ・カリオストロのいくつもある人生のうち、わたしをもっとも惹きつけたのは、パレルモのバルサモの家の外で最初に出会った人生——この本を書こうと思いつかせてくれた人生だった。傷ついた地元のヒーローとしてのカリオストロである。現代のジャーナリスト、ヴィンチェンゾ・サレルノはそれを簡潔にこう語っている。「イタリアのどの町にも守護聖人がいる……シチリアの州都を代表する歴史上の人物に誰をあげればいいだろう？　おかげでこの町が有名になっている〝パレルモ人らしさ〟を表わす典型として、誰を？　答えはわかりきっている。十八世紀のいかさま師、詐称者、錬金術師、そして万能のペテン師、いわゆるカリオストロ伯爵である」。彼は正しい。パレルモにいるわたしの友人たち——セバスチャン、ニーナ、それにレストランの主人——は同じように現実的で、同じように、パレルモ出身の「ウオモ・ディ・ポポロ」、ジュゼッペ・バルサモを誇りに思っている。ニーナの言葉がいちばんぴったりだろう——「カリオストロはペテン師だったかもしれないけど、偉大な魂をもっていたわ」

謝辞

本書を書くのには並々ならぬ恩義をこうむった。わたしには手に入れられない資料を手に入れ、時には翻訳までしてくれた友人たちの親切と助言がなければ、本書を書くことはできなかっただろう。ナタリー・アダムソンとサージ・カクーには特別な感謝をささげたい。資料をイタリア語やドイツ語から翻訳してくれたり、わたしがフランス語から訳したものをチェックして改善してくれた人もいた。その寛大な心と手腕に感謝する。グレン・セント・ジョン・バークレイ、キャロライン・ターナー、ブルース・ケプケ、スザンナ・フォン・ケメラー、メアリー・カリリ、マイク・オヴィントン、ジノ・モリテルノがその人たちである。ジノには、最初から最後まで熱心に手助けをしてくれたことと、映画でのカリオストロの経歴について専門的な助言をしてくれたことに、とくに感謝したい。クリスタ・ネルウルフは重要な書類をドイツ語から翻訳してくれただけでなく、ゲーテに関する専門知識を分け与えてくれた。サイモン・バロウズご夫妻は、ほかでは手に入らない書類を提供してくれ、サイモンは、テヴノー・ド・モランドと関係者について専門的な助言をしてくれた。彼のテヴノー・ド・モランドの伝記がまもなく出版されるのを楽しみにしている。ジョン・ドッカーに感謝したいのは、ヴァルター・ベンヤミンのカリオストロについてのすばらしい考察を教えてくれたからだ。

ジョージーナ・フィッツパトリックには、翻訳もしながら本書の最終段階を編集し、絵の使用許可を手に入れてくれたことを、心から感謝したい。これほどの技能と忍耐をもつ人がついていてくれて、百万の味方を得た気持ちだった。このような宝物を見つけてくれたことではオーストラリア研究評議会にも感謝しなくてはならない。リンディ・シュルツも、レイアウトと絵の取り込みですばらしい技術を惜しみなく発揮してくれた。オーウェン・ラーキンは表紙に使える絵を探す手助けをしてくれた。ヘザー・マカルマンが最初の頃に励ましてくれたのは非常に力になった。

文書館や図書館も多くの点でわたしを助けてくれた。とくに、オーストラリア国立大学、オーストラリア国立図書館、フランス国立図書館、武器図書館、国立文書館、大英図書館、大英博物館、オックスフォードのボドリアン図書館、オックスフォードのアシュモリアン図書館、トーキーのトール修道院、カリフォルニア州にあるハンティントン・ライブラリー、ペーザロ市文書館、バーゼル文書館、ストラスブール市立図書館に感謝する。

友人であり著作権代理人であるメアリー・キューナンには非常にお世話になった。この本に取り組む勇気と着想を与えてくれ、学者の世界の悪習を捨てられるように辛抱強く訓練してくれた。もう一人の代理人ピーター・マッギナンの熱意とアドバイスは、欠かせないものだった。ハーパーコリンズ社のダン・コナウェイはすばらしい編集者だった。彼の熱意と忍耐と才能で本書の質は大いに高まった。

また、本書の執筆を思い立ったのは、パレルモの友人たちがカリオストロに対して抱く好意と情熱のおかげである。ニネッタ・カンジェロージ、ネリダ・メンドーサ、セバスチャン、リストランテ・ル・コント・ド・カリオストロの主人、皆さんに感謝する。

最後に、ケイト・フラガーに感謝をささげたい。彼女にはもっともお世話になった。草案をすべて読んでわたしを支えてくれ、励まし、助言し、アイデアを与えてくれた。この本が彼女の信頼を裏切らないことを願っている。

訳者あとがき

カリオストロ伯爵という名には怪しい響きがつきまとっている。だが、へんな言い方になるが、どこがどう怪しいのかわからないけれど怪しいのである。本家ヨーロッパではいざ知らず、日本においては、ちょうど京極夏彦が描く妖怪のような存在だった。つまり、カリオストロ伯爵という怪人物がいて、虚実とりまぜた伝説が生まれ、その伝説のイメージをもとに名前を借りたフィクションが生まれ、そのフィクションが日本に渡来して、そこからカリオストロという名にまつわるイメージが生まれたという、非常にややこしい状態にあったわけだ。すなわち、伝説のともなわない名前だけの妖怪である。そのフィクションとは、モーリス・ルブランによるリュパンのシリーズである。リュパンの好敵手、カリオストロ伯爵夫人は、カリオストロ伯爵の娘、あるいは孫と自称している。そこから、宮崎駿監督の『ルパン三世　カリオストロの城』という劇場用長編アニメーションも生まれ、カリオストロの名は実体のないまままさらに広まることになる。もう少しヨーロッパの歴史に詳しい人でも、カリオストロの名に関連させるキーワードはフリーメイソンに錬金術である。さらに怪しい。かく言うわたしも、子ども向けのルパン全集で名前を知ったくちである。実在の人物でダイヤの首飾り事件に関係したことは知っていても、それがどんな関わりかは知らなかった。ところが、この本を読んで、わたしのカリオストロは生き生きとした伝説を身にまとってよみがえった。

著者はオーストラリア国立大学の人文研究センター所長、歴史学者である。学者には珍しく（学者の方には怒られそうだが）物語の才能がある。カリオストロの波瀾万丈の生涯を、わくわくする物語にしたててくれた。カリオストロは、シチリア島パレルモにジュゼッペ・バルサモとして生まれ、修道院の学校で薬学と化学を学び、地元の実力者をペテンにかけて島を出奔、アラビアの国々を巡ってからマルタ島のマルタ騎士団に腰を落ち着け、錬金術を修行する。その後ローマに出てセラフィーナと結婚。それから二人三脚の山師稼業が始まる。ロンドンでフリーメイソンに入会し、フリーメイソンの教養と錬金術の腕を携えて東欧を歴訪する。ロシアで治療師としての天職に目覚め、フランスに入ってからは治療活動に専念する。ロアン枢機卿と知り合い、ダイヤの首飾り事件に巻き込まれる。ブルボン王政打倒をねらう一派に圧政の象徴として利用され、危険人物とみなされてフランスを追放され、イギリスに渡るが、旧体制を維持したいヨーロッパの支配者たちから追われる身となる。支持者のいるスイスに逃れるが、妻の望郷の念に引きずられてイタリアに戻り、教皇庁によって異端の罪で捕らえられ、サン・レオの監獄に死ぬまで幽閉された。

カリオストロの生涯を駆け足で見てみたが、なんといっても面白いのは、ダイヤの首飾り事件だろう。名作『ベルサイユのばら』に胸を躍らせた方にはとくに興味深いはずだ。スラム街から身を起こした成り上がりカリオストロの得意満面の日々がジャンヌの陰謀によって打ち砕かれる。判決を待つロアン、ジャンヌ、カリオストロ、そしてマリー＝アントワネットの胸のうち、世紀の裁判に沸き立つパリの街が緊迫感をもって描かれる。また、サン・レオ監獄に閉じ込められてからのカリオストロのしぶとさにも拍手を贈りたい。

本書のもう一つの主役、それが十八世紀末のヨーロッパ社会である。原題、*The Last Alchemist : Count Cagliostro, Master of Magic in the Age of Reason* は、「最後の錬金術師　理性の時代の魔術師、カリオストロ伯爵」という意味だ。啓蒙主義の時代、ニュートンはすでに万有引力を発見し、アメリカは独立を果たしていた。宗教的迷信を捨て理性に基づいた科学的な思考をするはずが、代わりに現われたのは動物磁気《メスメリズム》などの「科学的」迷信である。新大陸の探検によって広い世界の存在を知ったはいいが、人々が期待したのは、カリオストロのエジプト錬金術のような外国産の魔術だった。理性の時代、十八世紀は、中途半端に開かれてはいたが、人々がまだ不思議を信じた猥雑な時代だったのである。身なりを整えて当然のような顔をしていさえすれば、詐欺師も娼婦も出入り自由のベルサイユ宮殿。身分詐称はし放題。カリオストロもカザノヴァも、勝手に貴族を名乗っても、それで通る。不思議な錬金術に誰もがだまされる。ヨーロッパは文字どおりに暗かったのだ。こんな時代だからこそ、ジャンヌ・ド・ラ・モットはダイヤの首飾りをだましとることができ、カリオストロの治療は魔術となり、彼のフランス革命の予言は実現することになったのだろう。カリオストロ伯爵は、個人ではなく、十八世紀末と分かちがたく結びついた「出来事」なのかもしれない。

この本を読んでカリオストロのことがすべてわかったと言うつもりはない。あちこちで妨害にあわなければそのまま貧民を治療しつづけていたのだろうか。革命を信じていたのだろうか。なんらかの超能力があったのだろうか。相変わらず謎は残る。しかし、数多くの芸術家たちの創作意欲をかきたてた、「カリオストロ伯爵という出来事」の魅力がようやく理解できた。やはりカリオストロ伯爵は歴史を騒がせた怪人の名にふさわしい人物だったのである。

二〇〇四年七月

藤田真利子

文庫版あとがき

十五年前に翻訳した本書が、文庫化され、電子書籍化されると聞いて非常に嬉しく思ったのには理由がある。本書は、歴史上の怪人カリオストロの生涯と、同時に、私が興味を持ってやまない十八世紀ヨーロッパという時代をよく描き出していて、ぜひ大勢の人に読んでほしいと思っていたからだ。

著者のイアン・マカルマンは、オーストラリア国立大学の人文研究センター所長を務め、文化歴史学者でもある。ということで、原書は当然、英語で書かれているのだが、文庫化にあたって、校閲の方のおかげで人名のカタカナ表記をいくつか変更させていただいた。

ご存知のとおり、日本語では外国の名前は現地語主義、すなわち、現地での発音を尊重することになっている。中国の名称だけは例外だが、これは漢字が共通しているせいである。見ればわかる、というわけだ。この例外のせいで、英語あるいはフランス語のテキストに中国の人名や地名が出てくると、たいへん苦労することになる。というのは、日本語―中国語とは反対に、現地の発音をアルファベットに移しているから、ふだん現地の発音を意識していないわたしたち日本人には、わけがわからなくなるからだ。

一方、アルファベットを表記に用いる言語同士では、そのまま書けばいいので発音がどうかなどは問題にされない。欧米の人たちは自分の使っている言語で発音して、それでよしとしているのである。たとえば、有名な作曲家のバッハは、英語ではバックと発音する。地名なんて会話の中で出てくると、皆目見当がつかなかったりする。日本語にする場合は自国語での発音というのがそもそもないので、現地語を基準にするしかないのだ。

ところが、現地語といっても、時代を遡ると、難しくなる。王族同士が結婚したり、遠い領地由来の名前を持っていたり、領地自体の所属が変わっていたりで、実際にはどのように発音されていたのか、推測で決めるしかなかったりする。

たとえば、マリー＝アントワネットは、オーストリアのハプスブルク家の出身である。フランス国王の妃となったのでフランス語読みにすれば、マリー＝アントワネット＝ジョゼフ＝ジャンヌとなるが、もともとの名前は、マリア＝アントーニア＝ヨーゼファ＝ヨハンナである。母親のマリア＝テレジアだって、フランス風に言えば、マリー＝テレーズである。有名人なら定着した読み方があるが、歴史の端役程度だとそのようなものがなく、引用した学者によって読み方が違ってきたりする。文字は残っているが、音声は残っていないからだ。

二〇〇四年の本書出版時に書いたあとがきに、この本のもう一つの主役は十八世紀のヨーロッパ社会であると書いた。科学的、地理的な発見が盛んに行われ、啓蒙の時代といわれた十八世紀は、中途半端に開かれてはいたが、人々がまだ不思議を信じ、王侯貴族は迫り来たる民主化の波をひそかに感じながら、贅沢に明け暮れていた。そんな時代だからこそ、カリオストロが活躍できたのではないかと思ったのである。

ところが、二〇一九年の今日になって、日本社会を見ると、十八世紀のヨーロッパを馬鹿にできるのだろうかと思わざるを得ない。たしかに科学技術は進歩し、情報伝達のスピードも上がった。ベルサイユ宮殿とは違って、照明も明るくなった。証明書の偽造や身分詐称は難しくなっているだろう。

でも、「科学的」迷信は消え去ったのだろうか。今は鉄が金に変わるなどと信じる人はいない。だが、迷信はより「科学的」な迷彩をまとって登場し、より多くの人を騙している。水からの伝言を信じて道徳の教材にする人もいるほどだ。効果の不確かな健康食品が大々的な宣伝によって大量に流布される。ネットの発達によって、知識を手に入れることはできるが、ネットには正確なことばかりが書かれているわけではない。オカルトを信じる子どもたちも少なくないし、奇跡を売り物にする新興宗教も一定数の信者を集めている。

カリオストロに騙される権力者たちの退廃とフリーメイソンの一種、子どもじみた儀式を通じた仲間意識を見て、わたしたちの生きている社会はまったく違うと言い切れるだろうか。

政治家、芸能界などは世襲化し、民衆はそれを当然のように支持するか、権力者の華やかな世界に憧れて、セレブ、お嬢様、家系がどうのと持ち上げる。セレブに仲間入りしようと、怪しげなネットワークビジネスに騙される人も多い。封建社会に逆戻りしたのではないかと考えたくなるような社会で、霊的ななにかを求める人の数は増大傾向にあるような気がする。

カリオストロが現代に生きていたら、かなりの成功を収めるのではないだろうか。いや、現代のカリオストロはすでに存在しているのかもしれない。

エピローグでは、カリオストロの不死性について書かれている。死後に出版されたさまざまなフィクションや伝記が作り上げた「フリーメイソンの陰謀」という世界観は、現代の世界にどのような影響を与えたのだろう。ウンベルト・エーコは、フリーメイソンの陰謀説がもたらした恐ろしい果実のひとつがホロコーストであったことを示唆している。陰謀説による世界の読み方が、シオンの議定書、イスラエルの十二部族、ユダヤ人の世界的陰謀説に変わったのだという。陰謀史観はいまだにフィクションの主題となって、カリオストロ伯爵の不死性を示している。

二〇一九年七月

藤田真利子

1792, ff. 11-12 ; 2 July 1793, f. 28 ; 13 July 1793, f. 30 ; 22 June 1793, f. 26 ; n. d., f. 133.

——, G. Cardinal Doria to Monsignor Terzi, Bishop of Montefeltro, 30 April 1791, ff. 23-24 ; 28 May 1791, ff. 42-43.

——, G. Cardinal Doria to Cardinal de Zelada, 22 April 1791, ff. 7-8 ; 24 April 1791, ff. 20-22 ; 12 May 1791, ff. 35-36 ; 5 June 1791, ff. 47-48 ; 9 June 1791, f. 47 ; 3 July 1791, ff. 56-57 ; 10 July 1791, ff. 58-61 ; 27 September 1791, ff. 79-80 ; 28 September 1791, ff. 75-77 ; 16 October 1791, f. 86 ; 30 October 1791, ff. 90-91 ; 10 November 1791, ff. 92-94 ; 27 November 1791, ff. 100-101 ; 29 January 1792, ff. 113-114 ; 23 February 1792, f. 117 ; 1, 4 March 1792, ff. 119-122 ; August 1792, ff. 139-140 ; 13 December 1792, f. 15 ; 3 February 1793, f. 18 ; 14 March 1793, ff. 21-3 ; 31 March 1793, f. 23 ; 26 January 1794, ff. 34-6 ; n. d., f. 138.

——, Ferdinando Archbishop of Catagine, n. d., f. 43.

——, Tenente Gandini to Cardinal Doria, 22 April 1791, ff. 13-17.

——, Secretariat of State, Rome, to Castellano, Sempronio Semproni, San Leo, 16 April 1791, ff. 1-2.

——, Monsignor Terzi, Bishop of Montefeltro [Rimini], to Doria, 26 April 1791, ff. 23-24.

——, Uditori to Semproni, 27 May 1794, f. 38.

——, Uditori to de Zelada, 10 July, 1794, f. 38.

——, F. D. Cardinal de Zelada, Rome, to G. Cardinal Doria, Legate of Urbino, 16 April 1791, f. 1.

——, Book 2, Gianfrancesco Arrigone, Macerata, to Cardinal Doria, 5 August 1791, no. 42.

——, Book 2, Semproni to Doria, 30 July 1791, no. 41 ; 9 August 1791, no. 43 ; 16 August 1791, no. 45.

【その他】

George, M. Dorothy. *Catalogue of Personal and Political Satires. Preserved in the Department of Prints and Drawings in the British Museum,* II vols., London, 1935, v. 5, no. 5247, "The French Lawyer in London," p. 178 ; vol. 6, no. 7134, 30 January 1787, p. 393 ; no. 8249, 1 October 1785 ; 11 November 1786, "Anecdote Maçonnique : A Masonic Anecdote," pp. 332-334.

"Le Comte de Cagliostro. Exposition," 21 May-11 June 1989, Les Baux de Provence, Association culturelle Les Amis du Prince Noir, p. 78 (typescript, Bibliothèque Nationale, Paris).

Vincenzo Salerno, "Cagliostro," *Best of Sicily,* 12 June 2002, www.bestofsicily.com/mag/art15.htm

and François Barthelemy," Michaelmas 27, George III, 1786.
Staat Archiv, Basel, Sarasin Familien Archiv, 212 F 5, J. and G. Sarasin, "Rezeptbuchlein" (MS prescription book), 49 pp.
——, 212 F 11, Daschelhofer to J. Sarasin, 15 October 1787.
——, 212 F 11, 4, 12, P. J. de Loutherbourg to J. Sarasin, n. d. (c. 3 October), 12, 14 October 1787.
——, 212 F 11, 4, 12, P. J. de Loutherbourg to Sigismund Wildermett, n. d.
——, 212 F 11, 14, S. Wildermett to Gertrude Sarasin, 20 July 1789.
——, 212 F 11, 14, Letters from S. Wildermett to J. Sarasin, 25, 26 January 1787 ; 6, 7, 23 February 1787 ; 8, 23, 31 March 1787 ; 2 April 1787 ; 4, 12, 29 May1787 ; 23 July 1787 ; 9 October 1787 ; 6, 12, 21, 28 January 1788 ; 3, 15 February 1788 ; 24 June, 1788 ; 24 July 1788.
——, 212 F 11, 23, Letters from Jacques Sarasin, 10-12 June 1783.
——, 212 F 11, 27, Letters from Sophie von La Roche to Gertrude Sarasin, 30 October 1784 ; 2 August 1785; 17 November 1785 ; 5, 23, March 1786 ; 17 July 1786.
——, 212 F 11, 31, J. Sarasin to Comte d'Estillac, February 1791 ; 12 April 1791.
——, 212 F 11, 32, J. Sarasin to Cardinal Rohan, 5 February 1791.
——, 212 F 11, 33, Gertrude Sarasin, 23 June 1786, f. 14.
——, 212 F 11, 33, 5, Suzette Sarasin to her parents, 7 January 1788.
——, 212 F 11, 33, 20, J. Sarasin to de Gingin (brother-in-law), 12 January 1788.
——, 212 F 11, 33, "Report of Jacques Sarasin on the negotiations at Bienne and the arrangement between Count Cagliostro and P. J. de Loutherbourg," 12 January 1788.
Stat Archive, Basel, Archiv der Familie Huber, 694 A6, Charlotte Elisabeth Constantia de la Recke [Elisa von der Recke], "Relation de séjour qu'a fait le fameux Cagliostro à Mitau en 1779 et des opérations magiques qu'il y a faites," "Introduction," pp. 3-4.
State Archives of Pesaro, "A Collection of Letters pertaining to Giuseppe Balsamo known as Count Cagliostro, sentenced to imprisonment in the San Leo fortress by decree of His Holiness, Pope Pius VI," Book 1, G. Cardinal Doria, Pesaro, to Cristoforo Beni, n. d., ff. 55-56.
——, G. Cardinal Doria to the Commissary of Montefeltro [23] April 1791, ff. 10-11.
——, G. Cardinal Doria to Tenente Gandini, 13 March 1792, ff. 118-119.
——, G. Cardinal Doria to Castellan Semproni, 4 May 1791, ff. 26-29, f. 30 ; 21 May 1791, ff. 37-38 ; 22 May 1791, ff. 38-9 ; 27 August 1791, ff. 72-73 ; 11 October 1791, ff. 84-5 ; 15 October 1791, f. 85-86 ; 23 October 1791, ff. 87-88 ; 19 November 1791, ff. 96-97 ; 16 June 1792, f. 133 ; 3 November

pp. 125-134 ; 1 September 1786, 20 (18), pp. 142-143 ; 5 September 1786, 20 (19), p. 151 ; 10, 13, 17, October 1786 ; 19 October 1786, pp. 255-256 ; 24 October 1786, 20 (33) ; 26 October 1786 ; 3 November 1786, pp. 290-291 ; 26 November1786, pp. 270-272.

Journal de Paris, 31 December 1781, "Lettre de M. Sarasin, Négociant de Bâle, à M. Straub, Directeur de Manufacture Royale d'armes blanches, en Alsace. À Strasbourg," 10 November 1781, Supplément au no. 365.

Leyden Gazette.

Morning Chronicle, 22, 24, 26 August 1786.

Public Advertizer, 22, 24, 26 August 1786.

Times, 7 September 1785 ; 8 November 1785 ; 11 November 1785 ; 7, 15, 20 March 1786 ; 24 April 1786 ; 29, 30 June 1786 ; 6, 7, 8 July 1786 ; 1 November 1786.

Times (obituary), 16 January 1788.

Universal Register (*The Times*), 15 March 1786 ; 8 May 1786 ; 7, 30 July 1786.

【図書館・文書館所蔵資料】

Archives Nationales, Paris, Y/13125, MSS letter dated Palerme en Sicile, le 2, 9, 1786, Antoine Bracconiere to M. Fontaine, Commissaire.

——, Y/13125, Pièces relative au procès du cardinal de Rohan, Interrogatoire of Laurence Feliciani, wife of Balsamo, Monsieur le Commissaire Bernard-Louis Philippe Fontaine, at Châtelet.

——, Y/13125, Crime reports to Monsieur le Commissaire Bernard-Louis Philippe Fontaine, at Châtelet, Interrogatoires, Laurence Feliciani, I, II February 1773.

——, Y/13125, Interrogatoire, Laurence Feliciani, Bernard Louis Philippe Fontaine, Châtelet, II February 1773.

——, Fonds Parlement de Paris, x/2B/1417, Trial of Cardinal Rohan, 30 January 1786, Interrogatoire de Comte Cagliostro by Jean-Baptiste Maximilian Pierre Titon.

Bibliothèque de l'Arsenal, Box MSS 12457, "Copie d'une lettre écrite par Cagliostro a M.... 20 juin 1786," The letter is reprinted in full in F. Ribadeau Dumas, *Cagliostro,* Paris, 1966, pp. 176-178.

——, Box MSS 12457, "Requête au Parlement, les chambres assembleés, par le Comte de Cagliostro ... 24 Février 1786".

British Library, Egerton MS, 3438, Parkyns Macmahon to Lord Holdernesse, 29 May 1758, ff. 245-246, 5 October 1758, ff. 328-329.

Public Record Office, PC 1/3127, "A Letter of His Grace Archbishop of Canterbury," London, 1787, pp. 5-7.

——, Treasury Solicitor's Files, TS 11/388/1212, "Information against Lord George Gordon. Defamatory Libels against Princess Marie-Antoinette

Ridley, Jasper. *The Freemasons,* London, 2000.

Robiquet, Paul. *Théveneau de Morande : Étude sur le XVIII siècle,* Paris, 1882.

Roche, Sophie von La. *Sophie in London, 1786 : Being a diary...,* ed. Clare Williams, London, 1933.

Schuchard, Marsha Keith. "Blake's Healing Trio : Magnetism, Medicine and the Mania," *Blake : An Illustrated Quarterly,* 22 (1989), pp. 20-22.

——. "Lord George Gordon and Cabalistic Freemasonry. Beating Jacobite Swords into Jacobin Ploughshares," author's manuscript, p. 26, forthcoming in *Secret Conversions to Judaism in Early Modern Europe,* eds. Martin Mulsow and Richard Popkin.

——. "The Secret History of Blake's Swedenborgian Society," *Blake/An Illustrated Quarterly* (fall 1992), pp. 40-51.

——. "William Blake and the Promiscuous Baboons : A Cagliostrean Séance Gone Awry," *British Journal for Eighteenth-Century Studies* (autumn 1995), pp. 51-71.

Silva, Raymond. *Joseph Balsamo, alias Cagliostro,* Geneva : Ariston, 1975.

Smith, Douglas. "Freemasonry and the Public in Eighteenth-Century Russia," *Eighteenth-Century Studies,* 29, (1), 1996, pp. 25-44.

Smith, Frederick. *Brethren in Chivalry,* London, 1991.

Spence, Lewis. *The Encyclopedia of the Occult,* London, 1988.

Stableford, Brian, ed. *Tales of the Wandering Jew,* Cambridge, 1991.

Stafford, Barbara. *Artful Science : Enlightenment Entertainment and the Eclipse of the Visual Education,* Combridge, Mass., and London, 1994.（『アートフル・サイエンス　啓蒙時代の娯楽と凋落する視覚教育』、高山宏訳、産業図書、1997）

The Lectures of J. B. de Mainauduc, M. D., Member of the Royal College of Surgeons in London, 1788.

Trowbridge, W. R. H. *Cagliostro : The Splendour and Misery of a Master of Magic,* New York, 1910.

Troyat, Henri. *Catherine the Great,* London, 2000.（『女帝エカテリーナ』上・下、工藤庸子訳、中公文庫、2002）

Villiers, Jean. *Cagliostro : Le prophète de la révolution, Paris,* 1988.

Vizetelly, Henry. *The Story of the Diamond Necklace,* London, 1887.

Wagner, Peter. *Eros Revived : Erotica of the Enlightenment in England and America,* London, 1990.

Weber, Alfred R. "Cagliostro in den Augen seiner Zeitgenossen," *Basler Jahrbuch,* Basel, 1959, p. 161.

Weiner, Margery. *The French Exiles, 1789-1815,* London, 1960.

【新聞】

Courier de l'Europe, 22 August 1786, 20 (15), pp. 117 ; 29 August 1786, 20 (17),

uality in the Genesis of Burke's Reflections on the Revolution in France," *Journal of British Studies,* 35 (July 1996), pp. 343-367.

Mehlman, Jeffrey. *Walter Benjamin for Children. An Essay on his Radio Years,* Chicago. 1993.

Mémoires du Comte Beugnot, ancien ministre publiés pàr le Comte Albert Beugnot, son petit-fils, 2 vols., Paris, 1866.

Mémoire pour le Cardinal de Rohan.

Memoirs of the Countess de Valois de La Motte, London, 1789.

M*emorial for Count Cagliostro, Plaintiff, versus Maître Chesnon ... Commissary in the Châtelet of Paris, and Le Sieur de Launay ... Governor of the Bastille,* London.

Memorial, or Brief, for the Count Cagliostro, Defendant, against the Attorney-General, Plaintiff, in the cause of Cardinal Rohan, Comtesse de La Motte and others, London, 1786.

Monnier, Philippe. *Venise au XVIIIe siècle,* Paris, 2001.

Montefiore, Simon Sebag. *Prince of Princes : The Life of Potemkin,* London, 2000.

Mossiker, Frances. *The Queen's Necklace,* London, 1961.

Motte, Jeanne de La. *The Life of Jane de St-Rémy de la Motte,* 2 vols., Dublin, 1792.

New English Dictionary, 1893, part 7 ; 1909, v. VII, part 2 ; 1910, v. VIII, part 1 ; 1914, v. VIII, part 2.

Norton, J. E., ed. *The Letters of Edward Gibbon : Volume Two, 1774-1782,* London, 1956.

Oberkirch, Baronne d'. *Mémoires sur la cour de Louis XVI,* 2 vols., Brussels, 1854.

Paley, Morton D. *The Apocalyptic Sublime,* Newhaven and London, 1986.

Parker, Derek. *Casanova,* Stroud, 2002.

Photiadès, Constantin. *Les vies du Comte de Cagliostro,* Paris, 1932.

Pratt, Mary. *A List of a Few Cures Performed by Mr. and Mrs. de Loutherbourg atHammersmith Terrace, with Medicine, by a Lover of the Lamb of God,* London, [1789] pp. 1-5.

Price, Munro. *Preserving the Monarchy,* Cambridge, 1995.

Pyne, W. H. *Wine and Walnuts : or After Dinner Chit-Chat by Ephraim Hardcastle,* 2 vols, London, 1823.

Recke, Charlotte Elisabeth von der. *Nachricht von des beruchtigten Cagliostro Augenthalte in Mitau, im Jahre 1779,* Berlin and Stettin, 1787.

——. *Mein Journal : 1791, 1793-1795,* ed. Johannes Warner, Leipzig, 1927.

——. *Elisa von der Recke, Tagebücher,* v. 2, Leipzig, 1902.

Réponse pour la comtesse de Valois La Motte, au mémoire du comte de Cagliostro, Paris, 1786.

Riccomini, Franco. *L'enigma Cagliostro,* Florence, 1995.

Johnson, Samuel. *A Dictionary of the English Language,* London, 1756.

Joppien, Rudiger. *Philippe Jacques de Loutherbourg, RA, 1740-1812,* Kenwood, 1973.

Kates, Gary. *Monsieur d'Eon Is a Woman : A Tale of Political Intrigue and Sexual Masquerade,* New York, 1995.

Keifer, Klaus H. *Cagliostro : Dokumente zu Auflarung und Okkulismus,* Frankfurt 1991.

——. "Fiction et réalité" : Aspects de la réception de Cagliostro du 18e siècle à nos jours," *Presenza di Cagliostro : Testi riuniti a cura di Danilea Gallingani,* Florence, 1994.

Labande, L.-H., ed. *Un diplomate français à la cour de Catherine II : Journal intimé du Chevalier de Corberon, chargé d'affaires de France en Russie,* 2 vols., Paris, 1901.

Lenôtre, G. "La Maison de Cagliostro," *Vielles maisons, vieux papiers,* Paris, 1912.

Lettre du Comte de Cagliostro au peuple Anglais : Pour server de suite à ses mémoires, London, 1786.

Lewis, W. S., ed. *Correspondence of Hugh Walpole,* Oxford, 1971.

Lloyd, Stephen. *Richard and Maria Cosway : Regency Artists of Taste and Fashion,* Edinburgh, 1995.

Loutherbourg, Jacques Philippe de. *A Catalogue of All the Valuable Drawings, Sketches, Sea Views and Studies of That Celebrated Artist Jacques Philippe de Loutherbourg RA ... Also Includes Library of Scarce Books,* London, 18 June 1812.

Luckert, Steven. "Cagliostro as a Conspirator : Changing Images of Joseph Balsamo in Late Eighteenth-Century Germany," *Politica e Storia. Saggi e Testi,* 43, Centro Editoriale, 1994, pp. 191-210.

Lusebrink, Hans Jurgen and Rolf Reichardt. *The Bastille : A History of a Symbol of Despotism and Freedom,* Durham and London, 1997.

Mackey, Albert G. *Encyclopedia of Freemasonry and Its Kindred Sources,* Philadelphia, 1917.

Macmahon, Parkyns. "Introductory Preface," *Memorial, or Brief for the Comte de Cagliostro,* London, 1786.

Madariaga, Isabel de. *Russia in the Age of Catherine the Great,* New Haven and London, 1981.

Manceron, Claude. *Toward the Brink, 1785-1787. The Age of Revolution,* 5 vols., New York and London, 1989.

Manuel, Pierre. *La police de Paris dévoilée,* 2 vols., Paris, 1791.

Maza, Sarah. *Private Lives and Public Affairs : The Causes Célèbres of Prerevolutionary France,* Berkeley, Los Angeles and London, 1993.

McCalman, Iain. "Lord George Gordon and Madame La Motte : Riot and Sex-

Fara, Patricia. "An Attractive Therapy : Animal Magnetism in Eighteenth-CenturyEngland," *History of Science,* 32 (1995), pp. 138-145.

Farr, Evelyn. *Before the Deluge ; Parisian Society in the Reign of Louis XVI,* London and Chester Springs, 1994.

Fleischhacker, Hedwig. *Mit Feder und Zepter : Katharina II als Autorin,* Weinsberg, 1978.

Flem, Lydia. *Casanova or the Art of Happiness,* Harmondsworth, 1998.

Francesco, Gréte de la. *The Power of the Charlatan,* trans, Miriam Beard, New Haven, 1939.

Funck-Brentano, Frantz. *The Diamond Necklace,* trans. H. S. Edwards, London, 1911.

Gagnière, A. "Cagliostro et les franc-maçons devant L'Inquisition," *Nouvelle Revue,* 43 (1886), pp. 40-42.

Gardner, Martin. *The Night Is Large : Collected Essays 1938-1995,* Harmondsworth,1996.

Garrett, Clarke. *Respectable Folly,* Baltimore and London, 1975.

General Advertizer, 29 November 1786.

Georgel, Abbé. *Mémoires pour servir à l'histoire des événements de la fin du dix-huitième siècle,* 2 vols., Paris, 1817.

Gervaso, Roberto. *Cagliostro : A Biography,* London, 1974.

Godwin, Joscelyn. *The Theosophical Enlightenment,* New York, 1994.

Gulley, Rosemary Ellen. *Harper's Encyclopedia of Mystical and Paranormal Experience,* New York, 1991.

Hamill, John and R. A. Cilbert. *World Freemasonry : An Illustrated History,* London, 1991.

Hamill, John. *The History of English Freemasonry,* Surrey, 1994.

Haven, Marc. *Le maître inconnu : Étude historique et critique sur la haute magie,* Lyon, 1964.

Henningsen, G. and John Tedeschi, eds. *The Inquisition in Early Modern Europe : Studies in Sources and Methods,* DeKalb, Ill., 1986.

Heyking, Charles Henri. "C. parmi les Russes," *Initiation,* 1898, pp. 5-9.

Hills, Gordon P. G. "Notes on Some Masonic Personalities at the End of the Eighteenth Century," *Ars Quatuor Coronatorum* [*AQC*], xxv (1912), pp. 141-164.

——."Notes on the Rainsford Papers in the British Museum," *AQC,* xxxvii (1913), pp. 93-117.

Histoire de collier ou Mémoire de la comtesse de la Motte contre M. Le Cardinal de Rohan et du soi-disant Comte de Cagliostro, Paris, 1786.

Initiation, supplement (August 1898), p. 133.

Jacob, Margaret C. *Living the Enlightenment : Freemasonry and Politics in Eighteenth-Century Europe,* Oxford, 1991.

chimiques et magiques faites dans cette capitale en 1780, par un témoin oculaire, Warsaw, 1786.

Campan, Madame. *Memoirs of Marie-Antoinette,* 2 vols., London, 1909.

Camperdon, Émile. *Marie-Antoinette et le procès du collier, d'après la procedure instruite devant le Parlement de Paris,* Paris, 1863.

Carlyle, Thomas. "Count Cagliostro：In Two Flights" [1833], "The Diamond Necklace" [1837], *Critical and Miscellaneous Essays,* 5 vols., London, 1898.

——. *The French Revolution,* Oxford, 1989.（『フランス革命史』1-6、柳田泉訳、春秋社、1947）

Casanova, Giacomo. *History of My Life,* 12 vols., ed. Willard R. Trask, London and Maryland, 1966.（『カザノヴァ回想録』1-12、窪田般弥訳、河出文庫、1995）

——. *Soliloque d'un penseur* [1786], *Bibliotecha Casanoviana,* v. 1, Paris, 1998.

——. *The Memoirs,* 6 vols., ed. Arthur Machen, New York, 1959-1960.

Castle, Terry. "Phantasmagoria：Spectral Technology and the Metaphorics of Modern Reverie," *Critical Inquiry* (autumn 1988), pp. 26-61.

Castro, J. Paul de. *The Gordon Riots,* London, 1926.

Catalogue of Very Curious, Extensive and Valuable Library of Richard Cosway, London, 8 June 1821.

Chacornac, Paul. *Le comte de Saint-Germain,* Paris, 1989.

Chailley, Jacques. *The Magic Flute Unveiled : Esoteric Symbolism in Mozart's Masonic Opera,* Rochester, Vt., 1992.（『魔笛　秘教オペラ』、高橋英郎・藤井康生訳、白水社、1976）

Chapman, Guy. *Beckford,* New York, 1937.

Chettoui, Wilfred-Reneé. *Cagliostro et Catherine II,* Paris, 1947.

Comisso, Giovanni. *Les Agents secrets de Venise, 1705-1797,* Paris, 1990.

Dalbien, D. *Le Comte de Cagliostro,* Paris, 1983.

Darnton, Robert. *The Corpus of Clandestine Literature in France, 1769-1789,* New York and London, 1995.

——. *The Forbidden Bestsellers of Pre-Revolutionary France,* London, 1996.

——. *The Literary Underground of the Old Regime,* Cambridge, Mass. and London, 1982.（『革命前夜の地下出版』、関根素子・二宮宏之訳、岩波書店、2000）

Dumas, Alexandre. *Memoirs of a Physician,* London.

Dumas, François Ribadeau. *Cagliostro,* Allen and Unwin, London, 1966.

Eco, Umberto. *Faith in Fakes. Travels in Hyperreality,* London, 1986.

——. *Serendipities : Language and Lunacy,* New York, 1998.

Endore, S. Guy. *Casanova : His Known and Unknown Life,* New York, 1929.

Evans, Henry Ridgely. *Cagliostro and His Egyptian Rite of Freemasonry,* Washington, 1919.

Faivre, Antoine. *Kircherberger et l'illuminisme du dix-huitième siècle,* Paris, 1966.

参考文献

【書籍・論文】

Ackroyd, Peter. *Blake,* London, et al, 1995.（『ブレイク伝』、池田雅之監訳、みすず書房、2002）

Altick, Richard. *The Shows of London,* Camb., Mass, and London.（『ロンドンの見世物』1-3、浜名恵美〔ほか〕訳、国書刊行会、1989）

Anderson, George K. *The Legend of the Wandering Jew,* California, 1965.

A New English Dictionary on Historical Principles, ed. J. A. H. Murray, Oxford,1897.

Anonymous biography evidently written by a disciple of Cagliostro. *The Life of Count Cagliostro,* London, 1787.

Barberi, Monsignor Giovanni. *The Life of Joseph Balsamo, commonly called Count Cagliostro : containing the Singular and Uncommon Adventures of that extraordinary personage, from his Birth till his Imprisonment in the Castle of Saint Angelo, translation of original proceedings published at Rome by Order of the Apostolic Chamber,* Dublin, 1792.

Barruel, Augustin. *Mémoires pour servie à l'histoire du Jacobinism,* 4 vols., London, 1797.

Baugh, Christopher. *Theatre in Focus : Garrick and de Loutherbourg,* Cambridge, and Alexandria, Va., 1990.

Bentley Jr., G. E. Mainaduc (sic), "Magic and Madness : George Cumberland and the Blake Connection," *Notes and Queries,* 236 (Sept. 1991), pp. 294-296.

Birch, Una. *Secret Societies of the French Revolution,* London, 1911.

Blake, William. "The French Revolution. Book the First," *Poetry and Prose of William Blake,* ed. Geoffrey Keynes, London, 1967, p. 167.

Blessig, Johann Lorenz. *Leben des Grafen Friedrich von Medem nebst seinem Briefwechsel hauptsachlich mit der Frau Kammerherrin von der Recke, seiner Schwester,* Strasbourg, 1792.

Borde, Jean-Benjamin de La. *Lettres sur la Suisse addressées à Madame de M *** par un voyageur Français, en 1781,* Genève, 1781 ; 17 June 1781.

Burrows, Simon. "A Literary Low-Life Reassessed : Charles Théveneau de Morande in London, 1769-1791," *Studies in the Eighteenth Century,* 10, *Eighteenth Century Life,* 22, n. s. 1 (February 1998), pp. 83-85.

——. *French Exile Journalism and European Politics, 1792-1814,* Suffolk and Rochester, 2000.

Butterwick, Richard. *Poland's Last King and English Culture : Stanis-law August Poniatowski (1732-1798),* Oxford, 1998.

Cagliostro démasqua à Varsovie, ou relation authentique de ses opérations al-

＊本書は二〇〇四年に当社より刊行された著作を文庫化したものです。

草思社文庫

最後の錬金術師 カリオストロ伯爵

2019年10月８日　第１刷発行

著　者　イアン・マカルマン

訳　者　藤田真利子

発行者　藤田　博

発行所　株式会社 草思社

〒160-0022　東京都新宿区新宿1-10-1
電話　03(4580)7680(編集)
　　　03(4580)7676(営業)
　　　http://www.soshisha.com/

本文組版　有限会社 一企画

印刷所　中央精版印刷 株式会社

製本所　大口製本印刷 株式会社

本体表紙デザイン　間村 俊一

ISBN978-4-7942-2417-0　Printed in Japan